食育课：引导孩子好好吃饭

SHIYUKE：YINDAO HAIZI HAOHAO CHIFAN

主　编　杨　艺　谢英彪
副主编　马　萍　曹陈冲　连　雪
编　者　（以姓氏笔画为序）
王彬彬　吴兴莉　吴晓春
宋　宁　施国英　祝长青
曹桂香　程　奕　穆锦全

河南科学技术出版社
·郑州·

内容提要

婴幼儿、中小学生时期是人的一生中生长发育的最关键时期，因此提倡对中小学生进行营养配餐，不仅能为这一代人将来的身体健康打下良好的基础，而且对提高我国人民当下的身体健康素质具有重要意义。本书重点介绍婴幼儿、中小学生的生理特点，婴幼儿喂养，食物营养知识，平衡膳食与合理营养，纠正不良的饮食习惯，营养失调性疾病的防治等。在附录中将中国居民膳食营养素参考摄入量、学生餐营养指南、学龄儿童青少年超重与肥胖筛查、常见富含各种营养素的食物表列入书中。本书适合广大少年儿童和中小学生的家长及老师阅读参考。

图书在版编目（CIP）数据

食育课：引导孩子好好吃饭 / 杨艺，谢英彪主编. —郑州：河南科学技术出版社，2024.4

ISBN 978-7-5725-1322-0

Ⅰ.①食… Ⅱ.①杨… ②谢… Ⅲ.①营养卫生-健康教育 Ⅳ.①G479

中国国家版本馆 CIP 数据核字（2023）第 206679 号

出版发行： 河南科学技术出版社
北京名医世纪文化传媒有限公司
地址：北京市丰台区万丰路 316 号万开基地 B 座 115 室 邮编：100161
电话：010-63863186 010-63863168
策划编辑： 焦万田
责任编辑： 焦万田 郭春喜
责任校对： 龚利霞
封面设计： 中通世奥
版式设计： 崔刚工作室
责任印制： 程晋荣
印　　刷： 河南省环发印务有限公司
经　　销： 全国新华书店、医学书店、网店
开　　本： 850 mm×1168 mm 1/32 **印张：** 12.25 **字数：** 260 千字
版　　次： 2024 年 4 月第 1 版 2024 年 4 月第 1 次印刷
定　　价： 49.00 元

前言

在中小学中有德、智、体、美、劳的教育，“食育教育”的提法在我国尚未引起重视，也未列入学校教学内容。所谓“食育教育”，就是对学生进行全面营养、合理膳食的教育。以往在学校生物课或健康教育课中，穿插了一些相关内容，但数量太少、深度太浅，重视程度远远不够，一直没有列入中小学教学的基本内容，没有真正走进课堂。

食物与营养是人类赖以生存的基本条件，营养状况与膳食情况是影响人口素质的重要因素，直接影响少年儿童的体能和智能发育。少年儿童是长身体、长知识的最为关键阶段，他们生长发育迅速，新陈代谢旺盛，所需的能量和各种营养素相对比成年人高，如果饮食不合理，不良膳食习惯得不到纠正，营养摄入不均衡，就会出现种种营养问题，就会影响孩子正常的生长发育，造成一些营养不良性疾病及营养过剩型的“富贵病”“成人病”。

人体的“第一杀手”——心脑血管病50%～80%是可以预防的，但这些疾病的预防应该从少年儿童抓起。少儿肥胖率10年增加5倍多，为成年后身体健康埋下祸根。当前，社会上“营养盲”多于文盲。不少教育界人士已经有所警觉，南京某中学一位校长说：“对学生进行食育科普教育，并非小题大做，十分有必要，学生时代的健康饮食习惯会影响到一生。”通过中小学、幼儿园的食育教育，可以让孩子从小学会自我管理饮食生活的能力，从小纠正不良饮食习惯，从小学会吃什么、怎么吃？俗语说“天大地大，孩子身心健康的事最大”。在学校进行食育科普教育，是一场教育革命，是一场教育改革，属于学生素质教育的内容，是迫在眉睫的大事。

本书从横向方面，简要介绍了幼儿、中小学生的生理特点与营养需求、营养与营养素、食物营养知识、平衡膳食与合理营养等，对中小学生进行正面营养教育；又针对少年儿童中普遍存在的不良膳食习惯及常见营养失调性疾病的防治，从纵向方面深度剖析，从反面进行食育教育。本书中的新编三字经与儿歌，朗朗上口，便于少年儿童记忆，是一大亮点。全书文字通俗易懂，深入浅出；内容新颖实用，科学性强，主要读者对象为广大少年儿童及中小学生的家长与老师。

希望本书的出版，能为食育教育进入中小学、幼儿园课堂，为完善学生素质教育，为增强少年儿童身体健康做出贡献。

杨　艺　谢英彪

卷首语

举国上下抓食育，
强身健体新世纪。
幼儿起到中小学，
家长学校齐努力。

三字经

人之初,食为先;重调理,开新篇。

抓食育,是关键;讲科学,身体健。

儿歌

十月怀胎育生命,
一朝分娩来人间。
呱呱落地大声喊,
养护一生食为先。
少儿调理人之初,
生长需要营养素。
平衡膳食伴一生,
茁壮成长有基础。

目录

第1章

学龄前儿童的生理特点与营养需要

小儿3周岁后至6—7岁入小学前称为学龄前期。与婴幼儿期相比，此期生长发育速度减慢，脑及神经系统发育持续并逐渐成熟。而与成人相比，此期儿童仍然处于迅速生长发育之中，加上活泼好动，需要更多的营养。由于学龄前期儿童具有好奇、注意力分散、喜欢模仿等特点而使其具有极大的可塑性，是培养良好生活习惯、良好道德品质的重要时期。影响此期儿童良好营养的因素较多，如挑食，贪玩，不吃好正餐而乱吃零食，咀嚼不充分，食欲缺乏，喜欢饮料而不喜欢平常饮用水等。因此，供给其生长发育所需的足够营养，帮助其建立良好的饮食习惯，将为其一生建立健康膳食模式奠定坚实的基础。

第一节　学龄前儿童生理特点

三字经

生长快，免疫差。
能咀嚼，消化差。
爱思考，想独立。

一、体格发育特点

1. 生长发育的一般规律　生长发育是连续的过程，但各阶段速度不同，一般而言，年龄越小发育越快。与婴儿期相比，学龄前儿童体格发育速度相对减慢，但仍保持稳步地增长，此期体重增长约5.5千克(年增长约2千克)，身高增长约21厘米(年增长约5厘米)(表1-1)。体重、身高增长的粗略估计公式为，2岁至青春前期，体重(kg)＝年龄×2＋7(或8)；身高(厘米)＝年龄×7＋70。头围的大小反映脑和颅骨的发育程度，胎儿出生时头围的参考值为34.8厘米，1岁时头围增加约12厘米，1岁后增长缓慢，2－14岁再增加6～7厘米。该时期儿童的各项生理指标的发育迅速，新陈代谢旺盛，但身体功能发育不成熟，对外界环境适应能力差，对疾病的抵抗力相对较弱。

表1-1　学龄前儿童体重身高参考表

年龄	体重(千克)		身高(厘米)	
	男	女	男	女
3岁	13.0～16.4	12.6～16.1	91.1～98.7	90.2～98.1
3.5岁	13.9～17.6	13.5～17.2	95.0～103.1	94.0～101.8
4岁	14.8～18.7	14.3～18.3	98.7～107.2	97.6～105.7
4.5岁	15.7～19.9	15.0～19.4	102.1～111.0	100.9～109.3
5岁	16.6～21.1	15.7～20.4	105.3～114.5	104.0～112.8
5.5岁	17.4～22.3	16.5～21.6	108.4～117.8	106.9～116.2
6岁	18.4～23.6	17.3～22.9	111.2～121.0	109.7～119.6

根据教育部颁发《3－6岁儿童学习与发展指南》。

2. 生长发育的个体差异　生长发育在一定的范围内受遗传、环境等因素的影响而出现相当大的个体差异，儿童生长发育的水平在一定范围内波动。在评价个体儿童生长时需考虑影响其生长的多种因素，如遗传、性别等内在因素，以及包括营养、教育、训练在内的环境因素等。此外，儿童在生长发育过程中难免会遭遇到这样或那样的疾病，如感冒、发热、咳嗽或腹泻等，常引起营养素消耗增加，也影响儿童的食欲和营养素摄入，患病儿童的体重、身高可明显低于同龄儿童，出现明显或不明显的生长发育迟缓。当疾病等阻碍其生长发育的不良因素克服后，会出现加速生长，即“赶上生长”(catch growth)，也称“生长追赶”。要实现“赶上生长”需要在疾病恢复期的较长一段时间内为儿童做好营养准备，即供给富含蛋白质、钙、铁和维生素丰富的食物。

二、身体各系统发育特点

1. 脑及神经系统发育特点　神经系统的发育在胎儿期先于其他各系统。新生儿脑重370克，已达成人脑重的25%；1岁时达900克，为成人脑重的60%；4—6岁时，脑组织进一步发育，达成人脑重的86%～90%。3岁时神经细胞的分化已基本完成，但脑细胞体积的增大及神经纤维的髓鞘化仍继续进行。随神经纤维髓鞘化的完成，运动转为由大脑皮质中枢调节，神经冲动传导的速度加快，从而改变了婴儿期各种刺激引起的神经冲动传导缓慢，易于泛化、疲劳而进入睡眠的状况。

2. 消化功能发育特点　3岁儿童20颗乳牙已出齐。6岁时第一颗恒牙可能萌出。但咀嚼能力仅达到成人的

40%，消化能力也仍有限，尤其是对固体食物需要较长时间适应，不能过早进食家庭成人膳食，以免导致消化吸收紊乱，造成营养不良，尤其是3岁小儿。此外，孩子调节消化道功能的自律神经系统还没有发育完全，有的孩子会在早晨出现腹痛和呕吐的现象。

3. *运动系统发育特点*　学龄前儿童骨骼硬度较小，可塑性强，如果长期姿势不正确或有外伤，易发生骨骼变形或骨折。肌肉发育处于不平衡阶段，大肌肉群发育早，小肌肉群发育不完善，肌肉力量差，容易发生损伤。可以跑跳等大运动熟练，但是手部精细动作还较差。

4. *心血管功能发育特点*　学龄前儿童心肺功能比成人差，心肺体积比大，心脏收缩功能差，平均每分钟心跳90～110次，大强度运动会增加儿童的心脏负荷。儿童肺的弹性较差，空气交换量较少，呼吸频率快。许多儿童为方便呼吸，养成了用嘴呼吸的习惯，易造成感冒和肺炎，需要及时干预，让他们学会用鼻呼吸。儿童血液中水的成分多，凝血物质少，血液凝固较慢，血红蛋白正常值为130～140克/升，＜130克/升为贫血。淋巴细胞较多，嗜中性粒细胞少，对传染病抵抗力差。应注意增强儿童体质，提高抵抗力。

5. *心理发育特征*　学龄前儿童已经初步具备较为安定的情绪，能逐步学会控制部分情绪。已经具有一定的适应能力，能够在较冷或较热的户外进行活动。可以在新环境中脱离父母进行活动，如进入幼儿园，在新环境中开始生活。

5—6岁儿童具有短暂地控制注意力的能力，时间约15分钟。但注意力分散仍然是学龄前儿童的行为表现特征之一，这一特征在饮食行为上的反应是不专心进餐，吃饭时边吃边玩，使进餐时间延长，食物摄入不足而致营养素缺乏。

学龄前儿童个性有明显的发展，生活基本能自理，主动性强，好奇心强。在行为方面表现为独立性和主动性。变得不那么“听话”了，什么事都要“自己来”，在饮食行为上的反应是自我做主，对父母要求其进食的食物产生反感，甚至厌恶，久之导致挑食、偏食等不良饮食行为和营养不良。3—6 岁小儿模仿能力极强，家庭成员，尤其是父母的行为常是其模仿的主要对象。家庭成员应有良好的膳食习惯，为小儿树立良好榜样。

三、影响学龄前儿童生长发育的因素

1. 遗传因素　儿童生长发育的特征、潜力、趋向、限度等都受父母双方遗传因素的影响。种族、家族的遗传信息影响深远：如皮肤、头发颜色、面型特征、身材高矮、性成熟的迟早等；遗传性疾病无论是染色体畸变或代谢缺陷对生长发育均有显著影响。这种先天因素很难改变，但是同样受到后天的环境和人为因素的影响。

2. 营养因素　儿童的生长发育，与营养物质息息相关，学龄前儿童正在生长发育期，活动能力和活动量均增大，热能消耗增多，其需要量相对高于成人。对于儿童既要防止热能摄入不足，也要防止摄入过多发生肥胖症。学龄前儿童肌肉发育较快，再加上内脏器官增长、酶和激素等合成功能的成熟，均需要大量蛋白质。此外，影响儿童生长发育的各种营养素中，矿物质和微量元素的作用日益受到重视。充足的钙与维生素 D 的供给不仅能影响学前儿童骨骼增长和骨骼硬度的增加，而且与恒牙的健康有关。儿童无论在出生前后还是在生长发育旺盛的时期都需要锌。碘是合成甲状腺素的重要原料，氟是骨骼和牙齿的组成成分，它们对儿童的生长发育有着直接的影响。如果平时摄入的微量元素和矿物质不足，会导致生长发育不良。学龄前期是终身饮食习惯开始形成的阶段，因而食物要多样化，鼓励、引导进食各种不同食物，培养不挑食、不偏食的良好饮食习惯。

3. 生活习惯因素　合理安排有规律、有节奏的生活制度，保证儿童有足够的户外活动和适当的学习时间，定时进餐及充分的睡眠可以促进儿童的生长发育。许多学龄前儿童在进入托、幼机构后，由于生活有规律，作息定时，饮食有节制，其身高、体重的增长及动作发育的进展，往往较留在家里生活时显著。户外活动能促进体内的新陈代谢，增加大脑氧的供应，同时能解除大脑持续性紧张，使疲劳的脑细胞功能得到恢复。体育锻炼可以加快全身血液循环、改善肌肉和骨骼系统的营养。适量的锻炼可增加对骨端骺板的刺激，加速骨细胞的增殖，从而促进骨骼的生长。此外，体育锻炼还能刺激脑垂体分泌生长激素，加快儿童的生长发育，促使儿童长高。

4. 疾病因素　任何急慢性疾病对儿童生长发育都能发生直接影响，影响程度决定于病变涉及的部位、病程的长短和疾病的严重程度。一般急性疾病对生长的影响是暂时的，尤其是在身体营养状况良好的情况下，可以很快恢复。但反复的呼吸道感染和腹泻等，如果治疗不及时，往往会影响儿童的生长发育。长期性疾病（如慢性感染、慢性肝炎、慢性肾炎、哮喘、心脏病、贫血等）均可影响身高增长。此外，如染色体异常、内分泌疾病、骨和软骨发育障碍等重大疾病,都会导致身高明显低于同龄儿,医学上称为病理性矮小。积极防治疾病,对生长期的儿童有十分重要的意义。

5. 环境因素　季节与气候因素对儿童的生长也有一定的影响。季节对生长发育的影响显著地体现在身高和体重等方面,一般在春季身高增长最快,秋季体重增长最快,炎热季节部分儿童的体重有所下降。此外,环境污染问题,同样阻碍儿童的生长发育。对于儿童健康来讲,主要环境污染包括水污染、空气污染、土壤污染和食品污染。

第二节　学龄前儿童的营养需要

三字经

主糖类,多蛋白。
加脂肪,要适量。
维生素,钙铁锌。

学龄前儿童营养需要不仅要维持生命活动,还要满足生长发育,处于合成代谢大于分解代谢,新陈代谢旺盛,活动量大,因此每千克体重需要的能量和各种营养素的量高于成人。

一、能量

能量是维持人体各种生理功能的重要因素,人在安静状态下维持体温、肌张力、心跳、呼吸、血压、器官活动、腺体分泌等生命活动所需的热能即基础代谢。儿童的基础代谢率高于成人，3—6 岁儿童基础代谢耗能每日每千克体重约 104 千焦(44 千卡)。基础代谢的能量消耗约为总能量消耗的 60%。3—6 岁较婴儿期生长减缓，能量需要相对减少，每日每千克体重 21～63 千焦(5～15 千卡)。好动小儿的需要比安静小儿需要可能高 3～4 倍，一般而言，为每日每千克体重 84～126(20～30 千卡)。如果膳食热能供给不足，会造成儿童的生长发育迟缓，甚至停顿。能量主要来自于食物中的产热营养素，即糖类、脂肪和蛋白质，这三种营养素的适宜比例为：糖类 50%～60%，脂肪 25%～35%，蛋白质 10%～15%。另一个值得关注的是膳食中的能量密度，即单位食物中所含的能量。富含水和膳食纤维的食物中能量密度低于富含脂肪的食物。对于儿童肥胖来说，较低能量密度的饮食能帮助控制热能的摄入，低能量密度食物中的蔬菜、水果和膳食纤维比例较高，会相应减少脂肪和糖的摄入，以及增加饱腹感，一定程度减少食物摄取总量。

二、宏量营养素

1. *蛋白质*　学龄前儿童正处于生长发育的关键时期，每增加 1 千克体重约需 160 克的蛋白质积累。学龄前儿童摄入蛋白质的最主要的目的是满足细胞、组织的增长，因此，对蛋白质的质量，尤其是必需氨基酸的种类和数量有一定的要求，一般每天应供给 45～55 克蛋白质。为保证膳食中必需氨基酸的含量和比例，孩子膳食中动物性蛋白质和大豆类蛋白质大约需占蛋白质总摄入量的一半，鲜奶、鸡蛋、肉、鱼、大豆制品等都是优质蛋白质的重要来源，其余蛋白质可由谷物类食物提供。

蛋白质缺乏儿童蛋白质营养不良，不仅影响儿童的体格和智力发育，也使免疫力低下，患病率增加。典型的蛋白质营养不良包括以水肿为特征的蛋白质营养不良（Kwashiorkor 病）和以干瘦为特征的混合型蛋白质-能量营养不良（Marasmus 病）。前者主要临床表现为全身水肿、虚弱、表情淡漠、生长迟缓，以及头发变色、变脆、易脱落和易感染等。后者主要的临床表现为体重下降、消瘦、血浆蛋白下降、免疫力下降、贫血、血红蛋白下降等。随着我国经济的发展，严重的蛋白质营养不良发病率已明显下降，但在边远山区和不发达地区，由于膳食蛋白质摄入不足，或膳食中优质蛋白质所占比例偏低引起的体重偏低以及生长发育迟缓仍然有一定的发病率。

2. 脂肪　是一种富含热能的营养素，儿童生长发育所需的能量、免疫功能的维持、脑的发育和神经髓鞘的形成都需要脂肪，尤其是必需脂肪酸。必需脂肪酸是人体需要而不能合成的，如牛奶脂肪中不含亚油酸，用牛奶代替母乳的婴儿易发湿疹。学龄前儿童每日每千克体重需总脂肪 4～6 克。由于学龄前儿童胃的容量相对较小，而需要的能量又相对较高，其膳食脂肪供能比高于成人。体内的脂肪主要由食物中的脂肪供给或由糖类和蛋白质转化而成。儿童处于生长发育关键时期，需要的能量高于成人，充足的脂肪供给，可缩小食物的体积，减轻胃肠负担。若以蛋白质和糖类代替脂肪，会增加胃肠道负担，易导致消化功能紊乱。膳食中缺乏脂肪，儿童往往体重增长停滞、食欲差、易生病、皮肤干燥，甚至出现脂溶性维生素缺乏病。但是脂肪摄入过多，特别是饱和脂肪酸摄入过多，易造成体内脂肪堆积，造成肥胖，增加了日后患动脉粥样硬化、冠心病、糖尿病等疾病的风险。膳食中的脂肪主要来源于动物脂肪、植物油和坚果。植物油必需脂肪酸含量高，熔点低，易消化吸收，动物油主要是饱和脂肪酸，胆固醇含量较高。一些加工食品中的植物氢化油含有大量的反式脂肪酸，对心血管产生负面影响，如人造黄油、人造牛奶、起酥油等，家长在选择儿童食品时，一定要注意相关油脂的使用。

3. 糖类　是机体供给能量最经济的营养素，也是体内一些物质的重要组成部分。除此之外，它防止蛋白质损失，减少体内和膳食中的蛋白质转化为葡萄糖供能。膳食中充足的糖类也可防止体内脂肪氧化的生酮作用，如果糖类摄入不足，脂肪被动员供能，过多酮体的积累会导致酮血症。人体的神经组织只依靠糖类供能，对维持神经系统的功能意义重大。一些不被消化的糖类，如纤维素、果胶、功能性低聚糖等，虽不被肠道吸收，但能促进肠道蠕动，增强排泄功能和促进益生菌繁殖。膳食中糖类摄入不足可导致能量供给不足，体内蛋白质合成减少，机体生长发育迟缓，体重减轻。但是糖类摄入过量，则可能导致体内转化的脂肪过多，造成肥胖。经幼儿期的逐渐适应，学龄前期儿童的膳食基本完成了从以奶和奶制品为主到以谷类为主的过渡。谷类所含有的丰富糖类是其能量的主要来源。每日每千克体重约需糖类 15g，为总能量的 50%～60%，但不宜用过多的糖和甜食，而应以含有复杂糖类的谷类为主，如大米、面粉、红豆、绿豆等各种豆类。这些食物除含有大量淀粉外，还含有其他营养素，如蛋白质、无机盐、B 族维生素及膳食纤维等。有专家建议，学龄前期儿童蛋白质、脂肪、糖类供能比为 1∶1.1∶6。

三、微量营养素

1. *矿物质*　指人体组织中含有自然界存在的各种元素，是构成人体组织的重要成分，是人体必不可少的营养素，但不能在体内生成，必须由食物和水供给。

(1)钙：在人体内，含有多种矿物质，其中钙是含量最多的一种，钙是构成骨骼和牙齿的主要成分；同时，在神经传导、肌肉运动、血液凝固和新陈代谢等方面也都需要钙质的参与。生长期儿童需要较多的钙，长期缺钙会导致生长受阻，骨骼钙化不全及骨质疏松，严重者出现佝偻病。血钙过低会造成神经过度兴奋，引发痉挛。过量钙摄入，则会造成高钙血症、软组织钙化、肾结石等，还会影响铁、锌等金属离子的吸收。为满足学龄前儿童骨骼生长，每日平均骨骼钙储留量为 100～150 毫克，钙需要量 3 岁为每日 350 毫克，4—6 岁为每日 450 毫克。奶及奶制品钙含量丰富，吸收率高，是儿童最理想的钙来源。豆类及其制品尤其是大豆、黑豆含钙也较丰富，此外，芝麻、小虾皮、海带等也含有一定的钙。某些蔬菜，如菠菜、苋菜含钙丰富，但蔬菜中草酸多，影响钙的吸收，烹饪前需要焯水。

(2)碘：可合成甲状腺素，促进蛋白质、脂肪和糖的分解，为生长发育提供养料。缺碘会引起甲状腺功能低下和呆小病，表现为智力低下、反应迟钝、体格发育迟缓。WHO 估计，世界有 8 亿人口缺碘，我国约有 4 亿人，孕妇、儿童是对缺碘敏感的人群。为减少因碘缺乏导致的儿童生长发育障碍，含碘较高的食物主要是海产品，如海带、紫菜、海鱼、虾、贝类。植物性食物和饮用水中的碘含量受地理环境因素影响，一般沿海地区碘含量高，内陆地区一般较低。学龄前儿童碘的推荐摄入量是每日 90 微克，为保证这一摄入水平，除必须使用碘强化食盐烹调食物外，还建议每周膳食至少安排一次海产食品。

（3）铁：铁元素作为人体血红蛋白和大脑神经纤维髓鞘的物质基础，为脑细胞提供营养素和充足的氧，并影响神经传导。食物中有两种铁，动物性铁吸收率 20%左右，植物性铁吸收率 1%～5%。铁缺乏引起缺铁性贫血是儿童期最常见的疾病。学龄前儿童铁缺乏有如下几方面的原因：①儿童生长发育快，需要的铁较多，约每千克体重需要 1 毫克的铁；②儿童与成人不同，内源性可利用的铁较少，其需要的铁更依赖食物铁的补充；学龄前儿童的膳食中奶类食物仍占较大的比重，其他富铁食物较少，也是铁缺乏产生的原因。铁缺乏儿童行为异常，如对外界反应差、易怒、不安、注意力不集中及学习能力差。铁缺乏，除可通过影响细胞色素酶类的活性而影响能量的产生外，也致脑内多巴胺 D 受体下降，并进而引起单胺氧化酶抑制药和色氨酸、多巴胺、5-羟色胺等水平下降，行为上表现为学习能力下降和睡眠时间延长。临床上表现为听力减弱、视力减弱，学习成绩不佳。铁缺乏还对儿童免疫力、行为和智力发育产生不可逆性影响。学龄前儿童每日铁的适宜摄入量为每日 10 毫克，动物性食物含量和吸收率均较高，如动物内脏、动物血、畜禽肉类等。

（4）锌：锌元素一般以辅酶的形式参与到人体的新陈代谢活动中，对生长发育、智力发育、免疫力、物质代谢和生殖功能都有影响。锌通过对蛋白质的作用促进脑细胞的生长，从而增强记忆、促进思维的活跃。我国部分儿童存在边缘性锌缺乏的问题，锌缺乏儿童常出现味觉下降、厌食甚至异食癖，嗜睡、面色苍白，抵抗力差而易患各种感染性疾病等，严重者生长迟缓。学龄前儿童每日锌的推荐摄入量每日 5.5 毫克，除海鱼、牡蛎外，鱼、禽、蛋、肉等蛋白质食物锌含量丰富，利用率也较高。而植物性食物中锌含量较低，主要在谷类和豆类的胚芽中，精加工的过程中会发生丢失。

(5)镁：是酶的激活因子，参与人体新陈代谢、核酸与蛋白质的合成，镁大部分沉积于骨骼，含量仅次于钙和磷，在维持骨骼强度和密度中发挥重要作用。维护儿童心脏、肌肉及神经的正常。食物中含镁较高的有全谷类、豆类、菌菇类以及绿叶蔬菜。精加工的食品中镁含量较少。

2. 维生素　是很少的一类低分子有机化合物，它不提供能量，一般也不作为机体组成成分，但对维持人体正常生理功能有极其重要的作用。大部分的维生素不能在体内合成或合成量不足，必须依靠食物来提供。

(1)维生素 A：能促进儿童的生长发育，保护上皮组织，防止眼结膜、口腔、鼻咽及呼吸道的干燥损伤，有间接抗呼吸道感染的作用，还可维持正常视力，预防夜盲症。但过多的维生素 A 摄入可造成中毒。维生素 A 缺乏是发展中国家普遍存在的营养问题，严重威胁着儿童的生存。在我国，仍有相当比例学龄前儿童维生素 A 亚临床缺乏或水平低于正常值，尤其是农村和边远地区。维生素 A 主要存在于动物和鱼的肝、脂肪、乳汁及蛋黄内。有色蔬菜和水果，如胡萝卜、菠菜等，含胡萝卜素较多，而胡萝卜素在体内可转化成维生素 A。维生素 A 耐热、耐酸碱、不溶于水，在油脂中稳定，因此受烹饪影响小。

对于学龄前儿童可考虑每周摄入一次含维生素 A 丰富的动物肝，每天摄入一定量蛋黄、牛奶，或在医师指导下补充鱼肝油，获得可直接利用的视黄醇，也可每日摄入一定量的深绿色或黄红色蔬菜补充维生素 A 原，即胡萝卜素，由于学龄前儿童的咀嚼能力有限，叶菜应切碎，煮软，这种烹调方法，对维生素 C 的破坏较大，但胡萝卜素的损失相对较低。

(2)维生素 D：可帮助机体对钙的吸收，促进钙在骨骼的沉积，调节磷代谢。儿童缺乏维生素 D，容易发生佝偻病及手足抽搐症。维生素 D 主要存在于动物肝、蛋黄等食物中。植物中的麦角固醇及人体皮肤、脂肪组织中的 7-脱氢胆固醇，通过紫外线作用可形成维生素 D。儿童的维生素 D 可通过食物摄入，也可通过户外阳光照射产生，为预防维生素 D 缺乏，儿童需注意增加户外活动，多晒太阳。

(3)B 族维生素：维生素 B_1、维生素 B_2 和维生素 B_6 在保证儿童体内的能量代谢以促进其生长发育方面有重要的作用。其中，维生素 B_1 主要调节体内的糖类代谢；维生素 B_2 对体内氨基酸、脂肪和糖类的生物氧化过程和热能代谢极为重要；维生素 B_6 对身体维持细胞免疫功能及调节大脑兴奋性至关重要。这 3 种 B 族维生素常协同发挥作用，缺乏症可能混合出现。亚临床维生素 B_1 缺乏影响儿童的食欲、消化功能。维生素 B_2 缺乏引起口角炎、舌炎、唇炎及湿疹。缺铁性贫血的儿童常伴有维生素 B_2 缺乏。

维生素 B_1 主要来源于谷物的胚和糠麸、酵母、硬果、豆类和瘦肉，尤其是粮食表皮中含量丰富。维生素 B_2 主要来源于各种动物肝、蛋黄、奶类及绿叶蔬菜。维生素 B_6 可从肉、鱼、奶制品、蛋黄、酵母、动物肝、全谷、豆类、花生等食物中摄取。

(4)维生素 C:具有氧化还原能力,参与体内多种生化反应。典型的维生素 C 缺乏症在临床上已不常见,但亚临床缺乏对健康的潜在影响受到特别的关注,如免疫能力降低,以及慢性病的危险增加等。维生素 C 主要来源于新鲜蔬菜和水果,尤其是鲜枣类、柑橘类水果和有色蔬菜,如柿子椒、油菜、韭菜、白菜、菜花等。

四、水和膳食纤维

1. 水　是体内一切生化反应的场所,婴儿体内的水可达 80%以上,因此新陈代谢旺盛。水的需求取决于机体的新陈代谢和热能需求,温度的变化、活动量和食物性质也影响水的需求量。儿童每日每千克体重对水的需求量为 90～100 毫升。腹泻、呕吐时排水量增多,对水的需要量增多。

体内水的主要来源有三个:①饮水;②食物水;③代谢水,即糖类、脂肪和蛋白质在体内氧化时产生的水。儿童每天水的周转比成人快,体内代谢产物排泄快,对缺水的耐受性差,比成人容易出现水平衡失调。学龄前儿童摄入的水不能是饮料、茶等。饮料中的食品添加剂和糖,茶叶中的茶碱对儿童神经系统刺激大,影响儿童生长发育。

2. 膳食纤维　主要是非淀粉多糖,如纤维素、果胶、蔬胶及植物细胞壁中的木质素,而抗性淀粉、低聚糖及不被肠道消化的双糖也被列入其中。膳食纤维可以改善肠道功能,刺激肠道蠕动。降低血液中的胆固醇浓度,降低餐后血糖,有利于防止肥胖,促进肠道益生菌的增殖。学龄前儿童每日膳食纤维摄入量建议在每日 6.8～15 克。膳食纤维主要来源于植物性食物，小麦、水稻、玉米等主要含有不可溶膳食纤维，大麦含有不可溶和可溶性膳食纤维。蔬菜和水果是重要的膳食纤维来源，洋白菜、甜菜、豌豆等蔬菜和柑橘、苹果、香蕉等水果中还有丰富的果胶。

五、食育与身体健康

学龄前儿童饮食健康不仅影响儿童的生长发育，也与成年后的健康密切相关。3—6 岁的儿童正处于生长旺盛的时期，每天必须从膳食中充分获得营养物质，才能满足其生长发育和生活活动的需要。如果儿童长期缺乏某种营养素和热能供给不足，不但影响生长发育，还会导致疾病发生。需要家长和老师通过饮食教育，引导儿童了解食物的不同味道和营养成分，使儿童乐于尝试不同食物，养成良好的饮食习惯，按时进餐，合理进餐，不挑食，不偏食，均衡营养，并帮助儿童掌握饮食的方法和技能，促进儿童身体健康。

六、食育与心理健康发展

1. 饮食教育促进儿童大脑发育　学龄前儿童大脑发育快，3 岁的儿童神经系统迅速发育，头部显得特别大，此时脑重量已是出生时的 3 倍，约为 1000 克，5 岁时其大脑已接近成人的大小和重量。在大脑飞速发育的时期，充足的营养是保证孩子健康聪明的必要条件之一。为了使儿童更加具有创造力，越来越聪明，家长和老师需要饮食教育，帮助孩子避免饮食上的不良习惯：①营养摄入过量：长期的饱食会使血液集中在胃肠道，令大脑缺氧，影响记忆力，出现智力衰退的现象。②不吃早餐：早上睡醒后机体处于饥饿状态，不吃早餐会使大脑得不到正常的血糖供应，大脑营养供应不足，长此以往阻碍大脑发育。研究表明，早上摄入高蛋白食物的儿童在课堂上最佳思维普遍延长，而不吃早餐或早餐过于简单的儿童，精力下降相对较快。③摄入过量甜食：甜食会损害胃口，降低食欲，从而使儿童减少高蛋白和多种维生素食物的摄入，难以保障儿童大脑快速发育的营养要求。

2. 饮食教育促进儿童感官发育　学龄前儿童在与环境相互作用中发展智力，儿童需要高度活动，活动影响他们的认知发展。食物的属性需要通过视、触、味、嗅等手段了解。通过闻一闻、尝一尝辨别食物的味道，通过触摸感知食物的质地，通过观察了解食物的外形特征。丰富的饮食教育，可以强化儿童的感官刺激，提高感知能力。另外，让儿童参与到食物的制作活动中，使儿童在对食物有充分感知认识的前提下，还锻炼儿童的手部精细动作，促进大小肌肉群的协调能力发展。

3. 饮食教育促进儿童语言发展　学龄前儿童语言发展迅速，尤其是口语。语言训练离不开生活的环境，食物是每天儿童需要接触的东西，容易激发他们表达的欲望。饮食教育中，儿童在认识食物的同时学说食物的正确名称和餐具名称，掌握一定的量词，了解食物制作的术语。同时在活动中运用语言与家长老师，或是同伴进行交流，不断促进语言的发展。

4. 饮食教育促进儿童认知发展　儿童在不断接触食物的过程中对一些数、量、形、类别、空间、时间等概念，产生好奇心，引发思考。饮食教育在活动中，帮助儿童认识事物、探索一些一般事物规律，使抽象的数学、物理和化学知识转变为生动有趣的实例，促进儿童思维的发展，激发儿童的探索欲和求知欲，真正使儿童的认知得到发展。

5. 饮食教育促进儿童情感发展　儿童的社会情感需要与环境相互作用才能得到发展，食物与人的关系密不可分，通过各种形式的饮食教育，让儿童在活动中增进对食物的认识，促进人与人之间的交流，获得情感上的满足。在活动中，培养健康的生活方式，养成良好的饮食习惯。

儿歌

我爱吃青菜，
我爱吃鱼虾，
不挑也不拣，
样样都能吃，
个子长得高。

第三节　学龄前儿童的平衡膳食

三字经

五谷养，七彩蔬。
肉蛋奶，多补充。
易消化，少盐糖。

给学龄前儿童安排合理的膳食是满足其营养素摄入的保证。对散居儿童和托幼机构的集体儿童均有重要的意义。

一、平衡膳食的原则

1. 多样食物合理搭配　每日膳食应由适宜数量的谷类、乳类、肉类(或蛋或鱼类)、蔬菜和水果类四大类食物组成,在各类食物的数量相对恒定的前提下,同类中的各种食物可轮流选用,做到膳食多样化,从而发挥出各种食物在营养上的互补作用,使其营养全面平衡。学龄前期儿童生长发育处于高速期,对热能、蛋白质、矿物质和维生素等的需求高。食物多样性指儿童的食物搭配,应以谷类为主,以奶类、蛋类、鱼类、禽类、肉类以及蔬菜水果为辅。做到种类多样,营养全面。

2. 专门烹调,易于消化　学龄前期儿童咀嚼和消化能力仍低于成人,他们不能进食一般家庭膳食和成人膳食。此外,家庭膳食中的过多调味品,也不宜儿童食用。因此,食物要专门制作,蔬菜切碎,瘦肉加工成肉末,尽量减少食盐和调味品的食用,烹调成质地细软、容易消化的膳食,随着年龄的增长逐渐增加食物的种类和数量,烹调向成人膳食过渡。

3. 制定合理膳食制度　学龄前儿童胃的容量小,肝中糖原储存量少,又活泼好动,容易饥饿。适当增加餐次以适应学龄前期儿童的消化能力。因此,学龄前期儿童以一日“三餐两点”制为宜。各餐营养素和能量适宜分配,早、中、晚正餐之间加适量点心。保证营养需要,又不增加胃肠道过多的负担。

4. 培养健康的饮食习惯　建立健康的膳食模式，包括养成不偏食、不挑食、少零食，细嚼慢咽、不暴饮暴食、口味清淡的健康饮食习惯，以保证足够的营养摄入，正常的生长发育，预防成年后肥胖和慢性病的发生。

5. 注意食量与活动的平衡　膳食结构不合理，肉类及油脂摄入过多，活动不足，易导致超重和肥胖。鼓励儿童经常参加户外活动，实现对体能、智能的锻炼培养，维持能量平衡，促进维生素D的合成和钙的吸收。儿童如果进食量过大而活动不足，多余能量就转化为脂肪，反之食量不足，运动过大，就会消瘦。所以要让儿童的食量与活动保持平衡。学龄前儿童每天应保证总量60分钟的体育活动，最好是户外运动，避免连续超过60分钟的静止状态。每天看电视、手机电脑等的累计时间不超过2小时。适量做较高强度的运动，包括有氧运动、伸展运动、肌肉强化运动、团体活动等。

6. 注意饮食卫生　学龄前儿童的免疫力低于成人，易感染细菌、病毒等病原微生物，俗话说“病从口入”，日常生活家长应注意孩子的饮食卫生，引导儿童养成以下卫生习惯：①吃东西前要洗手，手部随时沾有大量细菌、病毒和寄生虫卵，吃东西前要肥皂洗手。②瓜果生吃前要洗净，瓜果蔬菜上不仅有病原微生物，还有农药残留、杀虫剂等，不清洗易造成食物中毒，甚至农药中毒。蔬菜尽量不生吃，水果尽量剥皮吃。③不喝生水，水中含有大量病原微生物，应喝煮沸的水。④不随便摘野果野菜吃，野果野菜品种多，有的含有毒素，难以分辨，不要随便食用。⑤不吃腐烂变质的食物。食物腐烂变质会滋生大量细菌和霉菌，易造成食物中毒。⑥不随便购买食用劣质食品饮料，家长购买食品要注意配料表、保质期等信息。

二、食物选择

学龄前儿童已完成从奶类食物为主到谷类食物为主的过渡。食物种类与成人食物种类逐渐接近，无论集体还是散居儿童，均应按以下推荐选择食物。

1. 谷类　精加工碾磨谷类的维生素、矿物质、纤维素大多丢失。粗制面粉、大米是每日最基本的食物，每日 200～250 克可为孩子提供 55%～60%的能量，约 50%的维生素 B_1 和烟酸，如果每周有 2～3 餐以豆类（红豆、绿豆、白豆）、燕麦等替代部分大米和面粉，将有利于蛋白质、B 族维生素的补充。高脂食品（如炸土豆片）、高糖和高油的风味小吃和点心应加以限制。

2. 动物性食物　适量的鱼、禽、蛋、肉等动物性食物主要提供优质蛋白质、维生素、矿物质。8 种人体必需的氨基酸必须通过食物补充，动物性食物可以补充这 8 种氨基酸，与植物性蛋白相比，动物蛋白中氨基酸种类更加全面丰富，对于儿童瘦肉是很好的优质蛋白来源。蛋类提供优质易于消化的蛋白质、维生素 A、维生素 B_2 及有利于儿童脑组织发育的卵磷脂。蛋 1 个，约 50 克。与瘦肉和蛋类相比，鱼油和鱼类蛋白软滑细嫩而易于消化，鱼类脂肪中还含有 DHA，鱼肝油是人体所需维生素 A 和维生素 D 的重要来源。此外，鱼肉中硒和锌的含量丰富，可补充矿物质。因此，鱼肉的营养价值高于蛋类、禽肉和瘦肉。鱼、禽、肉每日供给总量为 100～125 克，各种可交替食用。

3. 奶制品　为促进骨骼发育，必须摄取足够的钙。儿童在成长阶段建议多喝牛奶。奶类及其制品提供优质、易于消化的蛋白质，维生素A、维生素B_2及丰富且优质的钙。奶制品中含有生长必需的氨基酸，儿童对这些氨基酸的消化率高达98%。儿童每天需要进食奶类包括牛奶、酸奶、奶酪和奶粉等。这些奶类制品易消化，含有较高的蛋白质和钙。建议奶的每日供给量为250～400克，不要超过600～700克，在适宜奶量范围内可以是全脂奶。

4. 大豆及其制品　大豆中的蛋白质含量是所有植物性食物中最高的。大豆蛋白质富含赖氨酸，是优质蛋白质，优质蛋白比普通蛋白更有利于生长发育。大豆脂肪含有必需脂肪酸亚油酸和α-亚麻酸，能在体内分别合成花生四烯酸和DHA。因此，每日至少供给相当于15～20克大豆的制品，以提供6～10克的优质蛋白质。应充分利用大豆资源来解决儿童的蛋白质营养问题，尤其在较贫困的农村。此外，豆制品还可以补充钙质，促进骨骼生长。大豆类食物指的是黄豆、黑豆和青豆，而非杂豆类，如绿豆、红豆、豌豆、蚕豆等。这是因为大豆类才富含丰富的蛋白质、脂肪、钙和B族维生素；而杂豆类是淀粉类豆，主要是淀粉和蛋白质，脂肪含量低。

5. 蔬菜和水果类　是维生素、矿物质和膳食纤维的主要来源。蔬菜和水果中的膳食纤维不仅能预防便秘、结肠炎和结肠癌发生，还能降低血压，减少冠心病和胆结石的发病率；矿物质如钙、镁、钾、磷和锌等，有助于防止骨质疏松和缺铁性贫血；胡萝卜素可转化为维生素A，保护视力和皮肤等。因此，儿童多吃富含维生素的食物，有助于促进生长发育，提高免疫力。每日供给量为 150～200 克，可供选择的蔬菜包括椰菜、菜花、小白菜、芹菜、胡萝卜、黄瓜、西红柿、鲜豌豆、绿色和黄红色辣椒。可供选择的水果不限。需要注意的是，儿童每天摄取的蔬菜量应大于荤菜量，但不能过量，菜吃多了会有饱腹感，影响主食的摄入。儿童摄入的蔬菜品种要多样，颜色要丰富，特别是深色蔬菜要占 1/2 以上，深色蔬菜中胡萝卜素、核黄素和维生素 C 含量高于浅色蔬菜。蔬菜和水果不能相互替代，大多数蔬菜中的维生素、矿物质、膳食纤维和植物化学物质含量高于水果；水果中的糖类、有机酸和芳香物质要高于蔬菜，水果不用加热，营养素不会因烹饪而损失。每天蔬菜和水果的摄取量需要合理搭配。

6. 烹调用油和盐、糖　按我国的饮食习惯，膳食脂肪约 40%来源于烹调用油。应注意对烹调用油的选择。学龄前儿童烹调用油应是植物油，尤其应选用含有必需脂肪酸亚油酸和亚麻酸的油脂，如大豆油、低芥酸菜籽油等。每日人均约 15 克。

人体钠的摄入与高血压发病有关，儿童饮食应清淡少盐，学龄前儿童每天食盐用量不超过 2.3 克。钠的来源除了食盐还包括酱油、咸菜、味精等含钠高的调味品，以及含钠加工食品。一般 20 毫升酱油含有 3 克食盐，因此做饭除控制食盐用量也得控制酱油的使用。另外，还要少吃酱菜、腌腊制品、烟熏食品等。

关于食糖（精制糖、蔗糖）对健康的影响有较多的争议。证据表明，减少学龄前儿童食糖的消耗可以减少龋齿和肥胖发生的危险。学龄前儿童每日可摄入 10～15 克蔗糖，或含蔗糖的饮料。

7. 零食选择　大多数学龄前儿童对零食没有抵抗力。油炸、甜腻、咸鲜等重口味零食口感好，但是脂肪多、热能高，多吃容易肥胖，甜食易导致龋齿。零食是合理膳食的组成部分，选择零食时需要首先选择富有营养的食物，多选用奶类、水果蔬菜、坚果类的新鲜食物。根据儿童的作息时间，在两顿正餐之间吃适量零食可缓解饥饿，但要控制量和次数，每日不超过 3 次，不能影响正餐。引导教育孩子少吃油炸类、含糖过多、过咸的零食。

总之，儿童食物的选择要“五颜六色”。

“五颜六色”的食物搭配可以使餐盘更加赏心悦目，不仅可以刺激孩子食欲，增加进食的主观能动性，而且不同色彩的食物提供不同的营养素，具有不同的保健作用。

(1)绿色食物：主要包括绿叶蔬菜、水果等，如黄瓜、菠菜等，含有丰富的叶绿素，有抗癌、抗病毒作用。

(2)红色食物：除了以西红柿、草莓等为代表的蔬果，还有红肉类，如猪肉、牛肉、羊肉等，富含铁元素，有较好的补铁、补血效果。

(3)黄色食物：有小米、胡萝卜、柑橘类水果等，以柠檬为代表的黄色食物富含维生素 C，有抗氧化、提升免疫力的作用，可有利于抵御呼吸道感染性疾病。

(4)黑(紫)色食物：主要包括黑芝麻、黑豆、桑葚等，含有丰富的花色苷、多酚类植物化学物，可减少自由基对身体的损伤，具有抗氧化、抗衰作用。

(5)白色食物：以大米、面粉、牛奶、银耳、豆腐等，含有丰富的钙和蛋白质。

儿歌

米饭馒头喷喷香，
蔬菜水果味道好，
豆奶制品不可缺，
畜禽肉类要适量，
样样都吃不挑拣，
宝宝身体最最棒。

三、膳食安排

1. 学龄前儿童 1 日食物建议　每日供给 200～300 毫升牛奶（不要超过 600 毫升），1 个鸡蛋，100 克无骨鱼或禽，或瘦肉及适量的豆制品，150 克蔬菜和适量水果，谷类已取代乳类成为主食，每日需 150～200 克。并建议每周进食 1 次富含铁和维生素 A 的猪肝和富含铁的猪血，每周进食 1 次富含碘、锌的海产品。

2. 学龄前儿童膳食制度　学龄前儿童宜采用 3 餐 2 点制供给食物，3 岁儿童可用 3 餐 3 点制。8:00—8:30 早餐，约占 1 日能量和营养素的 30%（含 10:00 的少量水果或牛奶），11:30—12:00 午餐，约供给每日能量和营养素的 40%（含 15:00 的午点），18:00 的晚餐，约占每日能量和营养素的 30%。

家庭作为整体，父母每天至少有 1 次与孩子一起进餐。让孩子自己吃，容许孩子进餐过程的脏乱，以保持孩子进餐的兴趣，提高食欲。进餐应该愉快，尽量减少争论。餐前可喝少量的果汁或汤以开胃。正餐的进餐时间不要超过30分钟。

3. 学龄前儿童膳食烹调　学龄前儿童的膳食需单独制作。烹调方式多采用蒸、煮、炖等，软饭逐渐转变成普通米饭、面条及包点。肉类食物加工成肉糜后制作成肉糕或肉饼，或加工成细小的肉丁使用；蔬菜要切碎、煮软；每天的食物要更换品种及烹调方法，1周内不应重复，并尽量注意色香味的搭配。将牛奶（或奶粉）加入馒头、面包或其他点心中，用酸奶拌水果色拉也是保证膳食钙供给的好办法。

4. 运动后的膳食安排　儿童运动后需要补充运动流失的营养，主要有以下几种。

（1）水：运动后15分钟应补充400毫升以上的水。

（2）蛋白质：富含蛋白质的食物有利于恢复体力。

（3）无机盐：运动后会有一些盐分的流失，补充无机盐，防止肌肉痉挛。

（4）脂肪：人体热能主要由脂肪提供，运动后需要适量补充。

（5）糖类：运动后对儿童来说补充糖类是必需的。

（6）其他：如维生素。

四、习惯养成

学龄前儿童生长发育的关键时期，也是培养良好饮食习惯的重要时期，从小养成健康的饮食行为和生活方式将使其受益终身。

1. 2岁以上应该独立进食，自主进食，不挑食、不偏食，在许可范围内允许儿童自主选择食物。

2. 定时、定点、定量进餐，每次进餐时间为 20～30 分钟。吃饭细嚼慢咽，但不能拖延时间。

每天应安排“三餐两点”，早、中、晚三次正餐，在此基础上还至少有 2 次加餐；加餐一般安排在上、下午各一次，晚餐时间比较早时，可在睡前 2 小时安排一次加餐；加餐以奶类、水果、坚果、豆制品等健康零食为主，少吃高脂高盐高糖的加工食品；晚间加餐不宜安排甜食，以预防龋齿。饭前不吃糖果零食，不喝汽水饮料。

3. 主动足量饮水，首选白水；不喝或少喝含糖饮料，更不能用含糖饮料代替水。

4. 进食过程中，应避免边吃边玩边看电视；鼓励孩子进食，但应避免强迫喂养和过度喂养；进餐环境和气氛应轻松、愉悦，不要在嘈杂的环境中进餐，避免进餐时恐吓和训斥孩子。

5. 不要一次盛太多饭菜，以免养成剩饭剩菜习惯或喂养过多。吃饭时不要一口饭一口汤或汤泡饭，影响消化吸收。

6. 膳食搭配要合理。根据《中国居民膳食指南》(2022 版)推荐：每餐吃谷类，粗细搭配；适量鱼禽肉蛋，荤素搭配；每天 300 毫升以上液态奶；常吃大豆及其制品和坚果；每天提供五种蔬菜，餐餐有蔬菜，天天吃水果。幼儿园确保每周有海产品(海带、紫菜、海鱼等)、有新菜品，每月更新食谱，保证孩子们各类食物摄入均衡。

7. 养成吃早餐习惯。一日三餐，早餐最重要，不吃早餐易导致肥胖，早餐有助于胆汁排出，预防胆结石。早餐的营养利用率高于其他两餐，有利于身体各器官特别是大脑能量的补充。建议学龄前儿童起床后先进行活动，增进食欲，有助消化，最少活动30分钟再吃早餐。早餐一般以糖类为主，同时需摄取足够蛋白质和脂肪。

8. 不用水果代替蔬菜。水果中糖分较多，摄入过多易造成血糖波动，使人头昏脑涨、精神不集中、疲劳等。糖分转化为脂肪造成肥胖。水果蔬菜营养成分有差异，需要适当搭配，确保营养均衡。

9. 不吃过多的糖。吃糖过多影响食欲，造成正餐食用量减少，影响生长发育。糖类摄取过多影响体能正常生理代谢，易诱发近视，导致儿童情绪不稳定、注意力不集中等问题。

10. 吃点粗粮。俗话说“五谷为养”，饮食太精细也会影响儿童营养均衡。与细粮相比，粗粮中纤维素含量丰富，还含有较多的氨基酸。长期一种粮食为主容易造成营养摄入不均衡，饮食应提倡粗细搭配。

11. 不吃烧烤类食物。烧烤食物重油重盐，高温破坏食物的维生素、蛋白质和脂肪等营养成分。烹饪不当，易产生有毒有害物质，如亚硝胺、苯并芘类化合物等，有致癌风险。烧烤食物偏燥热，刺激儿童胃肠道，容易上火。

12. 注意饮食卫生。饭前饭后勤洗手，饭后要漱口，生瓜果要洗净。饭前饭后不做剧烈运动。

儿歌

早餐要吃好，聪明又健康。

干稀要搭配，荤素要均衡。

五谷杂粮好，零食要限量。

吃饭讲卫生，饮食有规律。

作息有规律，劳逸相结合。

五、儿童营养缺乏的判断

学龄前儿童并不能完全有效地运用语言表达自己身体的不适感，儿童缺乏营养主要从身体发育和情绪上有所表现。家长和老师主要通过以下几种变化判断儿童是否缺乏营养。

1. 儿童的身高和体重　需要定期测量，从测量数据判断儿童的营养是否充足。如果儿童的体重低于参考标准的15%，可判定为轻度营养不足，需要加强蛋白质和热能的摄入。如果儿童体重超出标准体重的 20%，可判定为超重，儿童营养过剩，需要适当减少蛋白质和热能的摄入。

2. 儿童的身体变化　如果儿童头发干枯、发黄，可能是缺乏蛋白质、必需氨基酸、维生素 C 及锌、铁等微量元素。如果儿童出现经常性的腹泻、便秘、消化不良等肠道问题，可能是膳食纤维摄入不足。如果儿童牙龈出血，可能是食物过硬、吃饭方式问题，还可能是缺乏维生素 C。

3. 儿童情绪变化　儿童缺铁可能出现反应迟钝、表情麻木。缺乏 B 族维生素，会出现惊恐不安。甜食摄入过度，儿童情绪会烦躁易怒。缺乏维生素或者钙，儿童可能固执胆小、难以安抚。当然有关情绪的变化仍然需要结合临床诊断来判断。

4. 儿童行为异常　缺乏维生素 C，儿童可能不愿与人交流，动作笨拙。缺钙，儿童可能夜间磨牙、易惊醒。体内氨基酸缺乏，可能影响儿童情商发育，行为较同龄儿童幼稚。

六、幼儿园膳食管理

幼儿园是学龄前儿童尤其是城镇学龄前儿童生活的主要场所，无论全托还是日托制幼儿园，儿童膳食的60%～70%由幼儿园供给。因此，幼儿园对学龄前儿童营养以及体格发育负有最主要的责任。

1. 幼儿园膳食管理制度

(1)成立儿童膳食管理委员会。管理委员会应由主管园长任主任，成员由营养师或监管儿童营养的卫生保健人员，膳食管理员(司务长)、炊事班长、保教人员及财务人员共同组成。儿童膳食管理委员会每个月应进行一次会议，对幼儿膳食计划、食谱制订、食物购买渠道等进行管理、监督、评价，定期每季度向家长汇报儿童膳食状况。

(2)食物营养与安全的培训。儿童膳食管理委员会授权营养师或卫生保健人员对炊管人员、保教人员定期进行食物营养和安全的培训。并对炊管人员、保教人员的食物营养和安全知识掌握和执行情况进行考核，将考核成绩纳入奖金分配计划。

(3)在营养师或卫生保健人员指导下按照儿童年龄、生理特点、幼儿园性质，根据《中国居民膳食营养参考摄入量》确定其营养需要的目标，制订膳食计划。缺乏营养师的幼儿园可在上级妇幼保健机构的指导下完成此项工作。

(4)按周编制食谱。《中国居民膳食营养参考摄入量》是编制食谱时儿童营养素摄入的目标值。食谱由营养师提出，司务长或食品采购员负责购买，炊事班长按营养要求和儿童的心理进行烹煮。一周食谱应做到不重复。每周的食谱应在上一周周末公布，以使家长了解，家长可根据幼儿园内的食谱进行食物安排，做到幼儿园膳食和家庭膳食互补，使幼儿获得最好的营养。

(5)食品卫生监督管理。儿童膳食管理委员会授权营养师或卫生保健人员对幼儿膳食实施过程的卫生进行全程监督和指导，包括食物购买渠道、食物储存、食物烹调前的处理、烹调过程、幼儿进餐环境等，以保证食品安全。

(6)幼儿膳食营养监测。膳食管理员(或司务长)应详细登记所购买食物的种类和数量，建立入库和出库登记制度，财务人员亦每日记录入园儿童进餐人数，儿童膳食管理委员会授权营养师或卫生保健人员按季度统计该季度的食物消耗及进餐人数，其目的是以记账法进行膳食调查，对该季度幼儿的膳食营养进行初评估。儿童膳食管理委员会授权营养师或卫生保健人员每学期进行一次称量法膳食调查，结合记账法对幼儿膳食营养状况进行评估，评估应以《中国居民膳食营养素参考摄入量》推荐值作为目标值。以不断改进幼儿的膳食和营养状况，并将结果向家长和向上级主管部门通报。

2. 食谱制订原则

(1)确定膳食制度：以 3 餐 2 点制为宜。食物及营养素分配原则如下：早上活动多，早餐、早点共占 30%；午餐宜丰盛，午点低能量，以避免影响晚餐，午餐占 40%；晚餐较清淡，以避免影响睡眠，占 30%。

(2)制作食物归类表：营养师应将同类食物中主要营养

素含量比较接近的不同种食物按季节归列成表，以便在采购食物、制作食谱时供管理员参考。食物以季节时令菜为主，尽可能选择营养价值高的食物。

(3)合理搭配各种食物：品种宜丰富多样化，一周内菜式、点心尽可能不重复。食物宜粗细搭配、粗粮细作，荤素搭配，色彩搭配，食物尽可能自然、清淡少盐。制作面制品可适当加入奶粉，以提高蛋白质的供给和营养价值，提高膳食钙的水平，满足幼儿生长发育对钙的需要。每周安排一次海产食物，以补充碘；安排一次动物的肝(每人25克)以补充维生素A和铁。

3. 开展饮食教育　在幼儿园、亲子班等开展丰富的饮食教育活动，可以让儿童了解自己的身体和需要的营养物质，培养良好的饮食卫生习惯，了解不同地区的饮食文化。

(1)认识食物的名称、形状、色彩、性质：让儿童充分接触食物、学习食物的正确名称、观察食物的形状，欣赏食物的天然色彩及食物加工组合后的色彩，感知食物的不同质地，通过嗅觉和味觉感知食物的味道。

(2)知道营养素与人体健康的关系：使家长和儿童共同了解人体需要的基本营养素及其来源，以及营养与人体健康的关系，潜移默化促进儿童接受多样化的食物，培养健康饮食的意识。

(3)建立良好的饮食习惯：使家长和儿童共同了解不良饮食的危害，通过反复的练习帮助儿童建立良好的饮食卫生习惯。

儿歌

细小物，注意玩，
千万别往口中含。
饥饿时，嘴莫馋。
吃饭之前要洗手。
吃饭时，细咀嚼。
狼吞虎咽不可取。
吃零食，坏习惯。
影响食欲和健康。
不挑食，不偏食。
饮食要有好习惯。
年纪小，长身体。
营养均衡最重要。

第2章

中小学生的生理特点与营养需要

三字经

少儿期，发育期。
营养餐，长身体。
强素质，有意义。

中小学生时期，是人的一生中生长发育的最关键时期。根据我国第三次的人口普查表明，19岁以下的中小学生占全国总人口数的46.08%，其中5—6岁占全国总人口数的11.03%，7—9岁占9.27%，10—14岁占13.3%，15—19岁占12.48%。因此，提倡对中小学生进行营养配餐，保证中小学生的身体健康，不仅能为这一代人将来的身体健康打下良好的基础，而且对提高我国各民族人民的身体健康素质具有重要意义。

儿歌

中小学生发育期，
营养配餐长身体。
科学饮食打基础，

学校社会都关注。
培养祖国下一代，
增强素质有意义。

第一节　中小学生的生理特点

三字经

青少年，有特点。
全程看，有五期。
细分析，好配餐。

人的生长发育过程一般分为婴儿期、幼儿期、学龄前期、少年期、青春期等。人的生长发育是一个连续过程，在这一过程中，有量的变化，也有质的变化。变化的速度并不随着年龄增长而直线上升，而是时快时慢，波浪式上升。衡量生长发育最简单、最常用的指标是身高和体重。一般说来，从六七岁至十一二岁为童年期，从十一二岁到二十岁为青春期，二十岁以上才为成年人。为了更好地安排好中小学生的营养配餐，就必须熟知中小学生的生理发育一般规律和各个系统成长情况。

儿歌

少儿成长有特点，
全程研究有五期。

生长发育各不同，
仔细分析好配餐。
掌握规律抓关键，
迎刃而解诸问题。

一、生长发育的基本规律

三字经

长身体，有规律。
器官长，体重增。
须营养，膳食跟。

中小学生的生长发育是人的一生中身体形态、生理功能和心理过程发生剧烈变化的重要时期。生长指的是体型和器官的增大或增重，也就是全身各部分所有细胞数的增殖与细胞间质的增多。人体出生时细胞总数约为1万亿个，至成人时约为100万亿个，相当于出生时的100倍。发育则是一个复杂的过程，包括机体内部各种器官在形态上的改变与细胞、组织、器官功能上的发展及其本质上的变化过程。发育的广义还包括情感和社会行为的发展，也就是心理过程的发育，因为大脑的发育是产生心理过程的物质基础。生长与发育是紧密地交织在一起的，生长是发育的前提，发育包括生长。中小学生时期的生长发育的同化（即生长合成）作用大于异化作用（即分解消耗），到了成年时期则同化作用和异化作用处于相对平衡状态，而到老年时期则逐渐转化为异化作用占优势状态。同化作用，是机体在新陈代谢过程中，将摄入体内的营养物质经分解后合成为可供机体生长发育、修复与更新组织用的物质，使体内物质和能量增加的过程；而异化作用，是机体将体内复杂的物质分解为比较简单的化合物，释放出能量供给生命活动需要，并将废物排出体外，使体内物质和能量消耗减少的过程，同化作用和异化作用，彼此依存，相互斗争，构成机体新陈代谢不可缺少的两个方面，中小学生时期，是长身体的时期，只有同化作用占优势，才能不断地进行生长发育，如果不能保证同化作用超过异化作用，则生长发育就停滞不前，将对机体造成严重的危害，有时甚至可以造成终身的缺陷。因此，在中小学时期必须在膳食中供给充足的营养物质，以保证机体内优势同化作用的需要。

儿歌

生长发育有规律，
体重激增器官长。
代谢更新需营养，
膳食充足配餐详。
保证供给无忧虑，
促进成长有模样。

二、人体的发育规律

三字经

青少年，发育快。

有两期，变化大。
增营养，不用怕。

中小学生的生长发育，是一个由结构形态的增加到功能的成熟的复杂过程，其中既有一定的连续性又有一定的阶段性，但经常是同时进行着的，对外界环境的适应性，对自身保护的能力，也都不断地发展着。但中小学生的生长发育速度并不是均等式的直线上升的，而是呈波浪式的，有时快些，有时慢些。以身高、体重的增长为例，由胎儿到达性成熟时期，就有两次飞速增长，第一次是在胎儿时期，第二次是在青春发育期的前夕。女生第二次突增在10岁左右开始，12岁左右增长速度达到高峰，以后速度就开始减慢；男生约在12岁开始突增，14岁左右达到高峰，以后速度也就开始减慢。在第二次突增阶段，身高的年增长平均为7～8厘米，最快时可达10～12厘米；体重年增长平均为5～6千克，最快时可达8～10千克。在生长发育的突增时期，如不注意补充足量的营养素，就要影响以后整个的身高与体重，对健康也有影响。因此，要根据中小学生发育速度呈波浪式的特点，注意学生各年龄阶段的营养需要量，保证供给足量的营养素，才能促进学生正常的生长发育。

儿歌

中小学生发育快，
两个时期变化大。
必需营养要加强，
满足所需不用怕。

膳食配餐很要紧，

忽视必留后遗症。

1. 小学生的生长发育　小学生的年龄一般在 6—12 岁，是长身体、长知识的关键时期，也是孩子生长发育的重要时期。孩子身体的各个组织和器官正处在生长发育过程之中，新陈代谢旺盛，需要更多的营养。同时，身体发育尚未成熟，器官抗感染和疾病的能力比较弱，孩子容易生病。目前，我国小学生的生长发育水平明显提高，但同时也存在耐力素质下降，营养结构不合理，常见病尚未得到有效控制等问题。因此，为了促进孩子健康成长，家长应该了解孩子身体发育的特点、规律及基本条件，合理提供和满足孩子生长发育所需的营养，注意预防疾病，加强孩子身体保健。

小学生的食欲旺盛，因为他们生长发育需要较多的营养，要注意营养平衡，吃饭要定时定量，切不可经常将他们的肚子塞得满满的。不偏食、挑食，不要边吃边玩。小学生对钙、磷、铁的需要量相对较大，易患缺铁性贫血等疾病，要注意强化含钙、铁丰富的食品，适当补充锌和蛋白质。由于孩子的消化道比较柔嫩，肝对病毒的抵抗力较弱，要教育他们讲究卫生，特别要做到饭前便后洗手，以预防各种消化道疾病。同时应避免学校作业太重和精神过度紧张，保证足够的营养和体育活动，安排适宜的作息日程，避免学习困难和异常心理。

影响儿童正常发育的因素很多。营养是人体发育的首要因素，如果每日的食物数量不够或质量太差，就会因营养不良而使发育滞缓。目前我国儿童的发育水平普遍好于过去，显然与生活水平提高有关。又如，适当的体育活动能够促进身体正常发育，经常参加锻炼的学生就会长得高一些、结实一些。疾病同发育也有关系：结核病、严重寄生虫病、慢性消化不良、慢性肾炎、地方性甲状腺肿（或称“大脖子病”）等，都会妨碍正常发育的。此外，遗传和教养也对发育起着重要作用。在同等生活水平和教养条件下，高个子父母和矮个子父母的孩子，他们最终的身材往往是不相同的。合理的生活制度、良好的卫生习惯、较高的文化素养，必然为生长发育创造条件。甚至环境也会影响发育，生活在气温较高地区和气温较低地区的孩子，他们发育的速度和情况就有差别，如我国北方地区学生的身高体重往往大于南方地区同龄的学生。

2. 中学生的生长发育　女生的青春期从 11－12 岁开始到 17－18 岁，男生从 13－14 岁开始到 18－20 岁称青春期，但个体差异较大，有时可相差 2～4 岁。此期最大特点是生殖系统迅速发育，体格生长随之突然加快，出现体重、身高增长的第二个高峰，生殖器官发育趋向成熟，女生出现月经，男生有精子排出，第二性征逐渐明显。此时由于神经内分泌调节不够稳定，常出现心理、行为、精神方面的不稳定。各年龄阶段是按顺序衔接的，前一个年龄期的发育为后一个年龄期的发育奠定基础。任何一期的发育都不能跳跃，任何一期的发育受到阻碍，都会影响后一阶段的发育。

中学生怎样判断自己是否已进入青春期呢？一开始也许不会有什么感觉，因为一切都在体内悄悄地发生着。性成熟受大脑控制，间脑在身体发育到一定时候产生脑垂体，通过血液将激素送到卵巢中。卵巢这时也形成一种激素，即雌激素，这是女孩身体初次发生变化的根本原因。起初，女生会发现乳头渐渐突现出来，乳头下面的组织也变得富有弹性。乳房是最先对激素反应的器官，一般在 11 岁左右。大约两年后月经初潮。初潮前几天可能有白色透明的分泌物出现，不要为此感到害怕，这是女性的身体在为将来生孩子做准备。体内的性器官也开始长大，腋下和阴部开始长出细细的绒毛。女生的嗓音比原来稳定了，这也是激素作用的结果。

就像女生面对她们的初潮，男生对第一次遗精也很可能毫无准备。这大多发生在夜里，让中学生觉得很尴尬或很惶恐。可能男生正从梦里一种非同寻常的快感中醒来，发现自己的床湿了，这种不自觉的精液流溢也就是人们所说的遗精。在睾丸激素的影响下，睾丸里产生精子，贮存在附睾里。在青春期这样一个年龄中，它们会在夜里某一时间通过遗精释放出来，这表明发育正常。

青春期的变化对生长速度有很大影响，男女生在青春期前身高每年平均增长 5 厘米，女生在乳房开始发育时生长速度加快，而男生的睾丸体积发育到 10 毫升时才开始迅速生长。乳房发育从开始到完全成熟平均时间约 3 年，身高增长最快是在乳房发育的一年左右，月经通常出现在快速生长后的 18 个月，平均年龄为 13.25 岁，最大范围为 ± 1.5 岁。10%的女生月经初潮出现在 12 岁之前，10%在 15 岁之后，平均月经初潮开始大约是在青春期发动之后的 2 年。通常女生身高增长最快的年龄是在 11－13 岁，最快的那一年身高可增长 7～9 厘米，3 年平均增高 20 厘米。当月经来潮后，则快速生长期即已过去，生长速度开始下降，生长接近完成。睾丸增大至 4～5 毫升时通常认为是男生青春期的开始，其他第二性征如阴毛、腋毛随后相继出现。身高猛长出现在生殖器和阴毛发育的稍后阶段，胡须和体毛在青春后期出现。一般男生青春期猛长开始的平均年龄为12.5岁，生长最快的平均年龄是14岁，最大的生长速度是一年长9～10厘米。身高猛长持续3年左右，共增长28厘米。通常胡须生长至需要剃须时表明已进入青春发育后期，已接近最终身高。

三、中小学生正常发育的衡量

三字经

成长期，有标准。
配餐好，助生长。
重调理，促健康。

很多家长想知道自己的孩子发育是否正常，最实用最简单的方法是测量身高和体重，和标准进行比较。标准是选择有代表性的、正常的中小学生测试的均数和标准差值，测试方法应按规定要求，实测结果在标准的均数±2标准差范围内属于正常。不过，超过均数±2标准差范围，也不能一概看作异常，还应连续观察其发展。从营养角度看，通常认为小于标准体重60%者为严重营养不良，在标准体重60%～80%之间者为中度营养不良，在标准体重80%～90%者为轻度营养不良，在标准体重90%～110%者为正常体重，在标准体重110%～120%者为超重，高于标准体重20%者为肥胖。

很多家长希望自己的孩子长得高、健壮和聪明，这与骨骼、肌肉、脑神经的发育有密切关系，与全身状况也分不开。身高包括头部、脊柱和下肢的长度，这三部分发育进度不同，一般头部较早，下肢较晚。在一生中各部位增长幅度也不相同，头颅增 1 倍，脊柱增 2 倍，上肢增 3 倍，下肢增 4 倍，以下肢的增长对身高影响最大。在长骨两端有骨骺，骨骺软骨不断增生和骨化，使骨干伸长，骨膜内的成骨细胞不断增生使骨变粗。在青春期突增最快的阶段，下肢增长比脊柱快，在突增期过去后脊柱比下肢增长快，下肢继续增长并变粗，至女性 17 岁、男性 22 岁左右骨骺愈合，身高就停止增长了。在生长时期尤其是突增阶段，充足的营养可使骨骼最大限度地生长，一旦骨骺已经愈合再增加营养也不可能长高了。

儿歌

成长时期有标准，
营养配餐助生长。
遗传因素可改善，
重视调理促健康。
经常锻炼运动好，
身高体重能达标。

四、影响中小学生生长发育的因素

三字经

生长期，因素多。

有遗传，或环境。

抓营养，最关键。

生长发育受先天的遗传和后天的营养、体育锻炼及各种生活条件因素共同影响。遗传决定儿童生长发育的潜力，而这种潜力的充分发挥有赖于后天的各种条件。根据调查研究，身高、体重、躯干与四肢的比例，都受种族和遗传的影响，儿童的身高很大程度取决于遗传，一般父母高的子女也高，父母矮的子女也矮。据国外研究，儿童在良好环境下成长，其高度75%取决于遗传因素，只有25%取决于后天生活条件，并可利用父母身高进行预测，其公式为：

儿子成年身高(厘米)＝(父身高＋母身高)÷2

女儿成年身高(厘米)＝(父身高×0.923＋母身高)÷2

体型也和遗传有关。据调查，在东京和美国洛杉矶长大的日本儿童，由于生活水平差不多，因此身高都一样，但其腿长却短于同等身高的欧洲儿童。这说明体型发育受种族的影响。

营养是中小学生生长发育的物质基础，是组织器官增长及调节生长发育和性成熟的各种激素的原料。只有充足的营养才能保证中小学生正常地发育，并最大限度发挥遗传给予的潜力。由于身体各器官组织发育有早有晚，因此不同阶段营养不足对各器官产生的影响不同。例如，脑最早发育，脑细胞数在胎儿3个月到出生后6个月增长，在此时若营养不足，脑组织发育不好，脑细胞数少，则终身智力低下无法挽回，到6岁神经纤维增长，内部结构复杂分化，以后营养对神经的影响就是功能方面的了，并非不可挽回的影响。又如在青春发育期，骨骼、肌肉及性器官发育极快，这个时期若营养充分则可迅速增长；反之，若营养摄入不足，则可推迟青春期，由于食物中钙、磷、蛋白质等是构成骨骼的重要成分，所以骨骼生长愈快就需要愈多，如果这个时期摄入不足，那么生长就不能达到应有的高度。第二次世界大战期间，由于食物的缺乏，日本中小学生在突增期生长受到很大的限制，所以身高都偏矮小；而战后出生的儿童，由于在小学中学实行了学校午餐制，得到充足的营养供应，所以身高和发育均有明显的改进。身体组织器官的生长发育，是全面营养的综合结果，而不是某一种营养素的作用。各种不同的营养素在身体中起着不同的作用，而且相互有着密切的联系，因此都是不可缺少的。

体育锻炼是促进中小学生生长发育、增强体质的重要手段。体育锻炼可使机体新陈代谢加快，分解与合成速度都增加，并可刺激生长激素的分泌，促进生长。体育锻炼可使胃肠道蠕动加强，腺体分泌更多的消化液，食欲增加，食物消化得快，吸收得好，身体获取更多的营养。体育锻炼使钙、磷代谢率增加，可使更多的矿物质沉积在骨骼上，骨骼更坚实，肌肉纤维增粗则肌肉更健壮结实有力。体育锻炼还可增加心肺功能，使一般性活动心率升高很少，剧烈活动后心率比较快地恢复正常。体育锻炼还可减少血脂、血胆固醇在血管壁上的沉积，增加血管壁的弹性，预防成年后的高血压和动脉硬化。体育锻炼还可提高中小学生神经系统的灵活性和均衡性，使他们反应快，对外界环境适应能力强，抗病能力强。总之，中小学生时期适当的体育锻炼，对促进生长发育、增强身体素质是非常有益的。反之即使身材能长高，也多是豆芽菜型的身体，并不健壮。此外，体育锻炼还可以培养中小学生活泼、乐观进取的精神。体育锻炼要经常化才能起到促进生长发育增强体质的作用，若断断续续，则达不到目的。

睡眠对中小学生的影响比成人大，促进生长发育的生长激素在睡眠时分泌数量和清醒时分泌的量不同，例如儿童在清醒时生长激素的血浆浓度只有1～5纳克/毫升，而睡眠时为10～20纳克/毫升，甚至达到40～50纳克/毫升，所以睡眠时间短的孩子，体内生长激素含量就低，就会影响发育。人的新陈代谢包括合成与分解两方面，睡眠有利于合成作用的进行，为生长提供了物质基础。有些家长望子成龙心切，给孩子学习加班加点，造成睡眠不足，这样不仅学习效率不高，而且也会影响他们的生长发育。那么一天应该睡眠几小时才好呢？孩子睡眠时间的长短应随年龄不同而不同，年龄愈小，需要睡眠的时间愈长，小学生每日应不少于10小时，初中生应睡足9小时，高中生睡8～9小时。

正在发育期间的中小学生，精神情绪对其生长发育起着重要作用，长时期情绪抑郁、恐惧、紧张，会影响身心发育。研究观察表明，得不到母亲爱抚的孩子，其身高要比得到抚爱的低些，因为前者体内生长激素的分泌量比后者少。所以良好、融洽的家庭和人际关系有助于中小学生的身心发展。精神因素对食欲和胃肠道的消化吸收能力也有影响，经常生活在过度紧张和抑郁的情况下，即使摄入营养好的食物，也不会觉得香，不能充分消化利用。

中小学生生长发育是一个非常复杂的变化过程，除以上所述因素外，其他因素，如疾病、环境污染、噪声、生活是

否规律等，都对中小学生的生长发育有一定影响。当然，营养是影响生长发育各种因素中的基本因素。

儿歌

影响生长因素多，
遗传习惯或环境。
诸多因素抓关键，
营养调理最重要。
物质基础夯结实，
运动锻炼健力美。

第二节　中小学生的营养需要

三字经

青少年，促健康。
重营养，有七类。
要全面，莫偏废。

食是人的本性之一。我国古代先贤很早就注意到营养对人体健康和防治疾病的巨大功用，2000 多年前的第一部医学巨著《黄帝内经・素问》所指出的“谷肉果菜，食养尽之”，就是指从食物中摄取营养素以壮体强身。利用食物中所含的营养素来维护健康和防治疾病，不但为历代医药学所肯定，而且也被现代医学所证实。

营养是一种作用。“营养”的本意是“谋求养生”的意思，具体地说，应当是“通过食物中的营养素来谋求养生”。我国营养学家对“营养”一词所做的解释是：“生物或使生物从外界吸取适量有益的物质以谋求养生，这种行为或作用称为‘营养’。”

人体为了维持正常生命活动和从事劳动，必须每日不断地摄取食物和饮水，食物和饮水中含有各种人体必需的有机物和无机物，这种对身体有益的有机物和无机物称为营养素。所以，“人以食为天”中的“食”实际上指的是食物中的营养素。食物中所含营养素种类繁多，达数十种，按其化学性质可分为六大类：蛋白质、脂类、糖类、矿物质、维生素和水。现在有人把糖类中不能被消化吸收的膳食纤维称为第七类营养素。

儿歌

人体发育靠营养，
强壮必需营养素。
多种粮食是基础，
还需添加各类蔬。
增补奶类很关键，
调整畜肉要记住。

一、营养素的功能

三字经

营养素，是支柱。

防疾病，强筋骨。

益智慧，功勋著。

汽车行驶、电扇运转都需要能量，它是以汽油或电流为能源的。人体也一样，不仅在走路、跑步、打球或读书、写字等活动时需要能量，即使是在静卧或睡眠时体内进行一系列活动如心脏跳动、肺的呼吸、胃肠的蠕动……也无一不需要能量，人体所需的能量是来源于食物的。

食物中含有许多营养素，其中糖类、脂肪和蛋白质在体内经过氧化后产生能量，供给人体的一切日常活动。因此，在营养素上又将糖类、脂肪和蛋白质称之为生热营养素或热源质。

1克生热营养素在体内氧化所产生能量的数量称为热价或热卡。1克糖类在体内氧化所产生的能量为16.74千焦；1克脂肪可产生37.66千焦；1克蛋白质可产生16.74千焦，这三种营养素在体内的代谢过程中可以相互转化，但却不能完全相互代替，在合理的膳食中应当有一个适当的比例分配。若膳食中糖类的含量太高，脂肪含量太少，膳食体积便会增大，但不耐饿。如成人1次吃1000克红薯，当时觉得很饱，但过不了多久又会感到饿了。另外，糖类过多，脂肪太少的膳食还会增加B族维生素消耗，并会影响脂溶性维生素的吸收，因为这些维生素的吸收需要以脂肪作为溶剂。但如果膳食中脂肪含量过多，糖类太少则易患冠心病、结肠癌、乳腺癌等文明病。蛋白质过少会影响生长发育及疾病的康复，过多则会增加肝、肾的代谢负担，而且也不经济。因此，应当有一个适宜的比例。根据我国人民的膳食习惯。糖类、脂肪和蛋白质提供的能量以分别占总能量的 55%～65%、20%～30%和 10%～15%为宜。

生长是指细胞的繁殖、增大及细胞间质的增加，表现为全身各部分、各器官、各组织的大小、长短及重量的增加；发育是指身体各系统、各器官、各组织功能的完善。生长主要是量的变化，发育主要是质的变化。生长发育除产生体格方面的生理变化以外，还包括神经系统及由此引起的心理素质的变化。影响生长发育的主要因素有遗传和营养、疾病、锻炼、生活水平、社会环境、气候因素等，其中营养因素占有十分重要地位。蛋白质、脂肪、糖类及维生素等七大营养素，对生长发育均起着极其重要的作用。例如，构成人体组织的基本单位是细胞，细胞的主要成分是蛋白质。新的组织细胞的构成，细胞的繁殖、增大及细胞间质的增多，都离不开蛋白质。又如糖类、脂肪、蛋白质等营养素，也都是构成组织细胞的重要成分和生长发育的重要物质基础。学生的身高、体重发育受膳食结构的影响发生了很大变化，以致 1935—1980 年期间，日本儿童的生长发育水平来了个加速性提高。由于日本政府十分重视营养，从而使日本成为当今世界的经济强国和长寿之国。以致被世界众多学者概括为："一顿营养午餐即振兴了日本民族"。我国儿童青少年的生长发育水平，非常显著的为 20 世纪 90 年代高于 20 世纪 60 年代和 40 年代。这也充分说明了营养因素对中国儿童青少年身高、体重的增长起到了明显的促进作用。因此，不论是生长还是发育都少不了营养，营养既是决定生长发育潜在水平的重要因素，也是影响生长发育最为重要的

"建筑材料"。

儿歌

人体有了营养素，
生命活力有支柱。
循环全身巧代谢，
推陈出新功勋著。
协调发展求均衡，
抵御疾病强筋骨。

二、合理营养

三字经

需营养，合要求。
种类全，量充分。
巧烹饪，讲卫生。

对于正处在生长发育时期的儿童青少年，如果营养不良，得了疾病，尤其是较长时期发热的病，那么对身体消耗很大，就使发育受到不同程度的限制。这是由于一方面发热时蛋白质分解大于合成；另一方面，发病儿童青少年摄入食物少，胃肠功能下降，营养素的吸收不良，致使他们的身高、体重等多个发育指标都比同年龄人低。这些儿童青少年，在多种阻碍其生长的原因被克服以后，通过增加膳食供给量及营养，将以超过该年龄组的正常生长发育速度生长，使其赶上同年龄的生长发育水平，此种情况称为“赶上生长”。有些儿童青少年正处于生长发育突增年龄时期，而由于家庭贫困使蛋白质、热能供应不足，而使其生长速度缓慢，性成熟特晚，骨骺软骨的骨化推迟，他们的各期生长突增没有健康儿童那么明显，生长时期往往更长一些。在这样的后期一旦能充分供给营养，就会表现出强烈的赶上生长，到最后完全可能赶上营养好的儿童青少年的生长发育水平。要实现赶上生长，一方面要及时消除影响生长发育的因素；另一方面要为赶上生长准备充足的营养。常常听到一些生长发育不很好的孩子家长说：“孩子小时候常常拉肚子，以后没有壮起来”。对于病后的孩子，要使他们达到正常儿童的生长发育水平，必须在病后比较长的时间内给过量的营养，特别是蛋白质、钙、铁、锌、维生素等与生长发育关系密切的营养素的供给，确保质优量足。其供给主要来源是日常膳食中多吃些鱼、肉、蛋、奶、水果和蔬菜等食物。如对于病后胃肠道功能较差者，要选择容易消化吸收的食物，不要吃太多的脂肪和油炸食物，以少量多餐的方法确保供给“赶上生长”所需的足够量营养素。

在儿童青少年的生长发育过程中，各系统、器官在各年龄时期的发育速度不是相同的，男女有各自的快速发育阶段。如能掌握各系统、器官快速发育的时期，也就是掌握了生长发育的规律特点，并重视该时期的特殊营养加强供给，就可使潜在的生长发育水平达到最大限度的发挥。

所谓合理营养是指膳食营养在满足机体需要方面能合乎要求，也就是说由膳食提供人体的营养素，种类齐全，数量充足，能保证机体各种生理活动的需要。符合合理营养要求的膳食一般称为平衡膳食，其基本要求如下。

1. 膳食中的热能和各种营养素必须满足生理和活动的需要　即膳食中必须含有蛋白质、脂肪、糖类、维生素、矿物质及微量元素、水和膳食纤维等人体必需营养的营养素，且保持各营养素之间的物量平衡，避免有的缺乏、有的过剩。因此，食物应多样化，因为任何一种天然食物都不能提供人体所必需的一切营养素，所以多样化的食物是保证膳食平衡的必要条件。

2. 合理的饮食制度　如多少安排得当，可采取早晨吃好、中午吃饱、晚上吃少的原则。

3. 适当的烹调方法　通过合理加工烹调，尽可能减少食物中各种营养素的损失，并提高其消化吸收率。

4. 改善食物的感官性状　使其多样化，促进食欲，满足饱腹感。

5. 食品必须卫生且无毒　食物本身清洁无毒害，不受污染，不含对机体有害物质，食之无害。

儿歌

少儿成长需营养，
种类齐全量充分。
满足机体合要求，
巧妙烹饪讲卫生。
饮食制度有规则，
促进食欲为健身。

三、生命的能源——热能

三字经

育生命,须热能。
糖脂类,打前阵。
蛋白质,也来跟。

热能又称热量、能量等,它是生命的能源。人的每天劳务活动、体育运动、上课学习和从事其他一切活动,以及人体维持正常体温、各种生理活动都要消耗能量。就像蒸汽机需要烧煤、内燃机需要用汽油、电动机需要用电一样。人体的热能来源于每天所吃的食物,但食物中不是所有营养素都能产生热能的,只有糖类、脂肪、蛋白质这三大营养素会产生热能。每克糖类在体内氧化时产生的热能为 16.74 千焦,每克脂肪为 37.66 千焦,每克蛋白质为 16.74 千焦。热能的单位,常指能使 1 升水升高 1℃所需的热能,就相当于 4.184 千焦的热能。单位换算如下:1 千卡=4.184 千焦,1 千焦=0.239 千卡。

热能摄入是否充足是营养学上首先考虑的问题。对成人来说,摄入的热能应与消耗的热能达到平衡,量入为出。而对中小学生来说,必须摄入多于消耗,有所节余,供生长所需。热能摄入不足,生长缓慢甚至停止,不好动、无力,易患各种传染病。热能摄入过多也不好,就会长胖,对健康不利。

中小学生热能消耗取决于以下几方面:维持基础代谢、

生长、活动和食物热效应、排泄消耗。

1. 基础代谢消耗　指维持人体清醒、安静状态下基本生理功能所需的热能，包括维持体温、心跳、呼吸、血液循环、肌肉张力、胃肠蠕动等消耗的热能。年龄愈小，以每千克体重计算的基础代谢愈高，1 岁以内婴儿每千克体重基础代谢约为 230 120 焦耳，到 7 岁时每千克体重基础代谢约为 184 096 焦耳，至 12—13 岁时约为 125 520 焦耳，和成人相近。同样体重的中小学生，瘦高的较矮胖的基础代谢高，肌肉多的基础代谢较脂肪多的基础代谢高。此外，心跳快、爱着急、激素分泌多者以及发热者基础代谢均增高。

2. 生长　是身体物质的增长。组成人体物质的主要成分是水、蛋白质、脂肪和矿物质，1 千克体重大约含蛋白质 18%，脂肪 16%～20%。所需热能和生长速度成正比。青春期女 10—12 岁开始，男 12—14 岁开始，在生长最快的阶段，身高年增值 5～7 厘米，体重年增值 4～5 千克，需要热能也就特别多，一般约占总热能的 15%用于生长。

3. 食物热效应　由摄入食物而引起身体热能代谢额外增加的现象，称为食物热效应。各种营养素所表现的食物热效应不一样，蛋白质最强，其次是糖类，最后是脂肪。一般混合膳食食物热效应约占基础代谢的 10%或总热能的 6%。

4. 体力活动所消耗的热能　这部分消耗个体之间差别较大，活泼好动的中小学生消耗的热能比安静不爱动的中小学生消耗的热能要多很多。这些数据只是大略数值，人活动的效率各不相同，实际热能消耗差异很大，精确度是有限的。

5. 排泄的损失　一般摄入的食物有少部分未被吸收，随粪便排出，这部分热能除有特殊消化道疾病者外，约占基础代谢的10％。

热能摄入对中小学生的健康成长是很重要的，热能不足时，即便摄入丰富的蛋白质和维生素也不能充分发挥作用。热能平衡是一个很复杂的问题，受很多因素的影响。我国制定的热能供给量标准是比较高的。据调查，很多地方达不到标准，一般并非食物缺乏，而是中小学生的活动量不足，热能消耗少。为了增强他们的身体素质，应加强体育锻炼，在提高热能消耗的基础上，增加热能的摄入。评价热能还应考虑热能来源是否适宜，对中小学生，以总热能12％～15％来源于蛋白质，25％～30％来源于脂肪，55％～56％来源于糖类为宜。

儿歌

养育生命需热能，
糖与脂类打前阵。
蛋白质想充好汉，
提供热能也来跟。
人体生理真奇妙，
混沌自然竟天成。

四、水是生命的摇篮

三字经

水之源，是命根。

本领大，多功能。

摇篮里，育一生。

我们知道，万物生长离不开太阳，同样离不开水。可以说，世界因水而丰富，世界因水而美丽。水是生命的基础，水是生命的摇篮。水是不可再生的资源，如果人类不珍惜水，那么我们能看到的最后一滴水将是我们自己的眼泪。水是生命之源，假如地球上没有水，那么地球母亲就不会孕育出我们人类的子孙万代。因为最早的原始生命首先是在海洋中孕育形成，逐渐扩展到陆地上。所以，水是生命的摇篮。

人类的生存和发展也离不开水。因为我们每天要饮水，粮食的生长离不开水，工业生产离不开水。水还是大自然的“空调器”，炎热的夏天，正当人们感到酷暑难耐时，来一场雨该有多痛快呀！走在海边，海风吹来，一扫酷热烦躁的情绪；当寒冷的冬季到来时，海水把储存的热能源源不断地送给它周围的陆地……这些都是水的作用。

地球上自从有了水以后，才逐渐有了生命。一切生物无论动物、植物、微生物等离开水就无法生存。因此，水被称为是生命的摇篮。人们常说：“鱼儿离不开水”，其实人也离不开水。一个人可以绝食几天，却不能绝水几天，一旦绝水 3 天就将面临死亡。水在人体内的血浆中占 90%，肌肉中占 72%。即使是铁骨铮铮的硬骨中也含有 25%的水，甚至牙齿中含水也达 10%。在人体中的水，55%是细胞内液，16%是细胞间液，7.5%在血浆中。这些水都可通过细胞自由交流，一般每天交流量可达 48 升，相当于 48 千克。没有水，食物中的养料不能被吸收，废物不能排出体外，药物不能到达起作用的部位。人体一旦缺水，后果是很严重的。缺水1%～2%，感到口渴；缺水5%，口干舌燥，皮肤起皱，意识不清，甚至幻视；缺水15%，往往甚于饥饿。没有食物，人可以活较长时间（有人估计为2个月），如果连水也没有，顶多能活1周左右。

水具有以下7个营养功能。

1. 参与体内一切物质的新陈代谢　人体的每个细胞都含有水。

2. 水在体内有润滑作用　如泪液可防止眼球干燥，唾液及消化液有利于吞咽和咽部湿润。

3. 运输体内物质　水是血液的主要成分之一。血液之所以能循环，主要靠水的载体作用和流动作用。

4. 有非凡的溶解能力　体内的矿物质和各种有机化合物，各种酶和激素都需要水来溶解。

5. 调节体温　人体物质代谢时产生的热能较多，水能吸收多余的热能，使人的体温不发生明显的波动。人体出汗可带走大量的热能，从而使体温能维持正常状态。

6. 水的最大功能是参与食物的消化　食物的消化是靠消化器官的消化液来完成的。而各种消化液如唾液、胃液、胆汁、胰液中的绝大部分是水分。

7. 提供做功的能力　如果人体水分减少4%～5%，做功的能力就会下降20%～30%。人体对水的需求量，可按每千克体重来计算，一般婴儿每日每千克体重需水量110毫升。水的需要量还可随环境温度而变动。当气温在22℃时需22毫升，当气温升到37℃以上时，则需要38毫升水。机体每日水的来源主要来自直接饮水或食物所含有的水分。

水的生理功能很多，除了构造人体的主要成分外，它是摄入人体内各种营养物质的载体，没有水，其他营养素就像干结于干涸河床上的泥沙，失去了它们的功能；体内物质代谢所产生的废物也是靠水来运载，并通过粪、尿、汗液及呼吸等途径排出体外；水可通过蒸发或出汗调节体温；水还可滋润皮肤，润滑关节等组织。成年男子 60%的体重都是水，女子则为 50%～55%，可见，水是人体中含量最多的成分。

由于水在生命活动中的重要功能，而且是饮食中的基本成分，必须从食物中获得，故也常被当作一种营养素看待。但是也有一些营养工作者不同意把水当作营养素，这是专业上的争论，无论如何人是不能缺水的。体内水的来源包括饮水和食物中水及内生水三大部分。内生水主要来源于蛋白质、脂肪和糖类代谢时产生的水。每人每日的需水量因气温、身体状况、工作条件和环境状况而有很大的变动。一般说来，除去食物所含水和内生水以外，中小学生的饮水量每天在 1200～1500 毫升较为适宜。当然，如果在夏天或运动大量出汗时，需水量可更大，要注意及时补充。

儿歌

水之源泉是命根，
本领真大多功能。
活水孕育显人类，
摇篮里面育一生。
水是特殊营养素，
悉心调理获滋润。

五、蛋白质是生命活动的物质基础

三字经

蛋白质，筑基础。
氨基酸，构生命。
混杂吃，不会缺。

蛋白质是一类化学结构复杂的有机化合物，是人体重要的组成部分，一切细胞组织都是由蛋白质参与组成的。因此，可以说蛋白质是生命的物质基础，没有蛋白质就没有生命。人体的每个组织，从指甲、毛发、皮肤、肌肉至内脏、大脑、血液，甚至骨骼，无处不存在蛋白质。中小学生生长发育期间新的细胞增生、组织合成及器官发育都需要蛋白质，它作为机体器官和组织不断新生和修复的原料，是其他任何物质所不能取代的。青春期是人生第二个生长高峰，此时，如果膳食中蛋白质摄入不足，必将会影响其正常的生长发育。人体的新陈代谢是通过一系列化学反应来实现的，这些化学反应均需要酶的参与，如果没有酶生命活动就无法进行，而这些酶类都是由蛋白质构成的。人体内有一些对生长发育及各种生理活动起调节作用的生物活性物质叫作激素，如生长激素、甲状腺激素、胰岛素等也都是以蛋白质为主要原料构成的。如果通过一日三餐进食的蛋白质不足，造成合成这些激素的原料匮乏，长期下去，其生长发育情况会怎么样就不言而喻了。人体血液中和抗细菌物质免疫球蛋白也是由蛋白质构成的，如果蛋白质摄入不足，则机体对疾病的抵抗力下降，易患各种疾病，影响儿童少年正常的生长发育。人的生命活动一刻也离不开氧气，它被肺吸入体内后是通过血红蛋白被运送到细胞中的，并通过血红蛋白将代谢产生的二氧化碳运回到肺中，呼出体外。

蛋白质对中小学生思维健康成长有着至关重要的作用。如果每天吃的食物中蛋白质太少，则不能满足机体的需要，势必会影响正常的生长发育，出现蛋白质营养不良。早期主要表现为腹泻，继而出现疲劳、不爱活动、学习效率下降、疾病抵抗力下降，容易生病，长期下去还可出现生长发育迟缓和体重过轻。蛋白质还有调节人体生理功能、提高人体对疾病抵抗力的作用。蛋白质是构成脑细胞的重要成分，也是智力活动的物质基础，对记忆、语言、思考、运动、神经传导等方面都起着重要作用。膳食中蛋白质的主要作用是供给人体氨基酸，人体利用食物提供的这些氨基酸再合成自身的蛋白质。一个健康的成年人，每天需蛋白质 80～90 克，其中 60%应该是质量较好的完全蛋白质。动物性食品中蛋类、鱼类、乳类、肉类及内脏，都含有丰富的蛋白质；米、面中也含有丰富的蛋白质，是我们每天摄取蛋白质的主要来源。植物性蛋白质一般不及动物性蛋白质的质量好。黄豆含有大量的优质蛋白，是植物性食品中营养价值最高的，与牛奶、鸡蛋中的蛋白质的营养价值差不多。如果蛋白质供应量不足，或因患某些疾病，均可能产生不同程度的营养不良性蛋白质缺乏症。最初一般无自觉症状，日久就会逐渐出现疲劳，劳动力下降，消瘦，贫血，多尿，机体免疫力降低，易得各种传染病。

蛋白质是由 20 余种氨基酸按照不同数量和顺序组合而

成的，在这20余种氨基酸中，有9种不能在人体内合成或合成速度不够快，不能满足机体需要，必须通过食物摄入得以补充的氨基酸被称为“必需氨基酸”，而另一部分可以通过人体自身合成的氨基酸则被称为“非必需氨基酸”，它们也是人体所必需的。

当某种食物蛋白质中所含的必需氨基酸种类齐全、数量充足、相互间比例与人体合成组织所需的必需氨基酸的比例相近，人体吸收后能够被充分利用，这种蛋白质就叫“优质蛋白质”。一般说来，一些动物蛋白质都是优质蛋白质，如瘦肉、动物内脏、鱼虾、奶、蛋等所含的蛋白质。除此之外，某些植物性食物（如黄豆及其制品）中蛋白质也是优质蛋白质。

在人们的一日三餐中，除了吃肉、蛋、奶、鱼虾等动物性食物外，吃得更多的还是米饭、馒头或面条等谷类食物，即人们平常所说的主食。由于这些食物中蛋白质所含氨基酸的种类不全或比例不合理，不利于机体的吸收。如大米、玉米等谷类食物中含赖氨酸较少，但蛋氨酸较丰富，而豆类及其制品中含赖氨酸较多蛋氨酸较少，当分别单独食用这两类食物时，势必会出现某种氨基酸缺乏，但如将这两种食物混合食用，它们便可相互取长补短，使其氨基酸比例接近人体需要，以利于机体吸收。这种通过食物蛋白质混合食用，从而达到提高食物营养价值的作用就叫蛋白质的互补作用。因此，在实际生活中可多多借鉴此做法，如谷类食物与豆类搭配起来吃：绿豆粥、红小豆稀饭、腊八粥、豆包、豆沙包、黄豆米面发糕等。

中小学生摄入充足而优质的蛋白质，可促进生长发育，提高智力，增强对疾病的抵抗力，对提高中小学生的身体素质有重要作用。为了保证中小学生能健康成长，每天需要摄入多少蛋白质呢？关于蛋白质的需要量问题，100 多年以来一直是营养学家很重视的问题，国内外都做了很多研究。由于中小学生有的生长快，有的生长慢，有的性成熟早，有的性成熟晚，个体差异比较大，同时，不同食物中的蛋白质吸收利用率不一样，所以需要量研究的结果比成人差异大。一般说来，6－18 岁的少年，蛋白质需要量在 1～2.5 克/千克体重，无论是数量还是质量都比成人要求高。

食物中的蛋白质进入人体以后，要经过消化酶分解为氨基酸的形式后才能被吸收。当食物蛋白质中必需氨基酸的种类齐全，相互比例和人体合成组织所需要的必需氨基酸比例相近时，身体利用率就高，吃较少量就可满足身体需要，这种蛋白质称为优质蛋白质或完全蛋白质，如瘦肉、奶、蛋、鱼、动物内脏和黄豆制品中的蛋白质等就属于这一类。有些食物蛋白质虽然各种必需氨基酸齐备，但它所含有的必需氨基酸和人体的需要相差较大，如粮谷类中的蛋白质含赖氨酸少一些，这种蛋白质称为半完全蛋白质，其中相对不足的必需氨基酸称为限制氨基酸（因为氨基酸的不足限制了该蛋白质的利用）。这类蛋白质也可以满足需要，但是要多吃，或者和其所含限制氨基酸多的食物搭配着吃才行。例如，米、面等粮谷类蛋白质中赖氨酸的含量少，但在黄豆类食物蛋白质中赖氨酸非常丰富，根据试验把黄豆和粮食按适当比例合在一起吃可以提高蛋白质利用率（因为各种食物蛋白质进入身体消化成氨基酸后，可以互相取长补短，这种作用在营养学上称为蛋白质互补作用)。据试验，20%黄豆面、40%玉米面和40%小麦面混合，或40%小米面、40%小麦面和20%黄豆面混合，或75%玉米面和25%黄豆面混合，都可起互补作用，提高蛋白质的利用率。平时，粮谷类和豆类混合食用对食物蛋白质的利用是有益的。

衡量食物蛋白质质量，除考虑必需氨基酸含量和比例以外，还应该考虑其消化吸收率，也就是食物蛋白质被身体吸收的百分数。植物性的食物蛋白质因被粗纤维包着，与消化酶接触的程度较差，不能吸收而随粪便排出的量较动物性食物蛋白质要多一些，这也是要多吃才能满足需要的原因。当然，食物的消化吸收率并不是一成不变的，植物性食物经过烹调加工，其消化吸收率可有所提高。例如，食用整粒黄豆，其蛋白质消化吸收率仅为60%，如将黄豆加工为豆浆或豆腐，则蛋白质的消化吸收率可提高到90%。按一般常用的烹调方法，奶类蛋白质的消化吸收为97%～98%，肉类为92%～94%，蛋类为98%，米饭为82%，面包为79%，土豆为74%，玉米面窝头为66%。

需要说明的是，在考虑蛋白质需要量时，一定注意热能要充足，用通俗的话说就是首先要吃饱，如果连基本维持生命活动的热能都不够，那么氨基酸就要被氧化用来供给热能，因此也就不能有效地用来建造组织，在蛋白质食物价格比较昂贵的条件下这实在是一种浪费。当前中国人身体所需热能的主要来源是粮食，所以除了多吃些含蛋白质质量好的肉、蛋、奶等食物外，粮食要吃够，在吃饱的基础上吃好。也就是说，在热能达到要求时，增加蛋白质才有好的效果。

儿歌

蛋白质可筑基础，
氨基酸链构生命。
日常餐饮混杂吃，
各类营养不会缺。
膳食单一可致病，
许多病症令人惊。

六、脂类在营养学中的意义

三字经

脂肪酸，真重要。
禽畜肉，可摄食。
坚果豆，效能高。

脂肪就是我们平时所说的油，它是人体三大产生热能的营养素之一，但脂肪比油的范围要广泛。脂肪大体可分成两类，一类是中性脂肪，就是前面所说的油，是由脂肪酸和甘油组成。动物脂肪室温下大多呈固体状态，植物脂肪室温下大多呈液体状态。第二类是类脂，包括磷脂和固醇类等，性质和中性脂肪相似，磷脂中还含有磷酸盐。

1. 脂肪用途

(1)脂肪是人体重要成分之一：类脂（如磷脂）是细胞膜、神经髓鞘的主要成分，脑髓中含类脂（以磷脂为主）很多，如果把水分除去不计，那么类脂约占脑重的一半。摄入充足的磷脂对大脑的发育和代谢是有益的，我国古代就有吃脑补脑的说法。

（2）脂肪可供给热能：每克脂肪在体内燃烧可产热 37 656 焦耳，比蛋白质或糖类要高一倍多。人身体的脂肪是热能的储存仓库，当热能摄入超过消耗时就变作脂肪存在体内，当热能不足时首先消耗的就是脂肪。

（3）脂肪供给必需脂肪酸：有几种不饱和脂肪酸在身体内不能制造，必须从食物中摄取，所以称为必需脂肪酸，最重要的是亚油酸。必需脂肪酸是构成人体组织细胞的成分，缺乏时可影响中小学生的生长发育，好发皮炎。

（4）脂肪能促进脂溶性维生素的吸收：食物中脂溶性维生素如维生素 A、维生素 D、维生素 E、维生素 K 等都溶在脂肪中，并且随脂肪进入身体，膳食中有一定量脂肪可以携带和促进脂溶性维生素的吸收。

（5）其他：脂肪能改善食物的色、香、味，增进食欲；脂肪还能延长食物在胃内停留的时间，所以吃过含脂肪多的食物后可以长时间不觉饿。

2. 中小学生脂肪需要量　中小学生正处于第一次发育生长高潮刚过（婴幼儿时期），又进入第二次发育生长高峰前期（小学生）或青春期前期及青春期（中小学），特别是对中小学生来讲，正逐渐进入第二性征发育成长的关键时期，更需要满足机体“必需脂肪酸”的需要，处理好机体与脂肪的摄取关系。中小学生在满足机体将进入或已进入人类第二发育生长高峰的时期满足机体所需脂肪时期，首先考虑的第一个问题就是所选脂肪的营养价值，这主要是看它的消化吸收率、不饱和脂肪酸的种类与食量及其稳定性大小。

(1)中小学生在调配膳食时，可根据自己的身体胖瘦及平素的饮食习惯，从以上几种油脂中适当进行选择。每位学生都有自己家庭的饮食习惯，都有自己身体的特殊生理需要，只要“适可而止”，既不能过，也不能不及，食用哪种脂肪是无关大局的。不少长寿老人的饮食内容调查表明，纯吃素食至老及每天离不开吃荤至老的，都有百岁不衰的例证，两者其中的共同特点，都是“饮食有节，养生有方”。

(2)现代科学认为，胃肠道在正常情况下，一般脂肪都易被机体消脂吸收，但吸收最快的却是乳牛脂，而以草食动物为主的体脂，因含硬脂酸较多不太容易消化。脂肪酸有饱和(即在其化学结构上不含有双键)与不饱和(即在其化学结构上含有双键，含双键多，不饱和程度大)的区别，由于人体可以将蛋白质和糖转变成为饱和脂肪酸，所以饱和脂肪酸又称为非必需脂肪酸。不饱和脂肪酸有亚油酸(或称亚麻二烯酸，在其化学结构中含有二个双键)、亚麻油酸(或称亚麻三烯酸，在其化学结构中含有三个双键)、花生四烯酸(在其化学结构中含有四个双键)三种，它们在体内生理作用较大的是花生四烯酸，是亚油酸的 3 倍，亚麻油酸的 18 倍。这些不饱和脂肪酸由于在人体内不能生成，都要从食物中获得，所以又称必需脂肪酸。脂肪的稳定性与不饱和脂肪酸和维生素 E 的含量多少有关，不饱和脂肪酸是不稳定的，容易被氧化而发生酸败。在中小学生的膳食中应多选用吸收率高和不饱和脂肪酸含量高的脂肪，每日脂肪需要量为50～60克，要求能达到占总热能的20%～25%。

(3)与蛋白质一样，脂肪也是儿童青少年生长发育所必需的营养素。根据中国营养学会2013年制定的“中国居民膳食营养素参考摄入量(Chinese DRIs)”，我国中小学生适宜的脂肪摄入量为：通过膳食脂肪提供的能量应占每日摄入总能量的25%～30%。如果正常的饮食中所摄入的脂肪不超过这个推荐量，不会对孩子的健康有不良影响，还有益处，这一原则对成人也适用。不过有许多食物中也含有丰富的脂肪，如果不注意选择也容易摄入过量，过量就不好了。

(4)中小学生每天热能的推荐摄入量为7113～12 134千焦，如果有30%的热能来自原脂肪，则脂肪所贡献的热能不应超过8929～15 230千焦。这些热能如果换算成脂肪的重量，应该是57～96克，相当于8～10汤勺食用油。当然我们不能一天吃那么多的食用油，必须把我们每天所吃的食物中所含的脂肪也计算在内，像猪肉、牛肉、鸡、鸭、鱼等及芝麻、核桃、瓜子等坚果中也含有较多的脂肪。

(5)从我国中小学生的脂肪摄入量来看，农村和城市有明显的差别，农村一般脂肪发热能达不到总热能的20%，个体之间差异不很大，而在城市，平均脂肪摄入量大部分占总热能的25%～30%，个体差异很大。因为吃肉较多，脂肪摄入已有过多的趋势，有促进心血管病增多的危险。为了改进脂肪的营养，在农村提倡增加动物食品，在城市和农村都应宣传增加植物油的摄入，多吃黄豆、核桃、芝麻、瓜子等食物，可以增加必需脂肪酸和磷脂的摄入，促进中小学生的生长发育。

儿歌

脂肪酸类真重要，
生长发育不可少。
提供热能作后盾，
脂质补脑呱呱叫。
平时摄食禽畜肉，
豆类坚果效能高。

七、胆固醇的功过

三字经

胆固醇，要区分。
低密度，须控制。
高密度，作用神。

提起胆固醇，人们很自然地把它和高血压、动脉硬化、冠心病联系起来。因此，人们对胆固醇产生了一种害怕心理，对那些含有较高胆固醇的食物，如动物内脏、蛋黄、肥肉等，都不敢食用。其实，这是大可不必的。

胆固醇是人体一种重要的生命物质，它是性激素、肾上腺皮质激素、维生素 D 和胆汁酸的原料。胆固醇过低，同样会对人体产生不利影响。英国有一位医师，他在临床医疗中对 5200 人作了统计研究，结果发现，有些血液中胆固醇含量较低的人，他们患结肠癌的发病率大大高于正常人。他在分析后指出，在膳食中摄入胆固醇过低的人，对维生素A的吸收明显低于正常人。而许多胆固醇含量较高的动物性食物中，往往也含有较丰富的维生素A。因为维生素A是属于脂溶性的，如果没有脂肪的存在，便难对维生素A加以吸收。临床实践证明，维生素A有防癌作用。

生活在极地的因纽特人终身几乎以海豹肉（含较多脂肪）为食物，但他们极少有人患冠心病。由此可见，动物性食品和脂肪进入人体，不一定必然会导致冠心病的发生，这与人的生活状况、地理环境及人体内部对胆固醇的自我调节有密切关系。

食物中的胆固醇有低密度胆固醇和高密度胆固醇之分，低密度胆固醇和冠心病的发生有密切关系，而高密度胆固醇可以消除前者对人体的危害。因此，胆固醇总量内如果高密度胆固醇占大多数，即使胆固醇含量高也不会导致冠心病；反之，如果低密度胆固醇占大多数，即使胆固醇含量低也可能导致冠心病。

此外，由于民族和性别的不同，体内对调节两类胆固醇的能力也不相同。对欧美人来说，人体内调节高低密度胆固醇两者比例关系的能力比较差，东方民族则比较强。同样的动物性食物，对欧美人可能使体内低密度胆固醇迅速增高，对东方民族来说则不一定。加之欧美人食用的动物性食品和脂肪又较多，这就是造成他们患冠心病较多的原因。从性别来看，妇女体内调节胆固醇比例的能力优于男子，因此，从患冠心病的总人数来看，妇女少于男子。

所以，对胆固醇应一分为二地看待，尤其是高血压、心脏病和动脉硬化患者，不能把所有症状都归咎于它。胆固醇对人体并非都是有害的。

儿歌

胆固醇要仔细分，
低密度者须控制。
构造激素需求大，
高密度者作用神。
内脏蛋黄适量吃，
无须惊恐后遗症。

八、糖类是人体主要能源

三字经

谷麦粟，食为主。
青少年，糖适度。
苹果梨，更要蔬。

糖类是由碳、氢、氧三种元素组成的一大类化合物，它也是人体所需的营养素之一。糖类是人类最主要最经济的能量来源，富含糖类的食物一般价格都比较便宜。糖类在体内氧化较快，能及时提供能量，人体所消耗的能量 60%～70%都来自糖类，每 1 克糖类在体内被氧化后可提供 16.75 千焦的能量。更为重要的是，除葡萄糖（糖类中的一种）以外，大脑不能直接利用其他营养物质，即是说葡萄糖是大脑唯一能直接利用的能源。糖类是机体重要组成物质，如构成神经组织成分等。糖类可促进消化道运动，防止便秘，排出有害物质，预防肠道肿瘤的发生。糖类主要来源于我们日常所食用的米面食品中，如大米、粳米、小米、玉米、小麦、青豆、豌豆，其成品更为常见，如馒头、窝头、米饭等。许多蔬菜、水果中糖类的含量也较丰富，但因为含单糖、双糖类较米面食品多，故容易被人体吸收利用。如苹果、梨、橘子、葡萄、南瓜、菱角、核桃仁、杏仁、栗子。含糖类最多的是日常食用的各种食糖了，如白糖、红糖等。

糖类是维持心脏和神经系统正常功能所必需的物质，大脑所需要的主要是葡萄糖。大脑虽然只占人体重量的2%，但所消耗的葡萄糖却占全身能量消耗总数的20%。一般成人每人每天需要糖类480～600克。谷类是日常膳食中糖类的主要来源，有一部分蔬菜，如马铃薯、豆角、萝卜等都含有一些糖类；食糖和水果里也有较多的糖类。如果糖类长期供给不足或缺乏，机体热能不足，人就会消瘦无力，严重时甚至不能从事正常的生活和劳动。糖类缺乏也会影响脂肪的代谢，因为在糖类供给或利用有障碍时，就要以脂肪代替供应能量，使得血糖不至于下降过多。由于日常膳食中含有充足的糖类，因此一般不需要另外补充，以免吃糖过多而出现神经过敏和神经衰弱等障碍。

由于糖是一种纯热能物质，不含或很少含其他营养素，而身体需要全面的营养素，因而糖不能代替饭。如果因多吃糖而不好好吃饭，那就会造成蛋白质、维生素和矿物质等摄入不足，所以吃糖多的孩子身体都不很健壮。尤其是在饭前吃糖或甜食影响更大，因为人和动物的脑中有一个控制饥饿和饱感的中枢。用动物做实验，在刺激饥饿中枢时动物就狼吞虎咽地吃东西，而刺激饱感中枢时，即使给予很诱发食欲的食物动物也不吃。身体血糖浓度上升可使饱感中枢电活动增加，而饥饿中枢电活动降低。如果孩子在即将吃饭时吃糖或甜食，那么可使血糖很快上升，饱感中枢兴奋，抑制食欲，孩子就会不好好吃饭，进而影响生长发育。

常吃糖还容易患龋齿，这是由于糖为细菌生长繁殖提供了营养，这些细菌和残留的糖混合起来，在牙齿表面和缝隙中形成黏性酸性沉淀物，逐渐溶解牙齿表面的珐琅质，久之形成龋洞，俗称虫牙。有人研究，同样量的糖，吃糖的次数愈多危害愈大。睡觉以前吃糖危害最大，因白天有时喝水、说话，分泌唾液有冲洗残渣的作用，如晚间吃糖又不刷牙就睡觉，残渣全部存留在口腔内牙齿间。给细菌繁殖创造适宜条件，极易患龋齿。

在我国，各种饮料和糕点中多加糖，独生子女大多娇惯，家长经常给其子女买糖块、巧克力、冰淇淋、冰棍等，这样，中小学生每日糖的摄入往往过量。当前我国城市儿童中小学生龋齿患病率高达 80%，这与吃糖多有关。

糖类主要来源于植物性食品，动物性食品中含糖类很少。粮谷类、根茎类、豆类及各种糖都含丰富的糖类。蔬菜和水果含纤维素多。在蛋白质、脂肪、糖类三大供热的营养素中，糖类要比蛋白质、脂肪便宜得多，最容易得到。糖类无供给量标准，一般认为糖类的发热能占总摄入热能的 55%～65%对中小学生较为适宜。

根据中国营养学会 2013 年制定的“中国居民膳食营养

素推荐的适宜摄入量（AIs）”，中小学生平均每人每天摄入糖类应提供总能量的55%～65%。糖类摄入不足，脂肪则会因氧化不全而产生过量的酮体，影响体内的酸碱平衡。肝糖原储备不足，会影响肝的解毒能力。谷类食物是中国传统膳食的主体，中国居民膳食指南第一条就明确提出“食物多样、合理搭配”，以提醒人们保持我国膳食的良好传统，防止发达国家膳食的弊端。但不幸的是近年来随着我国经济的发展，国人每年摄入的粮谷类食物数量逐年减少，有向西方国家食物结构转化的趋势。中小学生每天应摄入7119～12 134千焦的热能，相当于粮谷类食物425～725克。也就是说，中小学生每天应吃500～750克的糖类，这些糖类主要是从粮谷类食物、豆类、薯类食物中获得，蔬菜和肉类食物中也有少量糖类。

糖类的主要食物来源是植物性食物，如谷类（大米、面粉）、薯类（红薯、马铃薯）、根茎类蔬菜（胡萝卜、藕）及含淀粉较多的坚果（栗子、菱角）；此外，食用糖（如绵白糖、砂糖等）也是糖类的主要食物来源。

儿歌

谷麦粟薯食为主，
青少年要搭配食。
喜欢吃糖应适度，
防龋健体两不误。
菱角核桃苹果梨，
水果调摄更需蔬。

九、矿物质与健康

三字经

钙磷铁，铬碘钾，
促成长，助生存。
矿物质，培根本。

矿物质虽然占人体体重的 4%左右，但有 60 多种是维持身体正常生理功能和构成组织细胞不可缺少的物质。根据不同矿物质在人体内不同含量可分为常量元素和微量元素两大类。常量元素是在体内含量较多的元素，如钙、磷、钾、硫、钠、氯、镁等元素；微量元素是在人体内含量甚微量的元素，通常每千克组织或每 100 克血浆中仅含几微克，因此又称为痕迹元素，如铁、碘、铜、锰、锌、氟、钴、铬、钼、镍、硒、锡、硅、钠等元素。人体内的矿物质和微量元素，每天都有一定数量从各种途径排出体外，因此有必要每天通过膳食给予补充，以维持体内各种矿物质和微量元素的动态平衡，特别是对中小学生来说在生长发育期间，机体对矿物质和微量元素的缺乏比较敏感，必须特别注意补充。我国和美国对一些微量元素曾提出了建议供给量标准供参考。

1. 钙、磷　钙对身体的作用是多方面的，富含钙的食品有豆制品、虾皮、海产鱼、荠菜、黄花菜、鸡蛋、鸭蛋及一般蔬菜等也含有相当多的钙。牛奶中含钙也很多，且容易吸收。食用肉骨头汤或用肉骨头烧的粥、油炸小鱼，或将乳酸钙撒入稀饭里或汤里，都可以获得丰富的钙。

钙对中小学生的生长发育和健康状况起重要作用。人体的钙 99% 存在于骨骼和牙齿中，骨骼之所以这么坚硬就是由于有磷酸钙和氢氧化钙存在的缘故。生长愈快需要钙愈多。骨骼中的钙并非静止不动，它们在经常进行新陈代谢。成年人骨骼中的钙每年有 20% 被更换，而中小学生更换得比成人还要快。如果摄入的钙不够，那么不只骨骼生长受影响，而且分解的钙多，合成的钙少，就可使骨骼不够坚实。牙齿生长也需要钙，牙齿生长时缺钙虽然外表看来正常，但结构脆弱，容易受损。当然骨骼和牙齿的生长除和钙、磷有关外，还与蛋白质、维生素 A、维生素 D 等都有关系。其余 1% 的钙遍布全身软组织，量虽少，但作用很大。例如，血清中的钙，对维持心脏的正常搏动、肌肉收缩、神经正常兴奋性的传导有重要作用。当降到每 100 毫升血清中含钙 7 毫克以下时，就可使神经兴奋性提高，发生抽搐，心搏停止。血液凝固也需要钙，当有外伤破一小口后，血液迅速凝固在毛细血管口，就可堵住小毛细血管而不出血。血液的凝固靠凝血酶的作用，凝血酶必须有钙才能发挥作用，血钙降低时，血液不能及时凝固，可造成血流不止。但一般膳食钙不足时，则从骨骼中提取，以保持血钙的稳定。

科学家发现，钙和近视有关，缺钙可使眼巩膜的弹力减退，钙摄入不足是引起近视的因素之一。中小学生需要的钙，一方面用于存留，另一方面用于钙的新陈代谢。研究表明，中小学生每日钙的存留与生长速度成正比。就我国的膳食结构而言，钙的吸收率为 20%～30%。维生素 D 可促进钙吸收，但食物中维生素 D 比较少。只有蛋黄、牛奶、鱼肝油中有一些。人体可通过晒太阳增加钙的吸收和利用，所以多晒太阳对儿童生长发育是有好处的。乳糖和维生素C都可促进钙的溶解，对钙的吸收有利。食物中钙和磷的比例与钙的吸收有关，钙与的磷比例为1∶1时，吸收最好，食物中含磷太多可影响钙的吸收。牛奶是钙的良好来源，钙和磷比例较为合适，又有乳糖促进吸收。一些发达国家，把奶作为中小学生的每日必需食品。此外，增加体育锻炼，提高新陈代谢率也可促进钙的吸收及储备。粮食外壳中的植酸可以和钙结合使钙不易溶解，蔬菜中的草酸也可和钙结合。一般含草酸多的蔬菜如菠菜，虽然草酸和钙结合一部分，但仍有剩余的一部分钙未结合。脂肪对钙吸收的影响尚有争议，有人认为脂肪酸可与钙结合而降低吸收率。对婴儿进行的实验表明，喂全脂牛奶会降低钙的吸收量，经常腹泻的儿童也会降低钙的吸收。

对中小学生钙的供给量较高，膳食中较易缺乏。据研究，人体每天约消耗320毫克钙，如以膳食中钙内吸收率40%来推算，正常中小学生每天钙供给量最低要在800毫克。因此，在考虑膳食中钙的含量时，还应注意影响钙吸收的因素，如食物中磷酸含量过高，可与钙形成一些不易被吸收的磷酸钙，所以在膳食中磷和钙应有一定的比例，对中小学生来说，膳食中钙与磷的比例最好是1∶(1～1∶1.5)。钙的摄入不足是我国多年来的一个营养问题。中小学生吃奶比较少，普遍达不到供给量标准。据研究，补充钙可以促进生长发育。每日喝250毫升奶就可摄入300毫克的钙，不但含量多且吸收率也高；蔬菜和豆类含钙也较丰富；小虾米皮含钙特别多，如果一天吃10克，那么就可以摄入200毫克钙。鱼骨或动物骨骼中都含钙丰富，可制作各种骨头汤，不仅含钙多，而且还有蛋白质和铁。煮大骨头时，一定要将骨砸碎，以便将其中骨髓溶出。鱼骨含钙也多，可炸酥鱼、炖酥鱼，将鱼肉鱼骨一起吃。近年有人提倡吃醋泡蛋，可把蛋壳溶于醋中，这也是补充钙的好办法。黄豆及各种豆制品，各种绿叶菜虽然含钙不很多，但可以每天吃、多吃，这样也对改进钙的营养起重要作用。骨粉含钙在20%以上，吸收率约为70%，对那些生长发育很快的少年，钙摄入达不到供给量标准时，不妨在面粉中加些骨粉。经常在户外活动、晒太阳，利用不花钱的阳光资源，自身制造维生素D，可促进钙的吸收和利用，这对预防钙缺乏是有益的。

磷是构成人体骨骼的主要成分之一，也是脑神经细胞的重要组成成分。含磷多的食品有五谷类等，鱼、肉等动物性食品中含量也相当多，一般不会缺乏。

2. 铁　是构成机体组织的重要材料，在红细胞中含量较高，对细胞运送氧的功能至关重要，缺铁性贫血患者容易发生头晕。儿童缺铁还会出现智力迟钝，注意力不能集中，不能耐受刺激等症状，从而影响学习。铁是自然界最丰富的元素之一，然而缺铁性贫血是中小学生中的常见病。铁是人体极为重要的必需营养素，正常情况下，身体中含铁量和体重成正比，每千克体重含铁30～50毫克，其中65%～70%在血液中，主要在血红蛋白中，血红蛋白含铁0.33%～0.34%，血液质量约占体重的1/8；肌肉里的肌红蛋白中的铁占体内总铁的3%～5%；此外，氧化还原的各种酶中含铁占0.2%。总铁的25%～30%是以铁蛋白和含铁血黄素形式贮存在肝、脾和骨髓中的。人们在数百年以前已经知道了血红蛋白中含铁，血红蛋白有运送氧的功能。缺铁性贫血的中小学生面色苍白、无力，容易头昏，活动时心跳加快程度比一般孩子大，非常容易疲劳，所以他们往往不爱活动。在 20 多年前把这些症状完全归之于血红蛋白降低、携带氧不足引起的。研究发现，铁不只是血红蛋白的成分，还是很多酶的成分和活性物质，分布在全身的组织中，缺铁对全身有影响。缺铁的学生注意力不集中，学习成绩不好，补铁后有明显的改进，缺铁的孩子免疫功能降低，容易感染各种传染病。我国中小学生贫血患病率为 20%～50%。个别地区可高达 70%，贫血的主要原因是缺铁，贫血以中小学生和孕妇患病率最高。

身体内的铁和其他元素一样，在不断地新陈代谢，成人身体含铁 3～4.5 克，大部分的铁可以重复使用，一般人每天只丢失 0.5～1 毫克的铁，女孩月经要损失 0.4～0.6 毫克铁。儿童中小学生生长发育，血量不断增多也需要铁。

这是一个平均的估量，实际生长速度并非等速，在青春发育期体重增长比其他时间快，需铁量比其他时间要多。青春期女孩有月经丢失铁，加以生长迅速，是一生中需铁最多的时期；青春期男孩肌肉迅速增长，血量增加较女孩多，也是一生中需铁最多的时期。在这一时期如不增加铁的摄入是极易患缺铁性贫血的。

考虑到人体每日排泄和生长需要，中小学生每日总计需铁 1.5～2 毫克。而每日食物中的铁比这个量要多数倍，身体中所以缺铁主要是由于铁的吸收率低，食物中的铁只有很少部分可以穿过肠壁进入体内。铁的吸收对预防贫血有重要作用，因此在这方面科学家进行了很多的研究。

粮谷类食物因含较多的植酸盐和纤维素，所以铁吸收率低；黄豆含铁量较高，100 克含 11 毫克，吸收率由于研究方法不同，结果差异较大，一般为 2.8%～21%，黄豆中铁不是血色素型铁，黄豆制品铁受加工方法的影响；鸡蛋中的蛋白质没有促进铁吸收的作用。蛋黄中的铁虽含量较高，但因蛋黄中磷蛋白多，有抑制铁吸收的作用，故并非铁的良好来源；牛奶中含铁量很少，每 100 毫升仅含铁 0.2 毫克，牛奶中的蛋白也不具备促进铁吸收的作用，有的孩子每天吃鸡蛋、喝牛奶，但是患了缺铁性贫血，家长很不理解，认为每天吃得够好了，怎么还贫血呢？这并不奇怪，鸡蛋和牛奶蛋白质含钙很丰富，但含铁不多且吸收率也不高，如果每天不吃肉和蔬菜，那么出现缺铁性贫血的可能性是很大的。

进餐时喝什么饮料也会影响膳食铁的吸收，如果以喝白开水时铁的吸收为 100%，那么喝橘子水非血色素铁吸收率可达 200%，因其中的维生素 C、枸橼酸有促进铁吸收的作用；喝牛奶因其中含有丰富的钙有阻碍铁吸收的作用，故铁的吸收只有 40%～50%，而吃饭时喝菜水非血色素铁的吸收率只有 25%，因为菜叶中的鞣酸有与铁相结合降低铁吸收率的作用；饭后吃水果，因其中含有维生素及有机酸，故也有促进铁吸收的作用。饮料对铁吸收的影响，一般认为餐前一小时饮用无任何影响，而同餐或餐后 1 小时内有影响。除以上食物因素以外，胃肠道功能不好，如经常腹泻、肠道寄生虫等均可降低铁的吸收，容易引起缺铁性贫血。

人体需要铁的量实际只有 1～2 毫克，但是因为铁的吸收率低，所以供给量标准要比需要量高得多。由于铁的吸收与膳食结构有关，世界各国饮食习惯不同，所以铁的供给量标准差别较大。膳食中肉、鱼、禽等的量＜30克，或维生素C＜25毫克时铁的吸收率约为5%，这时至少供给20毫克的铁才能够；如肉、禽、鱼等的量为30～90克，或者维生素C为25～75毫克，铁吸收率为8%～9%，则应供给十几毫克的铁；若肉、禽、鱼等的量超过90克或维生素C超过75毫克，或者肉、禽、鱼30～90克加上25～75毫克维生素C，铁的吸收率约为15%，膳食中铁只需10毫克就足够了。对中小学生来说，每天应供应铁元素15毫克才能满足身体发育的需要。在评价膳食铁时，除应计算膳食铁的量外，还应该考虑膳食铁的来源和维生素C的摄入量。植物性食物中木耳含铁非常丰富，是铁的良好来源。在动物性食物中除肉、鱼、禽、内脏外，动物血含铁丰富，且吸收率高，是铁的良好来源。

我国目前大约80%以上的贫血是缺铁性贫血。调查表明，我国中小学生铁的摄入一般可以达到或者接近供给量标准，主要是膳食中铁的吸收率比较低，预防缺铁性贫血应从促进铁吸收上想办法。尽量增加肉、禽、鱼、动物内脏的摄入量，这些食物中的铁容易吸收，而且这种食物中的某些氨基酸还可同时促进非血色素型铁的吸收。应充分利用动物血，动物血中不只含有丰富的铁，还有丰富优质蛋白质，还有铜、锌等多种微量元素。膳食中维生素C有促进铁吸收的作用，多吃含维生素C丰富的蔬菜，或饭后吃水果都对预防贫血有作用。某些地方野生的酸枣很多，山楂也较多，那里的小学生因为常吃酸枣和山楂，贫血发病率较低，因为这些果子中含维生素C多。在中小学生生长发育很快的时候，若改进膳食结构，仍不能满足需要时，则一般可选择一些强化铁食品。我国中小学生寄生虫感染较多，除加强宣传养成卫生习惯外，每年还要在中小学生中驱虫一次。此外应治疗钩虫和其他出血性疾病。

3. *碘*　是关系到人体能否正常发育的极为重要的矿物质营养元素，它不仅与身体的代谢功能有关，而且与脑能否正常发育有关。碘是甲状腺的结构成分，甲状腺分泌甲状腺素，与调节身体的体温、保证营养物质的正常吸收、体内合成等许多方面的功能都密切相关。正常人体每日需要的碘量是150微克。如果长时间不能满足供应，就会造成疾病症状。内陆地区因空气、水、土壤中碘不足，往往造成缺碘疾病。碘是组成甲状腺素的重要成分，人体内的碘约有1/5在甲状腺内，如体内碘供给不足，甲状腺素分泌就要减少，机体的代谢也就要降低，不但影响生长发育，而且也可引起甲状腺组织增殖性变化，使甲状腺肿大。引起人体缺碘的原因主要有两种：一种是某些地区环境中缺乏碘，大都是远离海洋的地区，使食物和饮水中碘含量过低，造成地方性甲状腺肿大，如华北某些甲状腺肿病区食物中含碘量就比非甲状腺地区含量低得多。防治这种地方性甲状腺肿大的最有效方法是在精盐中强化碘，目前我国规定碘盐中碘和盐的比例为1∶20 000～1∶50 000，长期食用这种碘盐就可以防治甲状腺肿大。由于体内在某一阶段中生理上需要碘的量增大，如中小学生的生长发育期，当碘的补充量不足时，亦可引起生理性的甲状腺肿大，这种情况如在平时膳食中多吃一些含碘丰富的食物就可以防治。如7－10岁的学生每天吃10克干紫菜摄入的碘就完全能满足机体需要了。必要时可在医师指导下应用碘化钾药品进行治疗。

粗脖子病和缺碘有关，在山区比较常见。海水中含有丰富的碘，海水的水花吹入大气，干燥以后尘土里也有碘，这些尘土被风带到大陆溶于雨水注入土中。所以沿海的土壤含碘多。在海拔较高的山区，由于高山的屏障，海水中的碘带不去，加之山雨不断的冲刷，使土壤表面的矿物质流失，土壤中的碘极少。蔬菜、粮食中的碘来源于土壤中的碘，动物体之碘来源于当地饲料，故这些山区的食物中均含碘很少。人体中甲状腺含碘最多，当饮食中碘不足时，甲状腺的细胞数就会代偿性增大，以便从血液中吸取更多的碘，称为大脖子病。

碘在人体内的含量，成人 20～25 毫克，其中约 15 毫克碘集中在甲状腺中，甲状腺素是调节人体物质代谢的重要激素，主要调节热能代谢，对蛋白质、脂肪和糖类的代谢也有促进作用。食物中碘不足可使甲状腺素分泌减少，降低机体的代谢，影响儿童中小学生的生长发育。当食物中碘不足时，甲状腺的细胞体积加大以便代偿从血液中吸取更多的碘，称为甲状腺肿大，因它与土壤含碘量有关，属地区性，故也称地方性甲状腺肿大。在缺碘的地区，中小学生的身高、体重较正常地区显著低，智商也较低。青春期由于激素分泌增加，需碘量增加，最容易患甲状腺肿大，女孩比男孩发病率高。孕妇缺碘，可影响胎儿脑发育，导致婴儿体格矮小，智力低下。地方性甲状腺肿是世界性的问题，全世界大约有 2 亿人患此病，我国的河北、河南、甘肃、云南、贵州等省的一些山区也有此病。据流行病学调查，每人每日碘摄入＜40 微克，就会发生甲状腺肿流行，碘摄入＞100 微克就不成问题。摄入碘过多可中毒，每人每日碘摄入 50～100 微克是安全范围。测定食物中碘含量比较麻烦，一般常用尿碘含量反映身体是否缺碘，或者水含碘量反映当地碘的状况。尿碘的正常范围是50～1000微克/克肌酐，尿碘值＜25微克/克肌酐时，表示机体处于严重缺碘状态；水碘安全范围为5～200微克/升，＜3微克/升时，甲状腺肿易于发生。但有时两地区水含碘量相近，但发病却差别较大，说明缺碘是甲状腺肿发病的基本因素。

对于甲状腺肿流行地区，即使没有甲状腺肿的人，也应普遍服用强化碘的食物。目前，在我国地方性甲状腺肿流行地区已普遍采取了预防措施，多吃海带是很有效的办法。强化食盐，1吨食盐加碘化钾10克，每人每日最少吃10克食盐可含100微克碘化钾，碘化钾含碘量为76.5%，每日可食碘至少76.5微克，再加上食物中碘，基本可以预防碘缺乏。青春发育期的少年男女应注意多吃些含碘多的海产品。此外，增加营养对预防甲状腺肿也是有意义的。食物中蛋白质、脂肪、维生素、钙的摄入是否充足都和甲状腺肿发病有关。

我国制定的碘供给量标准是，7－12岁每人每日120毫克，13－17岁每人每日150毫克。食物中碘的含量，由于各地受土壤含碘量的影响，所以差别比较大。各种海产品含碘都比较多。

4. 锌　是人体中14种必不可少的微量元素之一，它是许多酶的重要组成成分，与机体的代谢过程及某些疾病的发生密切相关。新生儿含锌约60毫克，随着生长发育锌含量逐渐增加，到成人含1.5～2.5克。身体的锌遍及全身，其中60%存在于肌肉中，30%存在于骨骼中，身体含锌最高的器官是眼、头发、骨和睾丸。血液中 80％锌存在于红细胞的碳酸酐酶中，人体有 50 余种酶含锌或与锌有关。20 世纪 60 年代以来，对锌的问题进行了大量的调查研究。锌对维持人类的生殖功能起着非常重要的作用。孕妇缺锌会发生流产、早产、死胎、胎儿各器官先天性畸形，并伴有中枢神经系统和骨骼的严重损害。儿童缺锌可导致多系统的功能紊乱，如厌食、异食、免疫力低下、生长发育迟缓，尤其男孩进入青春期时第一性征尚不明显。正常人每天的锌需要量约为 15 毫克，预防缺锌的根本办法是多食富锌食物，通常，动物性食物中锌的含量高于植物性食物，而且也容易为人体所吸收。但补锌不能盲目，过量摄取锌会对铜的吸收有抑制作用，铜也是人体生长发育所必需的微量元素之一，是人体内的多种酶的活性成分，对人体的新陈代谢有着重要的调节作用。

锌的主要功能：①锌对儿童的生长发育极为重要，缺锌时核酸和蛋白质合成出现障碍、分解加速，同时生长激素合成及分泌减少、发育迟缓、身材矮小、性器官不发育。②缺锌时唾液中的磷酸酶减少，使味觉功能减退，食欲减退，儿童不爱吃饭。③锌对维生素 A 的代谢和暗适应有影响，当血清锌减少时血清维生素 A 含量也明显降低，缺锌时暗适应时间明显延长。④缺锌时味蕾细胞的转化受影响，表现为味觉紊乱，有爱吃泥土、煤渣、纸张、墙皮等现象，还有个别儿童吃石灰、烟头、火柴头、肥皂等。补锌后这些怪癖都可以消除。⑤锌缺乏可以损害机体内一些免疫功能，缺锌儿童呼吸道容易反复感染。⑥缺锌的人伤口不易愈合，出现皮炎、口腔溃疡、胰岛素活性降低等现象。

土壤含锌在(10～300)×10^{-6}。由于土壤含锌不同，生产出的粮食和蔬菜中含锌也不同。一般动物性食物除脂肪外，锌的含量都比植物性食物高；在植物性食物中以海带、紫菜含锌量最多，豆类和花生次之，水果含锌量极微。动物性食物肝、瘦肉、蛋黄和海产品含锌较多。和铁相似，锌的吸收也受很多因素影响。植物性食物中锌的吸收率为10%～20%或更低；谷类食物含有较多的植酸、草酸、膳食纤维等成分，可以降低锌的吸收，经发酵可以提高锌的吸收率。在伊朗和埃及缺锌的人，只吃面粉不吃动物食品，而且吃不发酵的面粉。少年时期代谢旺盛，锌需要量多，更易缺乏。我国北京及南方都发生过中小学生锌缺乏患者。体内的锌主要来自动物性食品，如牛肉、猪肉和羊肉等，每 100 克肉中含锌量为 2～6 毫克，鱼类和其他海产品每 100 克含锌为 1.5 毫克以上。豆类、小麦、稻米等谷类虽然含锌量每 100 克中有 1.5～2 毫克，但经过碾磨加工之后，其可食部分的锌含量是很少的，加之植物性食物中的锌利用率很低，所以这些主食不是体内锌的主要来源，在蔬菜和水果中一般含量也很少。我国锌的供给量标准是，1－9 岁是每人每日 10 毫克，10－18 岁为每人每日 15 毫克。儿童如果服锌剂应在医师指导下进行，预防锌缺乏应多吃含锌丰富的食物，如动物性食物、食用发酵面食。中小学生经确诊锌缺乏，可吃强化锌的食物，如强化锌饮料。服用时应注意标签上的剂量。

5. 镁　人体内有 70%的镁以磷酸镁和碳酸镁的形式存在于骨骼和牙齿中，是骨骼和牙齿的重要成分之一。与钙的代谢有重要关系，镁集中在细胞的线粒体内，是合成蛋白质很多酶系统，特别是氧化磷酸系统的重要激活剂，并与钙、钾、钠合作，共同维持肌肉神经的兴奋性。此外，镁离子还是维持心肌正常功能和结构不可缺少的元素。据动物实验，如缺乏镁可引起心肌坏死，有人对患心脏病突然死亡者的心肌中镁含量与非心脏病死者心肌中镁含量的分析，发现前者心肌含镁量平均为 172 微克，而后者每克心肌含量镁为 205 微克，有显著差别，因此体内的镁离子对心肌有保护作用。镁普遍存在于各种食物中，一般膳食中镁不会缺乏，但长期患慢性腹泻可引起镁的过量排出，出现抑郁、肌肉软弱或痉挛、四肢生长停止、食欲缺乏等症状，当补充镁以后即可消失症状。镁较广泛地存在于日常食物中，一般不会缺乏。儿童少年在发育时期镁的需要量较多，一般体重每增加 1 千克，体内要多蓄积镁 25 毫克，但在正常膳食中一般都能满足供给量要求。

6. 铜　在健康成年人体内的含量仅为 80 毫克，但由铜构成的铜酶却有很多种，而且大都具有极为重要的生理作用。例如，血浆铜蛋白就是由铜组成的，这是一种多功能氧化酶，主要作用是催化低铁氧化成高铁，从而有利于体内储存的铁和食物中铁的吸收。所以血浆铜蛋白又称为铁氧化酶。如果缺铜，就影响这种酶的合成和功能，从而产生缺铜性的贫血。体内缺铜时，就会使肝、心脏和骨骼内的细胞素氧化酶的活性下降，从而影响机体的代谢。因为细胞色素氧化酶中含有一定的铜离子，铜对神经系统的发育有一定作用，也有人认为冠心病的发生与体内缺铜而引起锌、铜比值增高也有关系。由于铜在人体内具有如此重要的作用，因而当体内缺乏时便会影响到上述各个环节的功能甚至使人患病。缺铜还会导致睡眠质量下降，从而使人情绪差、烦躁易怒、食欲缺乏、精神萎靡等。由于一般食物中都含有铜，因此在普通膳食中每日摄入的铜一般是不会缺乏的。富含铜的食物主要有动物肝、牡蛎、谷类、黄豆、干杂豆、核桃、杏仁、葵花子等，其中牛肝为100克中含2.8毫克，是牛奶中含铜量的93倍多，是最理想的补铜食品。铜虽然是身体必需的微量元素，但过量摄取也会对身体有害。甚至造成铜中毒。

7. 硒　缺硒是克山病的重要原因，硒可对某些食欲缺乏、失眠、精神不佳等产生较好效果。富含硒的食物主要有海产品及动物的肝、肾、瘦肉，以及整粒谷类食物。

8. 钴　是重要的血液营养素，与造血功能密切相关；钴与皮肤的色素合成可能也有关联；钴还是维生素B_{12}的结构成分，而这种维生素是保障人体健康、强化代谢功能和强化神经功能的重要营养物质。富含钴的食物是动物的肝及肾、甲壳类动物、豆类、大枣、葡萄干、枸杞子等。

9. 锰　对蛋白质的生物合成较为重要，锰也参与体内一些酶的合成，因此当体内缺锰时会出现生长停滞、骨骼畸形、生殖功能紊乱、抽搐、新生儿运动失调等症。富含锰的食物主要是海产品、豆类、动物肝、枣等。

10. 氟　是构成骨骼和牙齿牙釉质不可缺少的成分。体内缺氟时，牙齿构造不坚硬，当饮水中氟含量每升低于0.5毫克时，这个地区的儿童中就容易发生龋齿。但如体内氟量过多时，会引起牙齿牙釉质破坏，使牙齿表面的光泽逐渐消失，出现灰色斑点，即产生氟斑牙。当饮水中氟的含量每升超过1.5毫克时，这个地区的儿童中就有发生氟斑牙的可能，若长期摄入过量的氟，还会引起骨骼和肾脏的损伤，出现氟骨症。国家标准要求饮水适宜的氟含量为每升 0.5～1.0 毫克，含量过高要采取降氟措施，以防止氟斑牙和氟骨症。如含量过低则在饮水中要采取加氟措施，以防止龋齿和骨疏松症的发生。

氟是人体必需的微量元素，牙膏中加氟为的是使牙齿更坚固，防止龋齿。氟和钙、磷有较大的亲和力，因此体内氟主要分布在含钙及磷高的组织中，骨骼和牙齿含氟较高。氟能预防龋齿，主要是因为氟和钙磷化合物结合，在酸中溶解性低，抗酸腐蚀力强；氟可以抑制牙斑中细菌酶形成酸，有保护牙齿的作用。此外，还有人研究证明氟可以促进伤口愈合及防止骨质疏松。

一般认为，水中含氟量以 1ppm（1 毫克/升）最合适，太低龋齿发病率高，太高（水中含氟超过 2.5×10^{-6}）牙齿可出现斑块。为了预防龋齿，在氟低的地区向水中加氟，这在国外已有 40 多年的历史。氟不只对牙齿有影响，对全身骨骼的坚硬度都起作用，而且还对青春期性腺发育和贫血症有影响。

目前，我国及世界大部分国家都未制定氟供给量标准。一般食物中含氟量很少，每日从食物中摄入 0.8～1.6 毫克，从水中摄入约 2.5 毫克，即每日摄入 3.3～4.1 毫克。对氟的监测主要是根据水的含氟量。美国 4－16 岁中小学生每日氟的补充剂量是：在饮水中含氟量＜0.3 毫克/升的地区补 1.0 毫克/升，在 0.3～0.7 毫克的地区补 0.5 毫克/升，在 0.7 毫克/升以上的地区不补。根据观察，用氟化物牙膏，用氟化物水溶液漱口，都可有防龋齿作用。有些地区，由于地质条件原因，土壤中含氟过高，也有些工厂排放的气体或水中含氟量高，污染土壤，造成农作物含氟量过高。人摄入过多的氟，儿童可出现斑釉齿，但龋齿发生率明显减少，过量的氟对骨骼有损害，严重者可使四肢变形，运动受限，称为氟中毒。

儿歌

钙磷铁锌铬碘钾，
促使成长助生存。
矿物充足培根本，
维持身体须平衡。
需求正常好精神，
一旦缺乏疾病增。

十、维生素的生理功能

三字经

维生素，养生素。
脂溶素，要防缺。
水溶素，饮食补。

维生素是维持人体正常生理功能所必需的一类有机化合物，机体所需量极少但却必不可少。维生素的结构和理化性质并不相近，它们的共同特点是：①它们都不供应热能，也不是机体的构造成分，但却是维持身体的正常生长、发育、繁殖等所必需的有机化合物，起着调节身体各种功能的作用。②身体不能合成，或合成量很少，所以必须从食物中摄取。不过，某些动物必需的维生素对其他动物并不一定是必需的，如维生素 C，人、猴和豚鼠不能自己合成，必须靠食物提供，但是大白鼠、兔、狗等都能自己合成。③身体对它们的需要量很少，但供应不足时会出现各种代谢障碍和症状，称为维生素缺乏病。已发现维生素有 20 多种，根据维生素溶解的性质分为脂溶性维生素和水溶性维生素两大类。脂溶性维生素可溶于脂肪而不溶于水，一般中小学生容易不足的脂溶性维生素有维生素 A 和维生素 D，这类脂溶性维生素可以在身体内储存，摄入过量可以引起中毒，甚至死亡。水溶性维生素，不溶于脂肪而溶于水，一般中小学生容易不足的水溶性维生素有维生素 B_1、维生素 B_2、维生素 C 等，摄入过量可随尿排出体外，不能在身体内储存，一般摄入过多不致中毒，但可能有些反应。由于维生素在人体内不能合成或合成不足，必须通过一日三餐的食物来获取。所以，如果日常膳食中某种营养素长期缺乏或不足，则可出现维生素缺乏症，影响生长发育。维生素可分为两大类：一类是脂溶性维生素，一类是水溶性维生素，前者包括维生素 A、维生素 D、维生素 E、维生素 K 等；后者包括维生素 B_1、维生素 B_2、维生素 C、叶酸、烟酸、维生素 B_6、维生素 B_{12} 等。脂溶性维生素被机体吸收后除了满足机体的需要之外，如有多余则在体内贮存起来。所以，如果长期过量服用脂溶性维生素可引起中毒。而水溶性维生素进入体内极少贮存，多余的维生素会很快随尿液排出体外，所以必须每天从食物中获取，如果供给不足，则很容易出现缺乏症。

1. 维生素A　有两种，一种为叶红素，另一种就是可在肠细胞内转化成维生素A的β胡萝卜素。叶红素蕴含在动物性食品中。不管以何种方式摄取，其在人体内都能被有效吸收，其吸收率达9%。若是从植物性食品中摄取β胡萝卜素，吸收率相当低，大概只有叶红素的1/3。但如果将β胡萝卜素与脂肪一起摄取，大概可提高约50%的吸收率。因此，在食用含有β胡萝卜素的食品时，与其用水煮或生食，倒不如用油来拌炒更有效。若是因为疾病或正在减肥，不想接触到油脂，可以多喝一些牛奶来辅助。当牛奶与β胡萝卜素在胃中混合时，其效果也很好。不过，β胡萝卜素所转化的维生素A，绝对不会引起维生素A过多症。同时β胡萝卜素还被证实有维生素A无法达到的功效，它可以防止某种癌症的产生，让胆固醇值降低，防止维生素C及维生素E被氧化等。维生素A被统称为保护眼及黏膜的维生素。若要防止视力退化及夜盲，需多加补充维生素A。维生素A也具有保护皮肤及黏膜正常的功能。维生素A只蕴含在动物中性食品中，而β胡萝卜素则蕴含在动、植物性食品中。肝油、肝、鳝鱼、鳕鱼、鸡蛋、牛奶、乳制品、胡萝卜、菠菜、青椒、南瓜、油菜、裙带菜等最具代表性。黄绿色蔬菜中，蕴含最多β胡萝卜素的当属胡萝卜。

维生素A的功用很多，人们最早了解的功能也是至今了解得最清楚的功能，是维生素A和暗适应的关系。暗适应就是一个人由亮处进入光线比较暗的环境中看清物品的快慢。人体维生素A营养状况好，这种适应时间就短，很快就可看到物品，反之就长。这是因为维生素A是合成视紫质的成分，视紫质存在于眼视网膜的杆状细胞中，视紫质是人在弱光中能看东西的物质，可使视觉在暗淡光线中保持灵敏，产生感觉传送至大脑。黑天看不清东西称作夜盲，民间也称为雀盲眼，中医学早在公元前 1500 年就指出肝可以治疗雀盲，这完全符合现代医学原理，因为肝含有丰富的维生素 A。维生素 A 还有维持皮肤和黏膜等上皮细胞健康的功能。上皮细胞是人的皮肤、口腔、食管、胃、肠、肺、气管、尿道、膀胱、子宫的表面细胞，这些细胞能分泌黏液，使表面滑润。如果缺乏维生素 A，上皮细胞可发生退化，黏液分泌减少，皮肤变得干燥角化，纤毛脱落，毛囊周围出现棘状丘疹，称为毛囊角化，一般多发生在上臂外侧、腿、肩部位。当呼吸道、胃肠道、泌尿道上皮角化时，抵抗外来侵袭的能力就会降低，容易被细菌感染，引起炎症。眼的泪腺上皮干燥，泪腺分泌减少；眼结合膜干燥可出现皱褶和斑点；眼角膜干燥容易被细菌侵入而发生溃疡，最后穿孔而造成失明。据世界卫生组织报告，维生素 A 缺乏是发展中国家儿童后天致盲的重要因素。维生素 A 的第三个重要作用，是维持中小学生的正常生长发育。当缺乏维生素 A 时，骨骼钙化不良，肝中的氨基酸合成蛋白质减慢，致使生长发育发生障碍。此外，维生素 A 与贫血、食欲、味觉、听力都有关系。但维生素 A 也不能摄入过多，过多可引起中毒。中毒的主要症状为厌食、过度兴奋、骨疼痛、头发稀疏、肌肉僵硬和皮肤瘙痒等。

以前胡萝卜素用微克表示，维生素 A 用国际单位表示。现在改用视黄醇当量微克来表示，1 国际单位维生素 A 等于 0.3 视黄醇当量微克，1 微克胡萝卜素等于 0.167 视黄醇当量微克。我国制定的维生素 A 供给量标准，6—12 岁为 750 视黄醇当量微克，13—17 岁为 800 视黄醇当量微克，和世界卫生组织推荐标准相近。在质量上最好供给量的1/3来源于维生素A，2/3来自胡萝卜素，维生素A比胡萝卜素吸收率高。

维生素A以各种动物的肝中含量最多，奶油、蛋黄中也含有一些。胡萝卜素存在于植物性食物中，以红、黄、绿色的蔬菜水果中含量丰富。维生素A和胡萝卜素都溶于脂肪，所以食物中的脂肪可促进其吸收。一般的烹调方法对维生素A的损失较少。

我国中小学生维生素A的摄入量，普遍达不到供给量标准，甚至有些人还不足供给量的一半，这是一个长期存在的营养问题。中小学生尤其是农村中小学生中常发现有结合膜干燥和毛囊角化。改进的办法是在牛奶中加入维生素A和维生素D，这对促进中小学生生长发育、防止维生素A缺乏很有效。还应多吃绿色的及红色的菜蔬，冬天多吃胡萝卜和红心白薯可增加胡萝卜素的摄入。若每半个月吃一次各种动物肝，则可摄入很多的维生素A，储存起来。平时吃上一些绿色蔬菜，就可以预防维生素A的不足。

2. 维生素B_1　参与机体糖代谢过程，并抑制体内胆碱酯酶活性，缺乏维生素B_1时胆碱酯酶活性增强，使神经传导受到影响，可造成胃肠蠕动缓慢、消化液分泌减少、食欲缺乏、消化不良等功能障碍。人体肠道虽然能合成一部分维生素B_1，但数量较少，且难于吸收。谷类的胚芽和皮含维生素B_1十分丰富，是人类日常所需的主要来源，如果将谷类加工过细或烹调方法不当，就会造成维生素B_1缺乏。多数杂粮、肝、豆制品也含有较多的维生素B_1，有些蔬菜也含有少量的维生素B_1。某些鱼类肌肉中含有维生素B_1酶可使维

生素 B_1 分解失去作用，所以喜吃鱼的人易造成维生素 B_1 缺乏。成人视体力劳动强度不同，每天维生素 B_1 的需要量为 1.2～2.1 毫克。谷物中的胚芽及米糠等部位，含有丰富的维生素 B_1。因此，平日的饮食中，尽量不要吃白米，改吃胚芽米或全麦面包，对维生素 B_1 的摄取有正面的作用。其他含有维生素 B_1 的食物，还有鳝鱼、猪肉、芝麻、玉米、大豆、豌豆等。

中小学生每日维生素 B_1 的需要量和摄入的热能成正比，而摄入热能又和活动量、身材、年龄等有关。摄入的糖类多，维生素 B_1 需要也多，通常建议维生素 B_1 供给量应为 1 毫克/8368 焦耳热能。在我国的寄宿学生中，曾发生过几起维生素 B_1 缺乏症（脚气病）的流行，都是在南方食米区，时间大多在春天，而以初三或高三毕业班发病率较高。这一方面是因为毕业班学生学习紧张、思想负担重，维生素 B_1 消耗多，另一方面是由于春天蔬菜少，食物品种极单调。一般大米含维生素 B_1 较标准粉量少，加以冲洗、淘搓次数多，损失就更多。有人调查，淘洗前每 100 克米含维生素 B_1 0.16 毫克，而蒸熟的米仅含 0.05 毫克/100 克，损失 73.3%（以干米计算）。有些地区有吃捞饭习惯，维生素 B_1 大部分溶于米汤中，应该改变这种烹调方法，蒸饭代替捞饭，如一定要吃捞饭，则饭后要喝米汤。此外，尽可能吃些豆类食品，如黄豆、红小豆等各种杂豆类，它们是维生素 B_1 的良好来源。春冬季节多吃些蔬菜，曾见到有的中学食堂，在冬季除吃白菜外，经常吃粉条，粉条除供给糖类外，几乎没有其他营养素，偶然改变食物品种，少量吃些还是可以的，但不应多吃、长期吃。不妨多吃些豆腐、黄豆芽、绿豆芽、胡萝卜、白萝卜、海带等食物，这些食物都可以增加维生素和矿物质的摄入量，改善学生的营养。对于已患维生素 B_1 缺乏的学生，应口服维生素 B_1 5～10 毫克，每日 3 次，一般 3 日就可见好转。

3. 维生素 B_2　含维生素 B_2 的食品如果保存在透明的容器中，一经紫外线的照射，就会被破坏。另外，乙醇会妨碍维生素 B_2 的功用，尽量不要饮酒过量，以免破坏维生素 B_2 的作用。将维生素 B_6、维生素 C、烟碱酸与维生素 B_2 一起摄取，最能发挥维生素 B_2 的功能。维生素 B_2 具有保护皮肤及黏膜正常的功能。特别是眼、嘴、肛门、阴部等部位的黏膜，若缺乏维生素 B_2，会引起发炎的症状。维生素 B_2 可提高营养素转化为热能的效率，有促进成长及细胞再生的功能。例如，它会在糖类转化成热能时发挥作用，帮助脂肪燃烧，帮助蛋白质合成。维生素 B_2 与人体所需的三大营养素关系非常密切，能帮助体内的营养素有效地被人体运用。另外，它还有一个独特的功能，就是可分解药物、毒物所含的有毒物质，与胆汁酸及胆固醇的合成作用也有很深的关系。维生素 B_2 多蕴含在鱼、蛋、乳制品中，因此若要摄取维生素 B_2，可多食用猪、牛肝、鳗鱼、脱脂奶粉、海苔、香菇、裙带菜等食品。

有些中小学生出现烂嘴角，并且口角发白，这是身体内缺乏维生素 B_2 的表现。维生素 B_2 是一种黄色的结晶，是水溶性的，性质比较稳定，对热、对酸不易氧化，但在碱和光中很容易被破坏，怕光是维生素 B_2 的特性。维生素 B_2 在身体中以磷酸盐的形式和蛋白质结合，是身体内很多重要酶的辅基的组成成分，它使这些酶能接受和传递氢原子或正电荷，是组织生物氧化过程不可缺少的物质。身体维生素 B_2

不足时，物质代谢紊乱，生长发育缓慢。

儿童早期缺维生素 B_2 表现为口角炎、唇炎、口角湿白、唇水肿干裂，甚至出血，这种儿童常常不敢笑，一笑就痛，口角裂开。舌表现乳头增大、舌裂、有疼痛感觉。皮肤方面表现为脂溢性皮炎，好发于鼻唇间、脸颊眉间，眼睑发炎，眼易疲乏、流泪。青春期缺乏维生素 B_2，男性多表现为阴囊炎，女性为阴唇炎。阴囊皮肤糜烂、脱屑、皱裂，有时合并感染。女性会阴发炎、瘙痒、白带增多等。维生素 B_2 和生长发育有关，缺乏维生素 B_2，生长缓慢。

体内维生素 B_2 基本上不能储存，若每日膳食摄入 0.55 毫克，只需 4 个月就可耗竭。重体力劳动、学习紧张、寒冷都可增加体内维生素 B_2 的消耗。食物中，无论动物性食物或植物性食物都普遍含有维生素 B_2。动物性食物含量较高，以动物肝、肾、心脏中含量最高；其次是奶类和蛋类；绿叶蔬菜和豆类中维生素 B_2 的含量也比较多。根据各地膳食调查结果，我国中小学生维生素 B_2 摄入量普遍达不到供给量标准，一般只能达到 50%左右，农村比城市摄入量更少。维生素 B_2 缺乏的症状，如口角糜烂、湿白、唇裂、舌乳头增大等在农村中小学生中占 10%～20%。在中学或专科学校中曾发生过多起阴囊炎暴发流行事件，多发生在冬季或春季，由于蔬菜摄入少，又很少吃肉食，加上考试多，学习紧张而造成。

为预防维生素 B_2 不足，应多吃鸡蛋、肝等食物，植物性食物可多吃些小米、黄豆及其他豆类食品，绿叶菜含维生素 B_2 也较多。目前某些城市生产一些强化维生素 B_2 的食品，如维生素 B_2 面包，含维生素 B_2 的饮料等。酵母中富含维生素 B_2，有明显症状的中小学生可以多吃些酵母片或每日 5～

10 毫克的维生素 B_2 药片。

4. 维生素 B_6　是促进蛋白质代谢(氨基酸代谢)的主要功臣,它也是属于控制生命活动中心的主要角色。由于维生素 B_6 的作用,使得皮肤、毛发、牙齿等牙釉质能有效地被制造出来,且得以维持健康的身体。维生素 B_6 还有另一种功能,即维护免疫功能的正常作用。当异物进入人体时,避免免疫系统反应过度所引起的过敏症。除此之外,维生素 B_6 还有帮助激素合成、核酸合成、不饱和脂肪酸代谢、糖类代谢、神经传递物质的生成等作用。维生素 B_6 多蕴含在鱼类当中,豆类、糙米、肝等也含有丰富的维生素 B_6。

5. 维生素 B_{12}　是制造红细胞时不可或缺的维生素。它与叶酸通力合作,制造出正常的红细胞。另外,它与制造出细胞膜的磷脂质与核酸的合成作用有密切的关系。特别是神经细胞比其他细胞还需要更多的维生素 B_{12},维生素 B_{12} 愈多愈能维持神经系统的健康。它也有提高注意力、记忆力及安定神经的作用。维生素 B_{12} 多蕴含在动物的肝及鱼贝类的食品中,皆有丰富的维生素 B_{12}。但是,植物性的食品中几乎没有蕴含维生素 B_{12},食素者若经常摄取不足,将有产生缺乏的危险。

6. 烟酸　是脱氢酶的辅酶,缺乏时会使糖类的代谢受阻,大脑神经细胞得不到足够的能量,从而影响神经功能,出现头晕、头痛、失眠、记忆减退、抑郁、焦虑不安等症状。花生仁和动物性食品中的烟酸含量较丰富。成人每天需要供给烟酸 5 毫克,儿童为 6 毫克。

烟酸缺乏时可患癞皮病,最早于 8 世纪在意大利、西班牙就发现。烟酸是一种白色结晶,易溶于水,耐热。在

120℃高温下 20 分钟也不被破坏，在碱性溶液中也比较稳定，是体内蛋白质、脂肪、糖类各种代谢中某些辅酶的组成成分。没有烟酸，人体就不能利用糖类、脂肪和蛋白质来产生热能，也无法合成蛋白质和脂肪了，所以是身体不可缺少的。但烟酸和其他维生素不同的是，它可以在身体内由色氨酸转变，大约 60 毫克色氨酸变成 1 毫克的烟酸，所以在防治癞皮病时除增加烟酸摄入外，还应增加色氨酸的摄入。

我国烟酸的供给量标准为维生素 B_1 或维生素 B_2 的 10 倍，一般每 8368 千焦的热能供给 10 毫克。

7. *泛酸*　可帮助糖类、脂肪等转化为热能。同时，由于它与蛋白质的代谢关系密切，因此它也是形成肌肉组织及神经组织时不可或缺的营养素。它也具有调整胆固醇的作用，增加好的胆固醇，帮助脂肪的分解及合成。泛酸有助于肾上腺皮质激素及性激素的合成，因此可强化肾上腺，对压力的忍耐力也可以提高。泛酸同时可与叶酸及维生素 B_6 一同运作，产生抗体，能与感冒及流行性感冒等病原体作战，保护身体的健康。它也兼具减轻毒性及抗生素不良反应的效果。肝、鸡蛋、牛奶、肉类、花生、花椰菜、番薯等食品，富含丰富的泛酸。

8. *生物素*　可以借助肠内细菌作用，在人体内自行合成。但若长期服用抗生素，人体的肠细菌已死亡，就无法透过肠内细菌来合成，这点要特别注意。将生物素与其他种类的 B 族维生素一起摄取，其效果更为显著。生物素会帮助糖类、脂肪、蛋白质等营养素代谢。它也可以将糖类转化为热能，合成出肌肉所需的肝糖原。当脂肪转化成脂肪酸及蛋白质转化成氨基酸合成时，生物素皆扮演重要的角色。除此之外，它与核酸的合成、性激素的合成也有相当密切关系。它同时也还具有预防及治疗白头发等功效。几乎所有的食品皆含有生物素，但以肝的含量最为丰富。由于体内可自行合成生物素，所以大概需要从食物中摄取多少生物素呢？就得依个人的身体状况而定。啤酒中的酵母、蛋黄、大豆、糙米等食品富含丰富的生物素。

9. 叶酸　最重要的功能就是红细胞的形成。红细胞中含有一种可运送血红蛋白的物质，而形成该物质的大功臣就是叶酸及维生素 B_{12}。另外，叶酸也在核酸的合成及细胞分裂的过程中，扮演着相当重要角色。有关蛋白质的代谢、糖及氨基酸的利用等方面，叶酸也是不可或缺的重要营养素之一。动物肝、黄豆粉、菠菜、扁豆、番薯、甘蓝菜、芦笋、香蕉等食品，皆含有丰富的叶酸。

10. 维生素 C　参与氧化还原反应和其他代谢反应，在促进脑细胞结构的坚固、消除细胞结构的松弛与紧缩方面起着重要作用，充足的维生素 C 可改善脑组织对氧的利用率，使大脑功能灵活敏锐。成人每天需要维生素 C 的量为 15 毫克。维生素 C 严重缺乏时，会导致脑细胞活力降低和功能障碍，并使人体抵抗力减弱，骨骼、牙齿易于折断和脱落，引起皮下、黏膜、肌肉出血等坏血病症状。维生素 C 广泛存在于新鲜水果及绿叶蔬菜中，花椰菜、青椒、油菜、菠菜、番薯、西芹、猕猴桃、木瓜、葡萄柚、草莓、橙、柑橘、柿子等新鲜的水果、蔬菜皆蕴含丰富的维生素 C。在蔬菜烹调中，维生素 C 容易受损失，应注意改进烹调方法。食物中的维生素 C 在干燥、久存和磨碎过程中易遭受破坏，所以各种干燥蔬菜中几乎不含维生素 C。干的植物种子发芽时维生素 C 含量会大大增加，故豆芽也是维生素 C 的良好来源。

营养学家认为，应该多吃一些维生素 C 才能维持充沛的精力，增强对疾病的抵抗力。当然也不必过多，过量后在机体内不能储存，从尿中排出。世界各国有关维生素 C 的供给量标准有很大差异。考虑到食物在烹调加工中维生素 C 很容易被破坏，我国的供给量标准约为需要量的 2 倍。这个供给标准是指一般正常人，当发热、外伤、感冒的时候，或者夏天出汗过多的时候，都应该增加维生素 C 的摄入。根据小学生的膳食调查结果，维生素 C 的摄入在 20～40 毫克，夏秋季摄入较多，冬春季较少。从尿中维生素 C 的排出量看，大部分不富余，但严重不足引起齿龈经常出血者很少，有些中小学生有偏食不爱吃蔬菜的习惯，需要很好宣传纠正不良饮食习惯。目前中小学生缺铁性贫血较多，也与维生素 C 摄入较少有关。

预防维生素 C 摄入不足，要加强宣传，在冬春季节蔬菜较少的时候，多吃些黄豆芽、绿豆芽、青豆芽、红萝卜、白萝卜、胡萝卜、心里美萝卜等。在农村山区有些野果含有丰富的维生素 C，如酸枣、猕猴桃、山楂、大枣等，应很好地开发和利用。同时要注意烹调方法，蔬菜在烹调过程中不要在水中浸泡，先洗后切，急火快炒，尽量减少损失。

11. 维生素 D　和骨骼、牙齿的生长有密切关系，能促进钙、磷在肠道中的吸收和在骨骼中的沉积。中小学生若缺少维生素 D，则生长缓慢，骨骼和牙齿钙化不良。正在学走路的儿童如果缺少维生素 D，就会因骨骼不够坚硬，承受不住体重的压力，使两腿弯曲成弓形，俗称罗圈腿。维生素D在体内需经一番变化，才能被人体所活用。摄取进体内的维生素D，首先会被贮存在肝，以及接下来在肾转化为活性的维生素D，以调节钙质。沙丁鱼、秋刀鱼、青花鱼等青色的鱼，富含较多的维生素D。另外，炸番薯片、香菇、鲣鱼片也是摄取维生素D时很好的选择。

维生素D的来源有两条途径：一是来源于食物，植物性食物维生素D含量很少，几乎没有；动物性食物，如鸡蛋、黄油、牛奶、鱼肝油含有维生素D，但含量也不多，受饲料的影响很大。一般靠食物摄入是很难满足需要的。二是来源于自身制造，人和许多动物的皮肤中都含有7-脱氢胆固醇，经阳光紫外线照射后就可变成维生素D_3，通过这种途径得到的维生素D的数量，主要取决于紫外线照射时间的长短，紫外线不能穿透雾、烟、云、普通窗玻璃、窗帘、衣服，所有这些都会减少维生素D的生成量，一般中小学生经常接触阳光，在正常膳食条件下不会发生维生素D缺乏。冬天，天气寒冷，孩子多在室内活动，阳光照射的时间短，所以容易维生素D不足，有些国家为了预防维生素D不足，定期给孩子们照射紫外线。

我国制定的维生素D供给量标准，16岁以下为10微克，16－17岁为5微克。但是由于维生素D有两种来源，且目前食物成分表中并无维生素D含量，故一般膳食计算不考虑维生素D。为防止维生素D不足，我国某些城市，生产了强化维生素A和维生素D的牛奶，经实验观察，对预防佝偻病有效。预防维生素D不足也可服鱼肝油制剂，应注意不可过量，过量可中毒。

12. 维生素 E　具有极强的抗氧化能力，可防止脑内产生过氧化脂肪，防止头脑和身体活力衰减。维生素 E 在食物中分布甚广，来源充足，通常膳食条件不易造成缺乏。维生素 E 的主要功能可大致分成抗氧化作用、改善血液循环及改善激素的分泌状况三种。抗氧化作用是指防止体内过氧化脂肪的形成，以及保护细胞等作用。第三个作用是提高黄体激素及男性激素的分泌，以提高生殖力、治疗不孕症。同时，维生素 E 对更年期所引发的种种障碍也有改善的功效。由于维生素 E 具有以上几种功能，因此它可以用来治疗下列疾病，如动脉硬化、心脏疾病、脑卒中、肝疾病、慢性肾炎、糖尿病、胆结石、更年期障碍、哮喘、关节痛、老年痴呆症等。杏仁、小麦胚芽、榛子、向日葵子、鳝鱼、花生、南瓜、大豆油等，皆富含大量的维生素 E。若要单从油脂类中摄取到足量的维生素 E 是不可能的。因为，为了防止油脂类中的不饱和脂肪酸被氧化，维生素 E 就会消耗殆尽，根本无法在体内充分发挥其功能。

13. 维生素 K　可保持血液的凝固作用正常运作。这里所指的“凝固作用”，不单只是流血时血液的凝固及止血作用，而是同时兼具“不让血液凝固”的双面功能。除此之外，维生素 K 也可在造骨时，发挥让钙质沉着且顺利运作的功能。其实，高钙质的主要维生素是维生素 D，但如果没有维生素 K 的辅助，骨骼中的成分不会结实，所造出来的骨骼将会很脆弱。维生素 K 蕴含在黄绿色蔬菜及发酵类食品中。菠菜、番茄、甘蓝菜、青葱、花椰菜、马铃薯、优酪（乳酸菌制品）、牛肝、牛瘦肉等食品，都含有丰富的维生素 K。

儿歌

维生素是养生素，
两类都要很关注。
脂溶素要防缺乏，
水溶素可饮食补。
机体需要分年龄，
功能用量要记住。

十一、膳食纤维的利与弊

三字经

纤维素，保命素。
促运动，排废物。
消病症，功绩著。

尽管膳食纤维不像蛋白质、脂肪、糖类那样为身体提供结构物质和能量，也不像矿物质、维生素、水那样参与人体的合成与代谢，但它仍有着极为重要的作用，它保障着人体消化系统的正常运转，并进而保持着身体的健康和正常功能。从化学成分上说，膳食纤维也是糖类，但它与同是糖类的粮食类淀粉不同，即它们不能被淀粉酶水解，也不能被其他消化酶降解，由于它们在人体肠道内停留的时间很短，因而也几乎不能被肠道内的细菌分解，即纤维素在人体内是不被消化吸收的。虽然如此，膳食纤维在体内仍起着下述几方面的重要作用，是不可缺少的，也是不可以替代的。

1. 膳食纤维主要营养功能

（1）膳食纤维可通过延长口腔咀嚼，增强了牙齿的咀嚼功能，从而促进牙齿发育健全，减缓成人牙齿功能退化。

（2）膳食纤维可以增加口腔咀嚼食物的时间，从而促进肠道消化酶分泌，有利于食物的消化。

（3）促进结肠功能，预防结肠癌。结肠癌是由于某种刺激或毒物如亚硝胺及酚、氨等作用而引起的。这些有毒物质在结肠内停留时间过长，就会对肠壁发生毒害作用。膳食纤维以其较强的吸水性，增大了粪便的体积，并能缩短粪便在结肠中的停留时间。粪便体积大还能稀释毒物，降低致癌因子的浓度，从而有助于预防结肠癌。

（4）膳食纤维以其吸水性强，使粪便体积增大，同时使粪便软化。因而可以防治习惯性便秘以及相应的一些疾病。由此说明，膳食纤维可以说是一位名副其实的肠道内“清洁工”。

（5）大部分胆石是由于胆汁内胆固醇量过多所致，而膳食纤维能增加肠道中胆固醇的排泄，降低胆汁和血清胆固醇的浓度。从而使胆石症的患病率随之减少。

（6）现代医学研究表明，在膳食纤维摄入量较多的人群，乳腺癌的发病率显著减少。

（7）糖尿病是一常见的内分泌代谢病，由体内胰岛素相对或绝对不足所致。膳食纤维在维持血糖平衡方面起很重要作用，增加食物中纤维的含量可有效降低餐后积压糖的浓度。

（8）纤维膳食可增加胃内容物容积使其产生饱腹感，以控制蛋白质、脂肪、糖类三大产热营养素的摄入量，从而起到控制体重，防止肥胖的作用。

2. 富含膳食纤维的蔬菜　芹菜、韭菜、卷心菜、南瓜、莴苣、生菜、嫩丝瓜、葱、豆角、小白菜、大白菜、藕、海带、裙带菜、柑橘、柿子、柿饼、桃、杏、菠萝、甘薯、凉薯、芋头等，以及一些野菜。

儿歌

膳食纤维保命素，
促动排废相兼顾。
能消现代富贵病，
坚持运用功绩著。
芹韭南瓜豆角藕，
薯类芋头上餐桌。

十二、营养与第二性征发育

三字经

乳房显，长喉结。
加营养，如赶集。
要适应，重调理。

儿童第二性征的发育是青春发育的重要标志，也是出生后生长发育速度最快的高峰期。在该时期的营养状况，将直接影响到最终所达到的生长发育水平。第二性征发育是指除生殖器官外所有征象的出现，男孩主要表现在阴毛、腋毛、胡须及喉结的出现，与此同时，身材变得魁梧起来，表现为肩宽胸阔、四肢粗壮，逐渐成长为堂堂的男子汉；女孩主要表现在乳房、阴毛、腋毛及月经初潮的出现，与此同时，身材变得胸部丰满、臀部变圆、腰部相对较细的女性特有体型。在有的男女学生的脸上，还会出现一些小疙瘩，俗称为粉刺、青春蕾、青春痘，医学上称为“痤疮”。在这第二性征发育的特殊时期，增加相应营养素供给量至关重要。例如，女孩的第二性征发育与脂肪有一定关系，体内脂肪量达到一定程度才开始出现月经初潮。而身体消瘦严重者月经便姗姗来迟，或者会出现原发性闭经和继发性闭经。然而，有些女孩子不爱吃肥肉、油腻食品，造成体内脂肪欠缺，使身体显得消瘦，乳房发育比较小巧玲珑而平坦。有的女孩为了追求身材“苗条”而过分节制饮食，造成不少营养素缺乏或者因患慢性疾病消耗较大，体质虚弱。这些都能引起乳房发育不良，或者月经不正常现象。第二性征发育期也是生长发育速度的突增高峰，也就是人们常说“抽条期”。由于快速的生长发育，出现了旺盛的新陈代谢，体内消化吸收营养过程中的同化作用远远超过异化作用，因而在该特殊时期，必须增加蛋白质、钙、铁、锌、维生素 A、B 族等营养素的供给量，以确保第二性征发育及其生长发育速度的正常良好发展。

儿歌

发育呈现第二性，

乳房增大长喉结。

家长学生都关爱，
加强营养如赶集。
自然天成要适应，
日常饮食重调理。

十三、营养与智力发展

三字经

少儿期，补磷脂。
核桃豆，大有益。
重营养，可增智。

在儿童少年的生长发育时期，不仅是形态、功能、素质迅速发展阶段，也是智力发展的重要阶段，而且是一生中学习文化知识的最佳时期。此时期大脑所需的养料也特别多。科学家曾对营养与大脑功能的关系进行了系统研究，发现人的思维、记忆、情绪，甚至疼痛的感觉都受到营养的影响。当眨眼或搜索记忆时，某些大脑神经元产生并释放神经递质，将信号传给其他神经元。大脑产生某种神经递质的能力，却依赖于在血液中循环的各种营养物质。在大脑的智力发展的所需要的七大营养素中，特别需要的是蛋白质、脂肪、维生素等。人的脑细胞约有 140 亿个之多，它们能迅速有效地收集贮存和处理各种信息。但每天也有几万个细胞死亡，代以新的细胞则需要蛋白质的构成。所以增加蛋白质的质与量，脑细胞的活力就能得到明显的提高。

脂肪中含有的磷脂胆固醇，它们是脑细胞的主要成分。磷脂可分为脑磷脂和卵磷脂；卵磷脂在体内释放乙酰胆碱，能使大脑具有灵敏的反应，并增强记忆力。在蛋黄、鱼卵、芝麻、核桃、大豆、动物脑髓等食物中含有丰富的卵磷脂、胆固醇，是大脑思维记忆必需的物质。因而，对于处在智力发展时期的儿童青少年务必供给一定量的磷脂胆固醇。维生素在促进智力发展过程中，维生素 B_1 可以促进糖类的代谢，通过糖的代谢作用影响大脑能量的需要；维生素C可以提高智商水平；维生素A能促进脑组织发育；维生素E能防止脑细胞活力衰退和功能的障碍。营养与智力发展的关系是非常密切的，但不等于重视了补脑食物营养的丰富供给，智力就一定好。营养不过是开发智力的重要物质条件，还需要自己的不懈努力，勤奋学习并科学用脑，才能促进大脑智力更好地发展。

少儿时期补磷脂，
可以增强记忆力。
蛋黄鱼卵适量食，
核桃芝麻很有益。
经常饮食豆制品，
智能发育也满意。

十四、营养与心理发育

三字经

少儿时，调心理。

增营养，解难题。

能进步，莫自弃。

儿童青少年良好的生长发育水平，应包括良好的身体发育和心理发育两方面。这两者密切相关又将相互影响。许多客观环境会对学生心理产生影响，其中营养素也是直接或间接地影响着学生的心理发育，不良的心理发育又将影响正常的生长发育水平发挥。对于每个儿童青少年都希望自己健康，男的长得魁梧，女的长得丰满并有曲线美。但在现实生活中，确实有的学生的体型特肥或特瘦，个子特高或特矮。这些外观形态往往成为同学们取笑的话题，从而给心理发育带来一些连锁性影响。而高矮胖瘦除了遗传、疾病等因素外，抑或大多与营养有关。在现实生活中，虽然“营养”一词日益被人们广泛了解和重视，但一些宣传误导影响着学生的饮食行为，使有的学生一提到动物性蛋白质，自然就想到肉，想到脂肪，并由脂肪又联想到可怕的肥胖，进而又联想到脂肪中的胆固醇将会引起高血压、冠心病等心血管疾病。以致见肉就怕，并由讨厌吃肉逐渐发展为吃肉就恶心，甚至忌食肉类食物。对于这些学生，一旦正确对待吃肉，并每天吃足够的肉，同时纠正一些挑食偏食的习惯，其体型很可能由被取笑对象转变为被羡慕对象。另一方面，有些儿童青少年发育迟缓，在同班同学中身高“低人一头”，使在平时与同学接触又感觉“低人一等”，常被人讥笑发育差劲。其实，迟发育的人，如果掌握了自己生长发育突增的高峰出现时期，并在这个特殊时机加强膳食营养，往往于将来发育后会比其他同学更高大魁梧，或是更为挺拔丰满又苗条健美。

儿歌

少儿时期调心理，
发育迟缓不着急。
形体肥瘦想办法，
巧配膳食解难题。
纵使遗传有影响，
追求进步莫自弃。

十五、营养与身体素质提高

三字经

好素质，从小练。
配膳食，不挑拣。
定目标，优美健。

身体素质是指人体各器官系统的功能，通过肌肉活动所表现出来的基本活动能力，主要包括力量、速度、耐力、灵敏度和柔韧性等。身体素质的优劣，虽然与遗传因素和体育锻炼有关，但与营养基础的关系十分密切。

为了摸清学生体质现状，探讨学生身体素质的特点和某些变化规律，我国每间隔 5 年开展一次学生身体素质的抽样调查。调查项目一般为 50 米跑、立定跳远、男生斜身引体和引体向上、女生仰卧起坐和立位体前屈等。这些测试项目基本上反映出学生的速度、弹跳力、力量、柔韧性和耐久力等素质水平。从历次测试结果来看，我国学生的身体素质不容乐观。除立定跳远外，各项指标不如加拿大同年龄学生。用日本的四项素质指标测试我国 10—22 岁学生，结果为我国学生的身体素质水平低于日本学生。专家分析认为，这是由于日本 50 年代以来普及学校营养午餐的结果。对于我国 14—18 岁女生的素质水平基本上处于停滞状态，这显然与她们的生理特点及受旧观念束缚使运动量减少有关。

随着生活水平提高和饮食品种丰富的同时，由于某些饮食宣传误导，女生中出现不爱吃肥肉，正餐节食，却平时爱吃刺激性零食等，以致饮食中营养不全面或供给量长期不足，从而导致女生身体素质水平的提高幅度明显低于男生。这种现象在个别男生中也有“苗头”。随着我国教育事业的不断发展，学生营养工作已被纳入我国学校贯彻教育的重要内容，正在全国城乡各地有计划地开展学校营养午餐的试点推广工作。

儿歌

良好素质从小练，
配餐膳食不挑拣。
锁定目标优美健，
活动关节苦锻炼。
世上虽说有难事，
丰硕成果蜜样甜。

十六、营养与身体免疫力

三字经

加锌硒，重营养。
维生素，有模样。
免疫力，可增强。

身体免疫力就是机体对外界各种传染病的抵抗力。如果机体具有很强的免疫抗体，就能抵挡各种入侵的致病菌，人体就不会发生某些传染病。营养是机体中的许多免疫物质产生的重要基础，如血清免疫球蛋 IgG、IgA、IgM 免疫抗体的重要物质基础是蛋白质、热能等。免疫抗体 IgG 的主要功能是促进吞噬细胞吞噬入侵的致病细菌，IgA 能防止病原菌侵入机体，IgM 可增强吞噬细胞的吞噬作用等。研究表明，患蛋白质热能缺乏症的儿童，对抗伤寒沙门菌的抗体水平比健康儿童显著要低。维生素、微量元素缺乏也可降低免疫水平，如维生素 C 缺乏时可使吞噬细胞的行动迟缓和杀菌能力下降；维生素 E 缺乏时还可引起体内抗体合成降低；微量元素锌缺乏会伴有免疫器官的淋巴组织萎缩，皮肤超敏反应力下降，胸腺激素活性减低。同时，锌缺乏也可引起吞噬细胞的猎取和吞噬作用的下降。铁缺乏对破伤风类毒素、单纯性疱疹毒等的抗击反应力减弱。某些营养素摄入略多能增强免疫抗体的功能，能做出战胜对某些致病菌的敏捷反应，如胡萝卜素、维生素 A、维生素 E、锌、硒等。但如果摄入量过多，反而会降低免疫反应。如过量锌改变血清中结合细胞的LDL，降低其他营养素的浓度等。因而，每个学生都要根据自己的生活、生理需要及生长发育的特殊需要，做到每日适量、均匀、全面的平衡膳食是非常重要的。

儿歌

胡萝卜要经常吃，
膳食补充有帮助。
维A维E反应快，
维C强化杀菌力。
营养调理加锌硒，
可以增强免疫力。

第 3 章

食物营养知识

三字经

饮食物，十门类。
有营养，价值大。
讲科学，众人夸。

儿歌

饮食物有十门类，
谷畜鱼蔬排前位。
营养广泛价值大，
科学讲解众人夸。
中小学生要牢记，
健康成长不离它。

一、谷类食物的营养特点

三字经

谷麦粟，是主食。

按需给，供能量。

混杂吃，有营养。

谷类是我国居民的主食，包括细粮与粗粮，粗粮是相对我们平时吃的精米、白面等细粮而言的，主要包括谷类中的玉米、小米、紫米、高粱、燕麦、荞麦、麦麸及各种杂豆，如芸豆、赤小豆、绿豆等。谷类是蛋白质和能量的主要来源，也是一些矿物质和B族维生素的重要来源。我国居民摄取的50%～70%的蛋白质、60%～70%的能量来源于粮谷类。

1. *蛋白质*　谷类蛋白质含量，稻米约为8%，小麦约为10%。稻米中的蛋白质数量不多，但质量较好。

2. *脂肪*　谷类脂肪含量很少，约占总重量的2%，主要是三酰甘油和少量的植物固醇和卵磷脂。玉米和小麦胚芽所提取的脂肪，80%为不饱和脂肪酸，其中60%是人体必需的亚油酸。

3. *糖类*　粮谷糖类主要为淀粉，含量为70%左右，其他为糊精、戊聚糖、葡萄糖和果糖等。谷类淀粉利用率在90%以上，是供给能量最经济的来源。

4. *矿物质*　粮谷类矿物质含量为1.5%～3.0%，主要在谷皮及糊粉层中，其中50%～60%为磷，且多以钙镁盐的形式存在。

谷类食品所含的营养素主要是糖类，其次是蛋白质，谷类中脂肪含量一般都不高，约2%。谷类含矿物质1.5%～5.5%，以谷皮和糊粉层含量最多，其中约一半为磷。谷类中的钙含量并不高。谷类还是我国居民膳食中维生素的重要来源，如泛酸、烟酸、维生素 B_1 和维生素 B_2 等。在小米和黄玉米中,还含有少量胡萝卜素和维生素 E。

由于谷类食品是我国居民多种营养物质的主要来源,因此膳食中谷类食品不可缺。这一点对于处于生长发育阶段的少年儿童来说尤为重要。由于谷类是我国人民传统主食,目前仍是我国居民膳食中热能和蛋白质的主要来源,有60%~70%的热能和 60%的蛋白质来自谷类,在谷类蛋白质必需氨基酸含量中,赖氨酸的含量较低,尤其是小米和小麦中赖氨酸最少。马铃薯中赖氨酸很丰富。玉米中缺乏赖氨酸和色氨酸,而小米和马铃薯中色氨酸较多。因此,把多种粮食混合食用,可以起到蛋白质的互补作用,能提高谷类蛋白质的营养价值。谷类食品还是膳食中 B 族维生素的重要来源。但精制大米和面粉,由于谷胚和麸皮被碾磨掉,使维生素和矿物质的含量明显减少,因此大米、白面不是越精细越好。其实正相反,尤其是面粉,加工得越白去掉的谷胚和麸皮越多,营养素损失的也越多。损失掉的谷胚和麸皮还使面粉中的纤维素大量地减少,使得面粉制品的血糖指数升高,对维持正常血糖有不利的影响。有些小的面粉加工厂为了使加工的面粉显得更白,不是多磨几次面而是往面粉中添加过量的增白剂,这还增加了不安全因素。为了提高谷类食物的营养价值,应多种粮食混合食用。

食用谷类食品应注意两点:①为了提高膳食中谷类的营养价值,可以采取多种粮食混合食用,如谷类与豆类和薯类混合食用。②为了减少谷类 B 族维生素和矿物质的丢失,粮食碾磨和加工不可过度精细。大家也不要认为面粉制品越白越好。标准粉中维生素 B_1 的含量是富强粉中的 2.5 倍,维生素 B_2 是 3.5 倍,膳食纤维是 1.5 倍,维生素 E

是 5.6 倍，磷和锌是 2 倍。

儿歌

谷麦粟薯是主食，
按需摄取供能量。
膳食餐饮混杂吃，
综合搭配有营养。
主粮选食勿过精，
快乐成长少生病。

二、豆类食物的营养价值

三字经

各类豆，价值大。
高蛋白，堪比肉。
伴一生，经常吃。

豆类包括大豆、蚕豆、豇豆、绿豆、赤小豆、豌豆等。按照豆类中营养成分含量可将豆类分为两大类：一类是大豆（又分为黄豆、黑豆和青豆等），含有较高的蛋白质（35%～40%）和脂肪（15%～20%），糖类相对较少（20%～30%）；另一类是除大豆以外的其他豆类，含有较高的糖类（55%～65%），中等含量的蛋白质（20%～30%），少量的脂肪（低于5%）。所有豆类蛋白质的氨基酸组成都较好，其中大豆为最好，氨基酸组成接近人体需要且富含谷类中较为缺乏的赖氨酸。与谷类相比，豆类的种子都含有高得多的蛋白质和脂肪。大豆是植物性食物中唯一能与动物性食物相媲美的高蛋白、高脂肪、高热能的食物。

许多人都知道鸡、鸭、鱼、肉营养丰富，往往忽略了豆类食品。其实，豆类虽然是一种植物食品，但它们的蛋白质所含的必需氨基酸在数量和相互比例上都接近于动物蛋白。豆类含有丰富的蛋白质，含量高达35%～40%，其中大豆蛋白是最好的植物性优质蛋白质，不仅如此，大豆还含有丰富的钙、磷、铁及B族维生素。由于大豆及其制品有如此多的优点，故此赢得了“植物肉”之美称。大豆蛋白质是最好的植物性优质蛋白质，经常吃豆类食品既可改善膳食的营养素供给，又可避免吃肉类过多带来的影响。因为豆类食品在蛋白质含量丰富的同时，胆固醇含量却远远低于鱼、肉、蛋、奶。并且豆类食品中含有丰富的亚油酸和磷脂，能促进儿童的神经发育。亚油酸还具有降低血中胆固醇的作用，所以是预防高血压、冠心病、动脉硬化等的良好食品。经常吃豆类食品，既可改善膳食的营养素供给，又可避免吃肉类过多带来的影响。

大豆等豆类食物与其他食物相比，在营养上具有下列的特点。

1. 蛋白质含量高　大豆是植物体的繁殖器官，在生长过程中积累了大量高分子营养物质。因此，含有大量的蛋白质，大豆的蛋白质含量一般在40%左右，个别品种甚至高达52%。与肉类食物相比，1千克大豆所含蛋白质的数量(按40%含量计)相当于2.3千克猪瘦肉或2千克牛肉所含的蛋白质。大豆在营养上的这一特点使之在膳食结构中具有重要的意义。

2. *蛋白质的营养价值较高*　蛋白质营养价值的高低，取决于氨基酸组成符合人体需要的程度。大豆蛋白质中8种必需氨基酸的组成十分符合人体的需要，因此是一种优良的植物性蛋白，特别是含有丰富的赖氨酸，其含量比谷类粮食高10倍；所含的苏氨酸比谷类高5倍左右。而赖氨酸是所有谷类的第一限制氨基酸，因此如果把大豆制品与其他粮食混合食用，不仅可以弥补谷类食物蛋白质的含量不足，而且由于补充了其他谷类食物所不足的氨基酸，从而使混合食物蛋白质的营养价值有了明显的提高。如果在小麦粉中添加15%的大豆粉，人体对小麦粉蛋白质的利用率将提高1.8倍，因此大豆是谷类理想的互补食物。其他豆类食物，如绿豆、赤小豆、豌豆、蚕豆等，其蛋白质的含量也明显高于谷类食物，赖氨酸的含量也比较丰富，所以它们也是谷类的良好互补食物。

3. *矿物质与维生素的含量丰富*　大豆和其他豆类还含有丰富的钙、磷、铁、锌等矿物质元素，B族维生素的含量都明显高于大米、面粉和玉米粉等谷类食物。有的高出几倍甚至几十倍。豌豆中维生素B_1的含量居各种粮食之冠。大豆和其他豆类虽不含有维生素C，但用大豆或绿豆做成的豆芽，如果生产得法，其维生素C的含量可达20毫克/100克。因此，豆芽还是维生素C的良好来源。故经常食用豆制品可补充人体所必需的矿物质和维生素，促进新陈代谢，增进食欲，提高健康水平。

4. *糖类含量较低*　与谷类食物相比，大豆糖类的含量要低得多，仅为25%～30%，而且其中约有一半是人体不能消化吸收的棉子糖和水苏糖，所以豆制品是糖尿病患者的优良食物。其他豆类糖类的含量比大豆高得多，为50%～60%，赤小豆更高些，用赤小豆和大米（或小米）一起焖饭、煮粥，不仅使饭或粥的营养更加全面，而且会增加芳香扑鼻的赤小豆香味，增进人们的食欲。赤小豆蒸煮后呈粉沙性、很适合做豆沙；可用来加工各种糕点食物。

5. 其他　大豆中还含有丰富的大豆卵磷脂、天门冬氨酸、谷氨酸、胆碱、豆固醇等成分，这些物质有益于人体的健康，对于促进生长发育、增强记忆力、维护正常肝功能、防止动脉硬化和保持旺盛的青春活力都具有良好的作用。我国古代医书《延年秘录》就认为"服食大豆，令人长肌肤、益颜色、填骨髓、加气力、补虚能"。目前世界上许多国家都把大豆制品视为健康食物或美容食物。新的居民膳食指南强调，每天应吃50克大豆或豆制品，相当于2杯豆浆，或100～200克豆腐。

家长可以选择以下方法为中小学生制作豆类食品：①黄豆可以烹调成酱黄豆、油炸黄豆等。为便于儿童消化吸收，还可将干黄豆加工制成豆粉、豆干、豆腐、豆浆等豆制品，根据儿童年龄选择食用。②黄豆蛋白质内赖氨酸较多，蛋氨酸却较少。食用黄豆制品时应注意与含蛋氨酸丰富的食品搭配使用，如米、面等粮谷类和鸡蛋、鸭蛋、鸽蛋、鹌鹑蛋等蛋类食品，可以提高黄豆蛋白质的利用率。③干黄豆内虽不含维生素C，但发芽后的豆芽能产生维生素C，在蔬菜淡季，可补充食用。④生黄豆中含有抗胰蛋白酶因子，影响人体对黄豆内营养成分的吸收。所以在食用黄豆及黄豆制食品时，烧煮时间应长于一般食品，用高温来破坏这些因子，以提高黄豆蛋白质的营养价值。

儿歌

各种豆类有营养，
黄豆誉称植物肉。
大豆富含卵磷脂，
伴您一生经常吃。
绿豆豌豆赤小豆，
解毒祛湿功能强。

三、坚果类食物的营养成分

三字经

坚果类，都爱吃。
调血脂，可益智。
促健康，有价值。

坚果一般分两类：一是树坚果，包括杏仁、腰果、榛子、核桃、松子、板栗、白果（银杏）、开心果、夏威夷果等；二是种子，包括花生、葵花子、南瓜子、西瓜子等。坚果中分别含有蛋白质 36.0％、脂肪 58.8％、糖类 72.6％，还含有维生素（维生素 B、维生素 E 等）、微量元素（磷、钙、锌、铁）、膳食纤维等。另外，其中还含有单、多不饱和脂肪酸，包括亚麻酸、亚油酸等人体的必需脂肪酸。坚果对人体健康的好处主要表现在以下方面。

1. 清除自由基　研究表明，一些坚果类食物（如葵花子）具有较强的清除自由基的能力，其作用可与草莓、菠菜清除自由基的能力相比。

2. 降低女性发生2型糖尿病的危险　美国哈佛大学公共卫生学院营养系的研究人员发现，坚果中富含不饱和脂肪及其他营养物，这些营养物质均有助于改善血糖和胰岛素的平衡。

3. 降低心脏性猝死率　由于坚果中的某些成分具有抗心律失常的作用，因而，在控制了已知的心脏危险因素并做到合理饮食后，吃坚果与降低心源性猝死明显相关。与很少或从不吃坚果的人相比，每周吃2次或2次以上坚果者，发生心源性猝死和因冠心病死亡的危险性均较低。

4. 调节血脂　以85名高脂血症患者为受试者，每天予其食用75克美国大杏仁，连续食用4周，对其血脂进行观察。结果表明，受试者在食用大杏仁后血清总胆固醇和载脂蛋白B明显下降，载脂蛋白A_1明显升高。说明富含单不饱和脂肪酸的美国大杏仁对高脂血症患者的血脂和载脂蛋白水平有良好的调节作用。

5. 提高视力　研究发现，咀嚼强度对提高视力起着一定的作用，多吃坚果可以提高视力。现代人的食物日趋软化，进食时咀嚼很少或根本不需要咀嚼，致使面部肌肉力量变弱，睫状肌对眼球晶体调节功能降低，视力也就容易随之下降。

6. 补脑益智　坚果类食物中含有大量的不饱和脂肪酸，还含有15％～20％的优质蛋白质和十几种重要的氨基酸，这些氨基酸都是构成脑神经细胞的主要成分。坚果中对大脑神经细胞有益的维生素 B_1、维生素 B_2、维生素 B_6、维生素 E 及钙、磷、铁、锌等的含量也较高。

儿歌

坚果食物种类多,
中小学生都爱吃。
清除异物调血脂,
补脑益智又增视。
强心抑糖促健康,
适量嚼食有价值。

四、蔬菜是人们每日必需的副食品

三字经

蔬菜群,副食品。
每日吃,保安宁。
深色菜,赛黄金。

1. 绿色　日常生活中食绿色蔬菜最多。以绿色为主的蔬菜有菠菜、青菜、荠菜、芥菜、甜菜、蕹菜、韭花、葱和蒜苗等。绿色菜给人以明媚、鲜活之感。这种食品对高血压及失眠者有一定的镇静作用,同时有益肝作用。此外,绿色蔬菜中含有酒石黄酸,能阻止糖类转化成脂肪,肥胖者不妨多吃些绿色蔬菜。

2. 黄色　以黄色为主的蔬菜有金针菜、韭黄、胡萝卜、南瓜、金瓜等。它们给人以清香、脆嫩的感觉，使人备觉清新、味甜，可调节胃肠消化功能。黄色蔬菜富含维生素E，不仅可减少皮肤色斑，延缓皮肤衰老，而且对肝、胰有益。

3. 红色　以红色为主的蔬菜有西红柿、红辣椒、红心甜薯等。它给人以醒目、兴奋的感觉，能提高人们的食欲和刺激神经系统的兴奋性。红色蔬菜中还含有抗感冒因子，能增强人体对感冒的抵抗力，对心脏和小肠有助。

4. 紫色　以紫色为主的蔬菜有紫茄子、紫苏、豇豆、紫豆等。这类蔬菜富含烟酸，其胡萝卜素和矿物质含量少于绿色蔬菜，但多于白色蔬菜。紫色蔬菜食之味道浓郁、能调节神经、使人心情愉快，并对防治高血压、咯血、紫斑病有益。

5. 白色　以白色为主的蔬菜，有茭白、莲藕、竹笋、冬瓜、平菇、花菜、圆白菜、马铃薯和白萝卜等，它们给人以质洁、清凉、鲜嫩的感觉，对调节视觉平衡和安定情绪有一定作用，同时有益于防治高血压和心脏疾病。白色蔬菜的主要成分和糖分、胡萝卜素含量比不上深色蔬菜。

6. 黑色　以黑色为主的蔬菜有发菜、豆豉、乌豆、海带、黑木耳、黑芝麻等。含有17种氨基酸、14种人体必需的微量元素及各类维生素。黑色蔬菜给人以质朴、味浓的食感和强壮感，能刺激人的内分泌系统，促进唾液的分泌，有益胃肠的消化和增强造血功能。

《中国居民膳食指南(2022)》强调每天要吃50%以上的深色蔬菜。不过食用蔬菜也不能光看颜色吃单一品种，因不同的蔬菜含维生素各有侧重，不可能一种蔬菜含有全部10多种维生素。即使不同颜色的同一品种，其营养成分也有差异。因此，日常生活中必须同时食用多种不同颜色的蔬菜，才能起到取长补短、互通有无的作用。美国农业部向国民建议，每天要食用 4 份蔬菜、水果，其中 1 份为绿色叶菜，至少隔天吃 1 份黄褐色蔬菜或水果。这样才能“广吃兼收”，得到均衡的营养。

在蔬菜的世界中，也有一个营养的金字塔。营养的种类，营养成分含量的多少，决定了各种蔬菜在金字塔中的地位。金字塔的顶层也就是我们常常说的甲级蔬菜，它们富含胡萝卜素、维生素 B_2、维生素 C、钙、纤维等，营养价值颇高，像小白菜、菠菜、芥菜、苋菜、韭菜、雪里蕻等，都是这一层的“居民”。

金字塔的第二层，也就是我们说的乙类蔬菜，它们的营养成分仅次于甲类，通常又分为三个联盟：第一联盟核黄素家族，所有新鲜的豆类及豆芽都是这个家族的成员；第二联盟则是胡萝卜素、维生素等，包括胡萝卜、芹菜、大葱、青蒜、番茄、辣椒、红薯等；第三联盟就是维生素 C 之家，大白菜、圆白菜、菜花等都是这个家族的忠实成员。

金字塔第三层虽然维生素的含量较少，但热能颇高，洋芋、山药、芋头、南瓜等都是第三层的丙类蔬菜。

像冬瓜、竹笋、茄子、茭白等，因为只含有少量的维生素 C，营养价值较低，所以只能以丁类蔬菜的身份居于蔬菜金字塔的底层了。

儿歌

蔬菜群英副食品，
每日吃它保安宁。
深色菜肴营养好，

红黄紫黑赛黄金。
青菜萝卜做伴郎，
精神抖擞很健康。

五、水果营养价值高

三字经

水果妙，营养高。
增食欲，促利尿。
能生吃，效更好。

水果为人们喜欢食用的食品，具有增强食欲、促进消化、利尿等作用。水果中含维生素C较多，鲜枣中含维生素C最多，其次为山楂、柠檬、蜜柑、广柑、橘子、柚子，鲜龙眼中含维生素C也很丰富。此外，水果中还含适量维生素D、胡萝卜素等。红、黄色水果中含胡萝卜素较多，如杏、柿等。水果中含糖量一般在5%～23%，仁果类以果糖为主；核果类以蔗糖为主；浆果类则主要为葡萄糖及果糖。尤其是甜水果中含糖量较高，有利于肝病患者食用。水果中含有一定量的有机酸，如苹果酸、枸橼酸等，能刺激胃液，促进消化。酸味水果中含有机酸较高，如梅子、杏等，能引起胆管痉挛，所以肝胆疾病患者限食酸味水果。有些水果（如紫葡萄、沙果、杏等）含有铁、铜较多，可促进贫血患者的血红蛋白的再生。有的水果（如苹果）含钾多，有利尿作用，对妊娠水肿有较好作用。水果中还有纤维素，可促进肠蠕动，利于消化。然而，水果中含有蛋白质及脂肪比其他食品相对少。

水果基本上是新鲜生食，仅有一部分经过加工成各种制品。

儿歌

水果营养价值高，
增进食欲促利尿。
常吃葡萄苹果杏，
贫血病症可转好。
山楂鲜枣维C丰，
洗净生吃更有效。

六、畜禽肉是优质蛋白质的主要来源

三字经

青少年，爱畜肉。
养身体，鸡鸭秀。
不过食，体质优。

很多孩子都爱吃肉，甚至没有肉就不吃饭，家长们也知道肉类食品有营养，但具体来说，肉类食品中到底都有哪些营养呢？

肉类分为畜肉和禽肉两种。畜肉包括猪肉、牛肉和羊肉等；禽肉包括鸡肉、鸭肉和鹅肉等。它们能提供人体所需要的蛋白质、脂肪、矿物质和维生素等，肉类营养成分因动物种类、年龄、部位及肥瘦程度有很大差异。蛋白质含量一般为 10%～20%；糖类在肉类中含量很低，平均为 1%～5%；维生素的含量以动物的内脏，尤其是肝为最多，其中不仅含有丰富的 B 族维生素，还含有大量的维生素 A；矿物质总量为 0.6%～1.1%，一般瘦肉中的含量较肥肉多，而内脏器官又较瘦肉中的多。

由于肉类食品能提供人体所需要的蛋白质、脂肪、矿物质和维生素等。所以对于中小学生的生长发育十分重要。

肉、禽类蛋白质的氨基酸组成基本相同，含有人体需要的各种必需氨基酸，并且含量高，其比例也适合于合成人体蛋白质，生物学价值在 80%以上，故称为完全蛋白质或优质蛋白质。但是在氨基酸组成比例上，苯丙氨酸和蛋氨酸偏低，赖氨酸较高，因此宜与含赖氨酸少的谷类食物搭配食用。肉类脂肪的组成以饱和脂肪酸居多，不易为人体消化吸收。猪肉的脂肪含量因牲畜的肥瘦程度及部位不同有较大差异。如猪肥肉脂肪含量达 90%，猪里脊 7.9%，前肘 31.5%，五花肉 35.3%。如果吃大鱼大肉过多，很容易使脂肪摄入量过多，从而对青少年的健康产生不利的影响。

食用肉类食品应注意以下两点：①肉类食品宜和谷类食物搭配食用，也就是说，不能光吃肉，不吃主食，这一点一定要引起家长们的重视。②各种烹调方法对肉类蛋白、脂肪和矿物质的损失影响较小，但对维生素的损失影响较大。从保护维生素的角度，肉类食品宜炒，不宜烧烤、炸、熏。

一天吃 100 克猪肥肉就可使青少年的脂肪摄入量超标。一天吃猪前肘 100 克，炸薯条 100 克就可使中学生的脂肪摄入量超标。

儿歌

学生特爱猪羊肉，
养益身体鸡鸭秀。
富含必需氨基酸，
搭配烹饪促吸收。
品种多样间隔吃，
食不过量体质优。

七、水产品的营养特点

三字经

水产品，极养人。
防中毒，要煮透。
深海鱼，更优厚。

各种鱼类、虾、蟹、蛤蜊、海参、海蜇和海带等水产品，味道非常鲜美，是深受人们欢迎的饮食佳品，但水产品究竟都有哪些营养价值呢？

水产类包括各种海鱼、河鱼和其他各种水产动植物，如虾、蟹、蛤蜊、海参、海蜇和海带等。它们是蛋白质、矿物质和维生素的良好来源，尤其蛋白质含量丰富，如500克大黄鱼中蛋白质含量约等于600克鸡蛋或3500克猪肉中的含量。鱼类蛋白质的利用率高达85%～90%。鱼类的脂肪含量不高，一般在5%以下。鱼类中维生素 B_1 的含量普遍较低，因为鱼

肉中含有维生素 B_1 分解酶，能分解破坏维生素 B_1。维生素 B_2、烟酸、维生素A含量较多，水产植物中还含有较多的胡萝卜素。鱼类中几乎不含维生素C。海产类的矿物质含量比肉类多，主要为钙、磷、钾和碘等，特别是富含碘。

水产品是蛋白质、矿物质和维生素的良好来源，尤其蛋白质含量丰富。

鱼类蛋白质的氨基酸组成与人体组织蛋白质的组成相似，因此生理价值较高，属优质蛋白质。鱼肉的肌纤维比较纤细，组织蛋白质的结构松软，水分含量较多，所以肉质细嫩，易为人体消化吸收，比较适合患者、老年人和儿童食用。另外，鱼类脂肪含量和组成与畜肉明显不同，不仅含量低，而且多为不饱和脂肪酸，因此熔点低，极易为人体消化吸收，消化吸收率可达95%以上；还具有一定的防治动脉粥样硬化和冠心病的作用。

《中国居民膳食指南(2022)》提倡每天吃鱼50克(包括虾类)，每周至少吃2次海鱼。

尽管水产动物营养丰富，但若食之不当，甚至会送命，如河豚。鱼肉和畜肉不同，其所含的水分和蛋白质较多，结缔组织较少，因此较畜肉更容易腐败变质，且速度也快，有些鱼类即使刚刚死亡，体内往往已产生食物中毒的毒素。因此，吃鱼一定要新鲜。有些水产动物易感染肺吸虫和肝吸虫，特别是小河和小溪中的河蟹，常是肺吸虫的中间宿主，如吃时未煮熟，就可能致病。所以在烹调加工时，应注意烧熟煮透。还有一些鱼，主要是青皮红肉鱼，如鲐鱼、金枪鱼等，体内含有较多的组胺，体质过敏者吃后会引起过敏反应，如皮肤潮红、头晕、头痛，有时出现哮喘或荨麻疹等，因此要特别注意。

儿歌

鱼虾海参水产品，
经常摄食极养人。
少数鱼种要慎食，
为防中毒要煮透。
调脂健身都要顾，
深海鱼类更优厚。

八、海藻类食物的功效

三字经

海藻类，入菜肴。
青少年，如获宝。
经常吃，疾病少。

中小学生营养餐规定，每周要给学生吃一些海带、紫菜、木耳菜等菌藻类食物，但许多学生不太爱吃。为什么一定要吃呢？

作为菜肴，我们常吃的海藻类食物有海带、紫菜、裙带菜等。以海带为例，每100克海带中含蛋白质8.2克、糖类5.62克、钙1177毫克、铁150毫克、碘240微克，这些都是大多数陆地蔬菜所不能相比的。海带中还含有相当数量的胡萝卜素、维生素 B_1、维生素 B_2、烟酸等。它几乎不含脂肪，而含大量膳食纤维、褐藻胶质，并含有多种人体必需的微量元素。

海藻类是重要的碱性食品，为了保证人体正常的能量代谢，维持神经和心脏等器官的正常功能，人的体液必须保持为弱碱性（pH 7.4）。健康人的这种调节功能主要是通过肾排尿和肺部呼吸来完成的。含磷、硫、氨多的为酸性食物，鱼、肉、蛋、大米、白面等属于酸性食品；含钙、镁、铁、钾、钠多的为碱性食物。在中小学生每日的膳食组成中，酸性食物的比例越来越多，机体为了调节自身体液的酸碱度，必须动用体内的钙、镁、铁、钾等碱性元素，来中和多余的酸性元素，这就会造成体内碱元素的消耗和减少，从而出现许多身体不适症状，如便秘、易疲劳、骨质疏松等。因此，必须在中小学生的菜谱中增加碱性食物的成分，而海藻类食物，无论从钙、铁等元素的质量，还是菜肴的品位上来看，都是极好的碱性食物原料。

海藻类食品的第二个优点是膳食纤维和碘含量高，可以加速食物通过肠道的时间并增加排便量，特别对因摄取酸性食物过多而引起的便秘，有非常显著的作用。

由于海藻类食物含碘高，可以有效地避免因缺碘而引起的碘缺乏症。因此，在中小学生的食谱中，需要每周吃些海藻类食物。

儿歌

海带紫菜上餐桌，
中小学生如获宝。
食谱添加海藻类，
酸碱调节很重要。

经常食用强体质，
解除困扰疾病少。

九、奶类的营养价值高

三字经

牛羊奶，赛琼浆。
纯天然，真营养。
每天吃，民族强。

奶类主要包括牛奶、羊奶等。奶类营养丰富，含有人体所必需的营养成分，组成比例适宜，而且是容易消化吸收的天然食品。它是婴幼儿主要食物，也是患者、老年人、孕妇、乳母及体弱者的良好营养品。奶类除不含纤维素外，几乎含有人体所需要的各种营养素，如蛋白质、脂肪、糖类（主要是乳糖）、维生素和矿物质等。有些人喝奶后有腹胀、腹痛、肠鸣等不舒服的感觉，这是由于这些人体内消化乳糖的乳糖酶不足或一次喝奶太多引起的。奶类含有人体所必需的营养成分，组成比例适宜，而且是容易消化吸收的天然食品。新膳食指南要求每人每天喝奶 300 克，即 1～2 杯奶。如遇特殊情况不方便喝鲜奶，可以吃奶粉，大约 15 克奶粉相当于 100 克鲜牛奶。

奶类是营养成分齐全、组成比例适宜、容易消化吸收的理想的天然食物。奶类能满足出生幼仔生长发育的全部需要，也是体弱、年老人和患者的较理想食物。奶类主要提供优质蛋白质、维生素A、维生素B_2和钙。奶是由蛋白质、乳糖、脂肪、矿物质、维生素、水等组成的复合乳胶体。奶呈乳白色，性味温和，稍有甜味，具有特有的香味。牛奶的比重为1.028～1.032，比重大小与奶中固体物质有关，牛奶的各种成分除脂肪外，含量均较稳定，因此脂肪含量和比重可作为评定鲜奶质量的指标。

1. 牛奶营养物质

(1)蛋白质：平均含量3%，由79.6%的酪蛋白、11.5%的乳清蛋白和3.3%的乳球蛋白组成。其消化吸收率高达87%～89%，生物学价值为85，必需氨基酸含量及构成与鸡蛋近似，属优质蛋白质。由于牛奶中蛋白质含量较人乳高3倍，且酪蛋白与乳清蛋白的构成比与人乳蛋白正好相反，可利用乳清蛋白改变其构成比，调制成近似母乳的婴儿食品。

(2)脂肪：牛奶中脂肪含量约为3%，呈较小的微粒分散于乳浆中，易消化吸收。乳脂中油酸含量占30%，亚油酸和亚麻酸分别占5.3%和2.1%。

(3)糖类：奶中所含的糖类为乳糖，其含量(3.4%)比人乳(7.4%)低。乳糖有调节胃酸、促进胃肠蠕动、有利于钙吸收和消化液分泌的作用；还可促进肠道乳酸菌的繁殖而抑制腐败菌的繁殖生长。用牛奶喂养婴儿时，除调整蛋白质含量和构成外，还应注意适当增加甜度。有的人喝牛奶后发生腹胀、腹泻等，是因为肠道缺乏乳糖酶所致，称为乳糖不耐受症。

(4)矿物质：牛奶中矿物质含量为0.6%～0.7%，富含钙、磷、钾。其中钙含量尤为丰富且容易消化吸收。牛奶中铁含量很低，每100毫升仅为0.003毫克，如以牛奶喂养婴儿，应注意铁的补充。

(5)维生素：每 100 毫升牛奶中含维生素 A 24 微克、维生素 B_1 0.03 毫克、含维生素 E 1 毫克。但奶中维生素含量随季节有一定变化。

2. *奶制品* 鲜奶经过加工，可制成许多产品，主要包括炼乳、奶粉、奶油和奶酪等。

(1)消毒鲜奶：是鲜牛奶经过过滤、加热杀菌后，分装出售的饮用奶。其营养价值与鲜牛奶差别不大。市售消毒牛奶常强化维生素 D 等。

(2)奶粉：根据食用要求又分为全脂奶粉、脱脂奶粉、调制奶粉。全脂奶粉是将鲜奶消毒后，除去 70%～80% 的水分，采用喷雾干燥法，将奶粉制成雾状微粒。生产的奶粉溶解性好，对蛋白质的性质、奶的色香味及其他营养成分影响很小。脱脂奶粉生产工艺同全脂奶粉，但原料奶经过脱脂的过程，由于脱脂使脂溶性维生素损失。此种奶粉适合于腹泻的婴儿及要求少油膳食的患者。调制奶粉又称人乳化奶粉，该奶粉是以牛奶为基础，按照人乳组成的模式和特点，加以调制而成，使各种营养成分的含量、种类、比例接近母乳。如改变牛奶中酪蛋白的含量和酪蛋白与乳清蛋白的比例，补充乳糖的不足，以适当比例强化维生素 A、维生素 D、维生素 B_1、维生素 C、叶酸和微量元素等。

(3)酸奶：酸奶是将鲜奶加热消毒后接种嗜酸乳酸菌，在 30℃左右环境中培养，经 4～6 小时发酵制成。该制品营养丰富，容易消化吸收，还可刺激胃酸分泌。乳酸菌在肠道繁殖，可抑制一些腐败菌的繁殖，调整肠道菌群，防止腐败物质对人体产生不利的影响。此外，牛奶中的乳糖已被发酵成乳酸，对“乳糖不耐受症”的人，不会出现腹痛、腹泻的现象。因此，酸奶是适宜消化道功能不良、婴幼儿和老年人食用的食品。

3. 奶类生理价值　奶类蛋白质的生理价值仅次于蛋类，是一种优质蛋白质，其中赖氨酸和蛋氨酸含量较高，能补充谷类蛋白质氨基酸组成的不足，提高其营养价值。奶类中胆固醇含量不多，还有降低血清胆固醇的作用。血脂过高或患冠心病的人喝牛奶时，不必过分担心。奶中所含的成碱元素（如钙、钾、钠等）多于成酸元素（氯、硫、磷），因此奶与蔬菜、水果一样，属于碱性食品，有助于维持体内酸碱平衡。此外，奶类食物是我们常吃的食物中含钙质最多的，喝奶是补钙的最好方式。

中国人大多体内乳糖酶不足以消化大量的鲜奶中的乳糖，因此喝奶要少量多次。如果乳糖酶太少也可选用酸奶，酸奶的营养价值一点也不比鲜奶差，只是加工过程中已经把鲜奶中的乳糖在体外替我们转化成乳酸了，同时还产生了对人体有益的乳酸菌，甚至比鲜奶的好处还要多。

4. 喝奶注意事项　奶类营养丰富，但是加热消毒时煮的时间太久，可使某些营养素受到破坏，所以牛奶不宜久煮。现在市售的鲜奶有两种不同的加工生产过程。一种是巴氏消毒奶，这种奶保存期比较短，一般在3天左右。饮用这种鲜奶加热至沸即可；另外一种鲜奶是超高温灭菌奶，一般保质期都在30天以上。这种奶饮用时不用加热可打开包装就凉着喝，如不想喝凉奶，也可加热到比体温稍高一点的温度饮用。

关于牛奶的食用时间，也应注意。空腹时饮用牛奶，奶中的蛋白质等就会被变成热能消耗掉，很不经济。合理的食用方法是喝奶时与馒头、烧饼等糖类一道嚼食，这样可延长牛奶在胃中的排空时间，能充分发挥奶类的作用。

除此以外，保存奶类时也应注意。新鲜牛奶经日光照射1分钟后，奶中的B族维生素会很快消失，维生素C也所剩无几；即使在微弱的阳光下，经6小时照射后，其中B族维生素也仅剩一半。所以，牛奶要放在避光地方保存。

儿歌

牛羊奶类赛琼浆，
纯天然品真营养。
每天饮用一大杯，
从小健体民族强。
奶类营养很丰富，
夹食面饼更理想。

十、不要忽视鸡蛋的营养价值

三字经

受精蛋，全营养。
适量吃，大补益。
食有禁，莫忘记。

鸡蛋是自然界的一个奇迹，一个受过精的鸡蛋，在温度、湿度合适的条件下，不需要从外界补充任何养料，就能孵出一只小鸡，这就足以说明鸡蛋的营养是非常完美的，鸡

蛋被认为是营养丰富的食品，含有蛋白质、脂肪、卵黄素、卵磷脂、维生素和铁、钙、钾等人体所需要的矿物质。突出特点是，鸡蛋含有自然界中最优良的蛋白质。

鸡蛋中含有丰富的DHA和卵磷脂等，对神经系统和身体发育有很大的作用，能健脑益智，避免老年人智力衰退，并可改善各个年龄组的记忆力。用鸡蛋来防治动脉粥样硬化，获得了意料之外的惊人效果。鸡蛋中含有较多的维生素 B_2，可以分解和氧化人体内的致癌物质，鸡蛋中的微量元素也都具有防癌的作用。鸡蛋蛋白质对肝组织损伤有修复作用，蛋黄中的卵磷脂可促进肝细胞的再生。鸡蛋含有人体需要的几乎所有的营养物质，故被人们称作“理想的营养库”，营养学家称之为“完全蛋白质模式”。一般人都适合。更是婴幼儿、孕妇、产妇、患者的理想食品。一般人每天不超过2个鸡蛋即可。

近年来，国内外营养学家和医学家对鸡蛋的营养价值和保健功能有新的评说。概括起来，主要有五个方面。

1. 健脑益智　鸡蛋黄中的卵磷脂被人体消化后，可释放出胆碱，胆碱会通过血液到达脑内，可避免智力衰退，并改善记忆力。

2. 保护肝　蛋黄中的卵磷脂可促进肝细胞的再生，还能提高人体血浆蛋白量，增强机体的代谢功能和免疫功能。

3. 防治动脉硬化　美国营养学家和医学工作者用鸡蛋来防治动脉粥样硬化，获得了出人意料的效果。他们从鸡蛋、核桃、猪肝中提取卵磷脂，每天给心血管病患者吃4～6汤匙，3个月后，患者的血清胆固醇明显下降。

4. 预防癌症　鸡蛋中含有的维生素 B_2，可以分解和氧化人体内的致癌物质。鸡蛋中的微量元素，如硒、锌等也都具有防癌作用。

5. 延缓衰老　不少长寿老人的延年益寿经验之一，就是每天必食一个鸡蛋。我国民间流传的许多养生药膳也都离不开鸡蛋，如何首乌煮鸡蛋、鸡蛋煮猪脑、鸡蛋粥等。

吃鸡蛋必须煮熟，不要生吃，打蛋时也须提防沾染到蛋壳上的杂菌。毛蛋、臭蛋不能吃。患有肾疾病的人应慎食鸡蛋。

儿歌

受精鸡蛋全营养，
适量摄食大补益。
吃蛋必须要煮熟，
煨炖蛋羹最有效。
每天吃蛋不过量，
食有禁忌莫忘记。

十一、食用菌的保健功效

三字经

食用菌，保健菌。
经常吃，育生命。
营养全，抗疾病。

食用菌产品营养丰富，含有人体必需的多种营养成分，还具有一定的保健、防治功效，应增加食用菌的摄取量。

1. 食用菌有效成分　食用菌含有人体必需的多种营养

成分。

(1)蛋白质与氨基酸:食用菌味道鲜美与其体内含大量游离氨基酸及核苷酸有关,香菇、平菇、金针菇、凤尾菇、银耳、黑木耳、猴头菇等常见食用菌的氨基酸总量平均为15.7%(干重)。

(2)核酸:核酸是遗传的物质基础,人类所需核酸是从食物中获得的,成人每日核酸需要量为4克,双孢菇、草菇、凤尾菇等食用菌核酸含量高达5.4%~8.8%(干重)。

(3)脂类:食用菌平均含脂肪2%~8%,有些还含较多不饱和脂肪酸。

(4)糖类与纤维素:它们是人体的主要能量来源,食用菌前者的含量为30%~93%,后者的含量为2.5%~21.5%。

(5)维生素:食用菌内多含有维生素 B_1、维生素 B_2、维生素 B_6、维生素 B_{12}、维生素C、维生素D、烟酸、叶酸、胡萝卜素等。

(6)矿物质:人体必须从食物中补充一定量的矿物质,以保持体内矿物质元素的平衡,食用菌含有多种具生理活性的矿物质,其中铁、钾、钠、磷含量最高。

2. 食用菌还有保健治疗作用

(1)抗肿瘤:食用菌普遍含多糖成分,具有抗肿瘤活性,如银耳、香菇、猴头菇、茯苓等。

(2)增强免疫力:食用菌特别是其所含的糖类能增强免疫功能,包括增强非特异性免疫功能。

(3)调节血脂:血脂代谢障碍与心脑血管疾病的发生密切相关,银耳、香菇、猴头菇、黑木耳等都有降低胆固醇、三酰甘油等以达到调节血脂的作用。

(4)保肝解毒：肝是人体的“化工厂”，参与蛋白质合成、化学物质的代谢与解毒，香菇、猴头菇、银耳等对多种实验性肝损伤具有保护作用。

(5)降血糖：银耳、黑木耳、猴头菇等所含多糖能降低实验性糖尿病动物的血糖。

(6)其他作用：如银耳有抗放射作用和升高白细胞作用；银耳、茯苓、黑木耳有抗氧化作用、清除自由基作用和抗衰老作用；猴头菇有抗溃疡作用等。

研究发现，少儿常吃食用菌类食物对健康极为有益。众所周知，少儿的生长发育离不开充足的营养素。而食用菌，如蘑菇、木耳、金针菇、草菇等均含有营养价值较高的物质。据测定，食用菌干品的蛋白质含量接近于肉类和蛋类，鲜品也明显高于蔬菜及瓜果。其蛋白质属优质蛋白质，含有多种氨基酸，包括人体必需的 8 种氨基酸。这些蛋白质生理活性高，吸收率可高达 80%以上，很适宜于少儿的吸收和利用。食用菌中还含有丰富的维生素 A、维生素 D、维生素 B_1、维生素 B_2、维生素 B_{12} 及铁、镁、钙、磷等多种矿物元素，这些物质都是少儿生长发育所必不可少的，对维持少儿发育和预防疾病也有特殊作用。如维生素 A 可保护视力；维生素 D 是促成钙质形成骨骼的必要物质，能防止佝偻病的发生；维生素 C 可以防止少儿患坏血病，每 100 克草菇含维生素 C 高达 210 毫克。据报道，以金针菇为主要原料加工制成的益智饮料，具有提高少儿智商的功效，这是因为食用菌中的双链 DNA 和 B 族维生素有加强少儿神经系统功能和提高记忆力的缘故。还因为食用菌中含有丰富的铁、磷和 B 族维生素，所以少儿常食食用菌对于其智力发育十分有益。经过筛选的木耳其含铁量每100克高达184.6毫克，这对于辅助治疗和预防少儿常见的缺铁性贫血尤为有效。食用菌中所含的丰富的矿物质还可中和肉类食品的酸性，提高血液的pH值，使人保持精力充沛。此外，食用菌中含有的30多种酶具有特殊的开胃香味，并能参与糖类的代谢，有助于提高少儿的食欲和保持良好的体形。不仅如此，食用菌中还含有多种有益少儿健康的特殊物质，如菌多糖、干扰素诱导剂、腺嘌呤、核苷酸等，对于少儿保健均具有一定的功效。食用菌中的干扰素诱导剂是一种低分子糖蛋白，能嵌入肝炎、带状疱疹、流感等病毒颗粒，抑制其增殖。腺嘌呤则有抵抗感冒和抗结核的作用。

儿歌

食用菌类保健兵，
经常食用护生命。
营养完全极有益，
青少年吃可抗病。
各类食用菇可吃，
银耳木耳能滋阴。

第4章

平衡膳食与合理营养

三字经

青少年，成长快。
膳食经，求平衡。
谈营养，须合理。

儿歌

青少年在成长期，
发育需求要牢记。
膳食经验求平衡，
不同阶段规则依。
提供营养须合理，
饮食适度不逾矩。

一、膳食结构与平衡膳食

三字经

膳食经，平衡抓。

儿少时，需求大。

搭配食，多样化。

从营养来讲，平衡膳食就是使营养需要与膳食供给之间保持平衡状态，热能及各种营养素满足人体生长发育及体力活动的需要，且各种营养素之间保持适宜比例的膳食。人体需要的营养素有蛋白质、脂肪、糖类、维生素、矿物质，中小学生需要这些营养素来满足他们生长发育的需要，成年人维持健康也需要这些营养素。并不是什么都吃就做到平衡饮食了，而是每人每日每餐饮食都能做到合理搭配，也就是食物要多样化，营养要全面，但是热能摄入不能超标。

人体必需的营养素近50种，缺一不可，没有一种天然食物能满足人体所需的全部营养素，因此食物多样化是平衡的最基本要求。随着生活节奏的加快，生活习惯和饮食结构的改变，人们在饮食中的误区也越根深蒂固。为此，专家提出以下建议。

1. 多吃杂粮　杂粮及薯类中富含的膳食纤维可降低慢性疾病发生的危险，要多吃此类食物。

2. 猪肉要适量　猪肉是我国居民消费的主要肉食，食用率达到94.3%，是很多市民餐桌上的“常客”，但往往食用比例过高，而牛羊肉、禽肉及水产品的食用频率较低。鸡、鱼、牛肉等食品蛋白质含量较高、脂肪较低，猪肉的脂肪含量高，肥肉和荤油为高能量和高脂肪食物，摄入过多往往会引起肥胖，这是某些慢性病的危险因素，因此应适当控制猪肉摄取量，多吃牛肉、禽肉及鱼肉等。

3. *多食用奶类和豆类产品* 奶及奶制品在我国居民中的消费一直比较低，牛奶的人均年摄入量不足发达国家的1/10。豆类中恰好含大量的优质蛋白质、不饱和脂肪酸、钙及维生素等，这些都是市民普遍缺乏的营养素。

4. *补充维生素和矿物质* 调查显示，中国人平均每日通过膳食摄入钙391毫克，距离健康水平还有很大差距。除了钙之外，维生素A、B族维生素、维生素C、铁、锌、硒等矿物质的摄入量都严重不足，而脂肪的摄入量却在20年间增加了60％。结合平衡膳食理念，需要减少通过食物摄入热能，同时又要保证充足的营养素供应，在这两者间取得平衡。

配好盘中餐，要注意多种食物的营养特点，粗细粮搭配可使粮食中多类蛋白质互补，提高其营养价值。荤素搭配也有利于蛋白质互补，世界上到目前为止还没有找到一种能够全面满足人体营养需要的天然食物，但是我们利用长期积累的经验和营养学知识，根据多种食物的营养特点进行组合调配，就能把营养科学应用到饭桌上，使小学生身体素质达到较理想的状态。

一桌颜色诱人、香气扑鼻、味道鲜美、造型别致的食物，会给少年儿童精神上的好感，并刺激机体产生消化液，增进食欲。每天每餐不断变换主、副食品种、数量和烹调方法，可使饮食感官性状不断变化，对人体形成新的刺激，从而使大脑的食欲中枢处于兴奋状态，能促进食欲、帮助消化。

尽量减少营养素损失的方法主要包括：做米饭时尽量减少米淘洗的次数，米汤不应丢弃；煮稀饭不加碱；做面食时尽量不用油炸，以免大量维生素被破坏；蔬菜尽可能新鲜，先洗后切，不长时间浸泡，不挤菜汁，大火快炒等。

一般说来，夏季饮食宜清淡，适当配以酸辛味的调味料以增加食欲。例如，制作些可口的凉菜或清汤。同时也不要忘记饮食清洁卫生，防止食物中毒。冬季机体需要能量大，饭菜应厚味，用荤食成分或油脂较多的食物以补充热能，提高耐寒能力；同时要注意补充含有大量维生素 A、维生素 B_2、维生素 C 和新鲜绿叶蔬菜、水果、奶、肝、蛋类食品。每餐都要吃饱，必要时补充一些维生素，有助于提高耐寒能力和预防维生素缺乏症。

保证食物无毒、无害，不吃污染与腐败变质的食物。切菜板应生熟分开；餐具经常消毒；食品中不使用任何添加剂等。

从食物的分类和它们能提供的营养素来看，每种食物所含的营养成分是不一样的，各有其特点，没有一种或一类食物能够提供人体所需要的全部营养素。例如，鸡蛋中含有丰富的蛋白质、维生素 A、维生素 D 等多种营养素，但是几乎不含维生素 C。而新鲜的西红柿、辣椒中含有丰富的维生素 C，但蛋白质的含量却很低。因此，要获得均衡营养，只吃一类或两类食物是不够的，各类食物都要吃，要根据每种食物的营养特点，进行合理搭配。总的来讲，谷类食物在一天的膳食中占的比例应该最多，蔬菜和水果占的比例次之，动物性食物、大豆和豆制品的比例要适量，油和糖的比例最少。有时一顿饭或一天的饮食可能会营养不均衡，这时要注意进行调整，使 1 天或几天中的膳食达到均衡。

在日常生活中，由于人们的营养知识不全面或缺乏，结果走进了“饮食误区”，片面地认为某些食物的营养价值高，有营养，只要多吃就能获得充足的营养；另一些食物营养价值不高，于是就吃得很少或者不吃，忽视了“均衡营养”的观点，结果，花钱不少，家人和孩子的营养并没有搞好，反而出现一些营养问题。事实上，没有不好的食物，只有不好的饮食行为。

家长在选择、购买食物时，就应该运用“均衡膳食”的原则，注意选择食物的种类，谷类、薯类、动物性食物、奶类、蔬菜和水果都要买一些，从这个时候就要进行食物的合理搭配。

孩子完全可能喜欢吃某种食物而不喜欢吃另外一种食物，有的孩子由于不喜欢食物的味道或习惯上不愿意吃或很少吃某一种或某一类食物，只吃喜欢吃的某些食物而不吃不喜欢吃的某些食物。

“均衡膳食”的饮食原则告诉我们，人体所需的各种营养素来自多种多样的食物中，要想保证孩子正常的生长发育，就得让孩子吃多种多样的食物，挑食、偏食的不良饮食行为很容易导致某些营养素的不足，严重时会出现营养缺乏病，从而影响生长发育。

儿歌

膳食经验平衡抓，
青少年的需要大。
营养素有几十种，
搭配食用多样化。
无毒无害不污染，
均衡膳食达最佳。

二、中国居民膳食指南

三字经

讲膳食，有指南。
定准则，计八条。
小宝塔，分五层。

2022 年 4 月 26 日国家卫生健康委发布了新版《中国居民膳食指南（2022）》，旨在帮助国民合理选择食物，以改善国民的营养和健康状况。

新膳食指南凝结百余名专家智慧，基于近年来科学研究证据，使用通俗易懂的语言，最直接地指导老百姓在吃吃喝喝方面应该做什么，怎么做更科学、更健康。

新指南强调了膳食模式、饮食卫生、三餐规律、饮水和食品选购、烹饪的实践能力。新指南郑重遴选 8 条基本准则，作为 2 岁以上健康人群合理膳食的必须遵循原则：①食物多样，合理搭配；②吃动平衡，健康体重；③多吃蔬果、奶类、全谷、大豆；④适量吃鱼、禽、蛋、瘦肉；⑤少盐少油，控糖限酒；⑥规律进餐，足量饮水；⑦会烹会选，会看标签；⑧公筷分餐，杜绝浪费。

新指南提出了控糖限酒，但膳食宝塔没有建议食糖的摄入量，多吃糖有增加龋齿的危险，儿童、青少年不应吃太多的糖和含糖高的食品及饮料。

儿歌

居民膳食有指南，

准则制定有八条。
膳食宝塔分五层,
分门别类讲营养。
少年儿童有特需,
也应规范在标准。

1. 中国学龄前(2—5岁)儿童平衡膳食宝塔　根据2—5岁儿童生理特点、营养需求特点和儿童饮食习惯培养的规律,同时结合我国学龄前儿童当前的膳食营养摄入状况和饮食行为问题制定了《中国学龄前儿童膳食指南》,该指南在《中国居民膳食指南(2022)》版中一般人群平衡膳食八条准则的基础上增加了五条核心推荐。

(1)食物多样,规律就餐,自主饮食,培养健康饮食习惯。2—5岁儿童是健康饮食行为培养关键期,所以在指南中强调应该注重儿童健康饮食习惯的培养。

(2)每天喝奶,足量饮水,合理选择零食。我国当前儿童钙摄入量普遍偏低,建议每天饮奶量在350～500毫升或者相当量的奶制品。学龄前儿童每日饮水量:2—3岁儿童600～700毫升,4—5岁儿童700～800毫升,同时建议饮白水或者白开水为佳,尽量避免含糖饮料,同时注意少量多次饮用,不宜在进餐前大量饮水,以免影响正餐。

(3)合理烹调,少调料,少油炸。学龄前儿童烹调方式尽量多采用蒸煮炖煨,少采用油炸、烤、煎。

(4)参与食物制作与选择,增加对食物的认知与喜爱。鼓励儿童多体验和认识各种食物的天然味道、质地,了解食物的特性,增进对食物的认知和喜爱,鼓励儿童参与家庭食物选择和制作过程，吸引孩子们对各种食物产生兴趣，让儿童享受烹饪的乐趣并从中获得的成就感，树立爱惜食物的意识。

(5)经常户外运动，定期体格监测，保障健康成长。学龄前儿童每天身体活动总的时间最好能够达到 180 分钟，每天户外活动时间最好超过 120 分钟，其中中等及以上的强度身体活动时间累计最好能超过 60 分钟。此外，应该限制或者减少久坐行为和屏幕时间，建议儿童每次久坐时间最好不超过 1 小时，每天屏幕时间累计也不要超过 1 小时，能够越少越好，这样有利于孩子的健康。

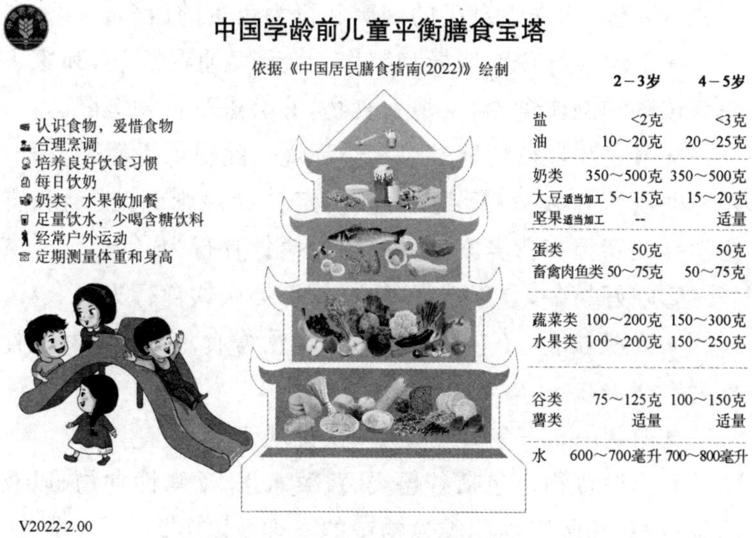

2.《中国学龄儿童膳食指南(2022)》核心推荐　学龄儿童是指从 6 周岁到不满 18 周岁的未成年人。学龄儿童正处于生长发育阶段，全面、充足的营养是其正常生长发育，乃至一生健康的物质保障。学龄期是建立健康信念和形成健康饮食行为的关键时期,从小养成健康的饮食行为和生活方式将使其受益终身。

(1)核心推荐:主动参与食物选择和制作,提高营养素养;吃好早餐,合理选择零食,培养健康饮食行为;天天喝奶,足量饮水,不喝含糖饮料,禁止饮酒;多户外活动,少看视频,保证每天60分钟以上的中高强度身体活动;定期监测身体发育,保持体重适宜增长。

①主动参与食物选择和制作,提高营养素养

■学习食物营养相关知识。认识食物,了解食物与环境及健康的关系,了解并传承中国饮食文化;充分认识合理营养的重要性,建立为自己的健康和行为负责的信念。

■主动参与食物选择和制作。会阅读食品标签,和家人一起选购和制作食物,不浪费食物,并会进行食物搭配。

■家庭和学校构建健康食物环境。除提供平衡膳食外,还应通过营养教育、行为示范、制定食物规则等,鼓励和支持学龄儿童提高营养素养并养成健康饮食行为。

②吃好早餐,合理选择零食,培养健康饮食行为

■清淡饮食、不挑食偏食、不暴饮暴食,养成健康饮食行为。

■做到一日三餐定时定量、饮食规律。

■早餐食物应包括谷薯类、蔬菜水果、动物性食物,以及奶类、大豆和坚果等四类食物中的三类及以上。

■可在两餐之间吃少量的零食,选择清洁卫生、营养丰富的食物作为零食。

■在外就餐时要注重合理搭配,少吃含高盐、高糖和高脂肪的食物。

③天天喝奶,足量饮水,不喝含糖饮料,禁止饮酒

■天天喝奶,每天 300 毫升及以上液态奶或相当量的奶制品。

■主动足量饮水,每天 800～1400 毫升,首选白水。

■不喝或少喝含糖饮料,更不能用含糖饮料代替水。

■禁止饮酒和喝含乙醇饮料。

④多户外活动,少看视频,每天 60 分钟以上的中高强度身体活动

■每周至少 3 次高强度的身体活动,3 次抗阻力活动和骨质增强型活动。

■增加户外活动时间。

■减少静坐时间,看视频时间每天不超过 1 小时,越少越好。

■保证充足睡眠。

■家长、学校、社区共建积极的身体活动环境,鼓励孩子掌握至少一项运动技能。

⑤定期监测体格发育,保持体重适宜增长

■定期测量身高和体重,监测生长发育。

■正确认识体型,科学判断体重状况。

■合理膳食、积极身体活动,预防营养不足和超重肥胖。

■个人、家庭、学校、社会共同参与儿童肥胖防控。

(2)中国学龄儿童平衡膳食宝塔(2022)图示解析:学龄儿童膳食宝塔是根据《中国学龄儿童膳食指南(2022)》的内容,结合中国儿童膳食的实际情况,把平衡膳食的原则转化为各类食物的数量和所占比例的图形化表示。

学龄儿童膳食宝塔形象化的组合,遵循了平衡膳食的原

则,体现了在营养上比较理想的基本食物构成。宝塔共分为5层,各层面积大小不同,体现了5类食物和食物量的多少。

5类食物包括谷薯类、蔬菜水果、畜禽鱼蛋类、奶类、大豆和坚果类及烹调用油盐。

食物量是根据不同能量需求量水平设计。按照不同年龄阶段学龄儿童的能量需求,制定了6—10岁学龄儿童平衡膳食宝塔,11—13岁学龄儿童平衡膳食宝塔和14—17岁学龄儿童平衡膳食宝塔。

宝塔旁边的文字注释,表明了不同年龄阶段儿童在不同能量需要水平时,一段时间内每人每天各类食物摄入量的建议值范围。

3. 6—10岁学龄儿童平衡膳食宝塔　6—10岁学龄儿童能量需要水平为每日1400~1600千卡。

6—10岁学龄儿童平衡膳食宝塔

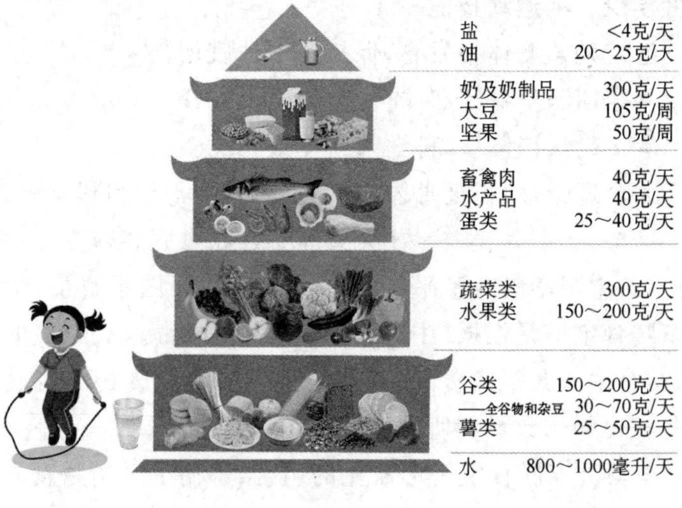

(1)第一层：谷薯类食物。每天摄入谷类 150～200 克，其中包含全谷物和杂豆类 30～70 克；每天摄入薯类 25～50 克。

(2)第二层：蔬菜、水果类食物。每天蔬菜摄入量至少达到 300 克，水果 150～200 克。

(3)第三层：鱼、禽、肉、蛋等动物性食物。每天摄入畜禽肉 40 克，水产品 40 克，蛋类 25～40 克。

(4)第四层：奶类、大豆和坚果。每天应至少摄入相当于鲜奶 300 克的奶及奶制品。每周摄入大豆 105 克，其他豆制品摄入量需按蛋白质含量与大豆进行折算。每周摄入坚果 50 克。

(5)第五层：烹调油和盐。每天食盐摄入量不要超过 4 克，烹调油摄入量为 20～25 克。

(6)身体活动和饮水

①推荐低身体活动水平的 6 岁学龄儿童每天至少饮水 800 毫升，一天中饮水和整体膳食(包括食物中的水、汤、粥、奶等)水摄入量共计为 1600 毫升。推荐 7—10 岁学龄儿童每天至少饮水 1000 毫升，一天中饮水和整体膳食水摄入量共计为 1800 毫升。在高温或高身体活动水平的条件下，应适当增加饮水量。

②推荐 6—10 岁学龄儿童每天累计进行至少 60 分钟的中高强度身体活动，以全身有氧活动为主，其中每周至少 3 天的高强度身体活动。身体活动要多样，其中包括每周 3 天增强肌肉力量和(或)骨健康的运动，至少掌握一项运动技能。

4. *11—13 岁学龄儿童平衡膳食宝塔*　11—13 岁学龄儿童能量需要水平为 1800～2000 千卡。

11—13岁学龄儿童平衡膳食宝塔

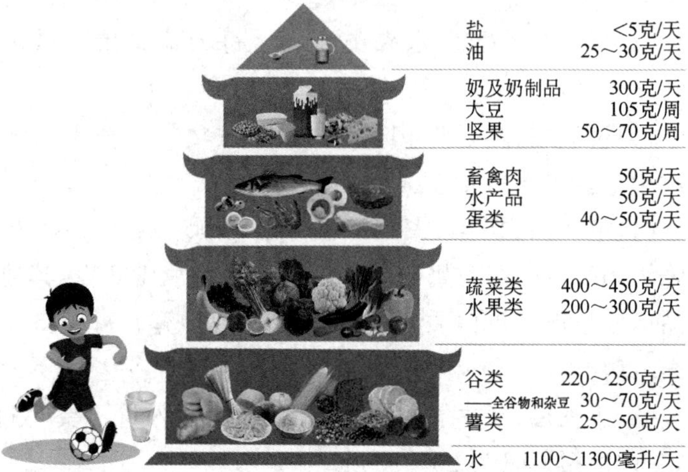

(1)第一层:谷薯类食物。

每天摄入谷类 220~250 克,其中包含全谷物和杂豆类 30~70 克;每天摄入薯类 25~50 克。

(2)第二层:蔬菜、水果类食物。每天蔬菜摄入量 400~450 克,水果 200~300 克。

(3)第三层:鱼、禽、肉、蛋等动物性食物。每天摄入畜禽肉 50 克,水产品 50 克,蛋类 40~50 克。

(4)第四层:奶类、大豆和坚果。每天应至少摄入相当于鲜奶 300 克的奶及奶制品。每周摄入大豆 105 克,其他豆制品摄入量需按蛋白质含量与大豆进行折算。每周摄入坚果 50~70 克。

(5)第五层:烹调油和盐。每天食盐摄入量不要超过 5 克,烹调油摄入量为 25~30 克。

(6)身体活动和饮水

①推荐 11—13 岁男童每天至少饮水 1300 毫升，女童 1100 毫升；11—13 岁男童一天中饮水和整体膳食水摄入量共计为 2300 毫升，女童为 2000 毫升。在高温或高身体活动水平的条件下，应适当增加饮水量。

②推荐 11—13 岁学龄儿童每天累计进行至少 60 分钟的中高强度身体活动，以全身有氧活动为主，其中每周至少 3 天的高强度身体活动。身体活动要多样，其中包括每周 3 天增强肌肉力量和(或)骨健康的运动，至少掌握一项运动技能。

5. 14—17 岁学龄儿童平衡膳食宝塔　14—17 岁学龄儿童能量需要水平为每日 2000～2400 千卡。

14—17岁学龄儿童平衡膳食宝塔

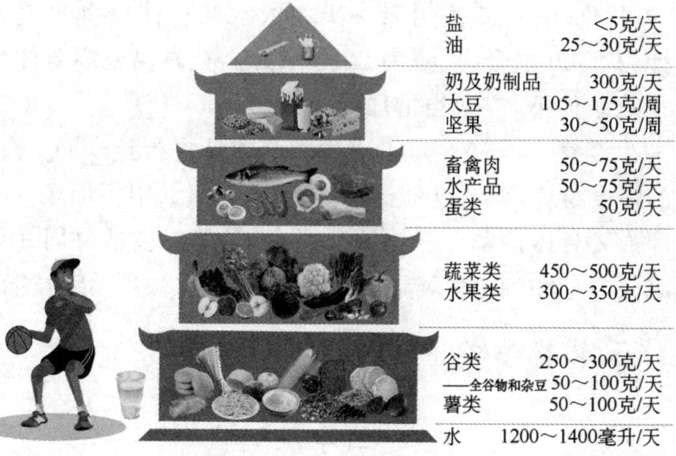

(1)第一层:谷薯类食物。每天摄入谷类250～300克,其中包含全谷物和杂豆类50～100克;每天摄入薯类50～100克。

(2)第二层:蔬菜、水果类食物。每天蔬菜摄入量450～500克,水果300～350克。

(3)第三层:鱼、禽、肉、蛋等动物性食物。每天摄入畜禽肉50～75克,水产品50～75克,蛋类50克。

(4)第四层:奶类、大豆和坚果。每天应至少摄入相当于鲜奶300克的奶及奶制品。每周摄入大豆105～175克,其他豆制品摄入量需按蛋白质含量与大豆进行折算。每周摄入坚果30～50克。

(5)第五层:烹调油和盐。每天食盐摄入量不要超过5克,烹调油摄入量为25～30克。

(6)身体活动和饮水

①推荐14—17岁男童每天至少饮水1400毫升,女童1200毫升;14—17岁男童一天中饮水和整体膳食水摄入量共计为2500毫升,女童为2200毫升。在高温或高身体活动水平的条件下,应适当增加饮水量。

②推荐14—17岁学龄儿童每天累计进行至少60分钟的中高强度身体活动,以全身有氧活动为主,其中每周至少3天的高强度身体活动。身体活动要多样,其中包括每周3天增强肌肉力量和(或)骨健康的运动,至少掌握一项运动技能。

三、食物多样,合理搭配

三字经

饮食物,要多样。

谷麦粟，唱主角。
粗细粮，搭配吃。

核心推荐

• 坚持谷类为主的平衡膳食模式。

• 每天的膳食应包括谷薯类、蔬菜水果、畜禽鱼蛋奶和豆类食物。

• 平均每天摄入12种食物，每周25种以上，合理搭配。

• 每天摄入谷类食物200～300克，其中包含全谷物和杂豆类50～150克；薯类50～100克。

人类的食物是多种多样的。各种食物所含的营养成分不完全相同，每种食物都至少可提供一种营养物质。平衡膳食必须由多种食物组成，才能满足人体各种营养需求，达到合理营养、促进健康的目的。

谷类食物是中国传统膳食的主体，是人体能量的主要来源。谷类包括米、面、杂粮，主要提供糖类、蛋白质、膳食纤维及B族维生素。坚持谷类为主是为了保持我国膳食的良好传统，避免高能量、高脂肪和低糖类膳食的弊端。人们应保持每天适量的谷类食物摄入，一般成年人每天摄入250～400克为宜。另外，要注意粗细搭配，经常吃一些粗粮、杂粮和全谷类食物。稻米、小麦不要研磨得太精，以免所含维生素、矿物质和膳食纤维流失。

细粮比粗粮加工细，出粮率低，所以价格较贵。但在粮食精加工的过程中废弃了较多的有用物质，如糠、麸、胚芽等。这些被弃的物质中含有蛋白质、脂肪、铁、磷、钙及维生素等儿童生长发育所必需的营养素。精制的米面虽入口细腻好吃，但从营养角度看其营养价值远远不如粗米、粗面。此外糠麸中还含有较多的食物纤维，能增加肠蠕动，预防便秘，并能降低胆固醇、预防动脉硬化、治疗糖尿病等。所以，也要给小学生吃些粗粮。

儿歌

食物种类要多样，
谷麦粟薯唱主角。
粮食精细有弊端，
粗细搭配价值大。
合理膳食强健人，
营养全面不缺乏。

四、吃动平衡，健康体重

三字经

进食量，有控制。
运动量，可调节。
不超重，保健康。

核心推荐

• 各年龄段人群都应天天进行身体活动，保持健康体重。

• 食不过量，保持能量平衡。

• 坚持日常身体活动，每周至少进行 5 天中等强度身体活动，累计 150 分钟以上；主动身体活动最好，每天走 6000 步。

• 鼓励适当进行高强度有氧运动，加强抗阻运动，每周 2～3 天。

• 减少久坐时间，每小时起来动一动。

进食量和运动是保持健康体重的两个主要因素，食物提供人体能量，运动消耗能量。如果进食量过大而运动量不足，多余的能量就会在体内以脂肪的形式积存下来，增加体重，造成超重或肥胖；相反，若食量不足，可由于能量不足引起体重过低或消瘦。正常生理状态下，食欲可以有效控制进食量，不过有些人食欲调节不敏感，满足食欲的进食量常常超过实际需要。食不过量对他们意味着少吃几口，不要每顿饭都吃到十成饱。由于生活方式的改变，人们的身体活动减少，目前我国大多数成年人体力活动不足或缺乏体育锻炼，应改变久坐少动的不良生活方式，养成天天运动的习惯，坚持每天多做一些消耗能量的活动。

儿歌

中小学生要重视，
身体超重应控制。
进餐主食量适宜，
运动锻炼可调节。
健康体重有标准，
良好习惯须养成。

五、多吃蔬果、奶类、全谷、大豆

三字经

各类蔬,不离餐。
青少年,辅水果。
薯类菜,可酌加。
牛羊奶,营养好。
制豆浆,也一样。
经常吃,可健身。

核心推荐

- 蔬菜水果、全谷物和奶制品是平衡膳食的重要组成部分。
- 餐餐有蔬菜,保证每天摄入不少于300克的新鲜蔬菜,深色蔬菜应占1/2。
- 天天吃水果,保证每天摄入200～350克的新鲜水果,果汁不能代替鲜果。
- 吃各种各样的奶制品,摄入量相当于每天300毫升以上液态奶。
- 经常吃全谷物、大豆制品,适量吃坚果。

新鲜蔬菜水果是人类平衡膳食的重要组成部分,也是我国传统膳食重要特点之一。蔬菜水果能量低,是维生素、矿物质、膳食纤维和植物化学物质的重要来源。薯类含有丰富的淀粉、膳食纤维及多种维生素和矿物质。富含蔬菜、水果和薯类的膳食对保持身体健康，保持肠道正常功能，提高免疫力，降低患肥胖、糖尿病、高血压等慢性疾病风险具有重要作用。推荐我国成年人每天吃蔬菜 300～500 克，水果 200～400 克，并注意增加薯类的摄入。

蔬菜是任何餐桌都离不开的，许多小学生单吃荤菜往往吃不下饭，如果加点蔬菜却大多吃得很愉快，很开心。蔬菜为我们提供了大量的维生素、胡萝卜素和糖类等营养素。有许多小学生患有常见的牙龈出血、脚气病、口角炎等疾病，都是因蔬菜摄取过少而缺乏相应的维生素的缘故。

蔬菜不仅提供了大量的人体必需的维生素 C、胡萝卜素、维生素 B_2 等营养素，还向人们提供了钾、钠、镁、钙、铁等矿物质。蔬菜中含有大量纤维素，纤维素既可刺激肠蠕动有利于粪便排出，又可将肠道中的有害物质吸附排出体外。对那些经常大便不畅、干燥或有便秘的小学生来说，每天吃 500 克蔬菜更是不可缺少的。

水果对小学生生长发育是有益的，如一般水果含有较丰富的维生素 C，其中含量最多的是鲜枣、刺梨、猕猴桃、山楂、柑、橙、橘、柚和草莓等，而苹果、香蕉、梨、桃和西瓜等含维生素 C 并不多。水果还是人体矿物质（如钙、铁、磷）的重要来源之一，如西瓜中含钾较多。一般水果含纤维素和果胶较多，这些物质虽不能被人体吸收，但能促进肠蠕动，可防止便秘，还能减少胆固醇的吸收，从而降低血中胆固醇的含量。例如，苹果既能止泻，又能通便，这是因为苹果中含鞣酸、有机酸、果胶和丰富的纤维素等。酸类物质有收敛作用，果胶、纤维素有吸收细菌毒素的作用，所以能止泻；同时，有机酸也有刺激肠的作用，纤维素可促进肠蠕动，故可通大便，治疗便秘。

食用水果的益处很多，但并不是说吃水果毫无禁忌。每天吃水果的量要适量，不宜过多。如吃柑橘过多，容易“上火”。因此一般水果食用量要控制在每天250～500克。

多数水果中的胡萝卜素、维生素B_1、维生素B_2、烟酸及其他矿物质的含量，远远低于绿叶蔬菜，只与浅色蔬菜相似。有些小学生或家长误以为水果的营养价值高于蔬菜，结果只吃水果，不吃蔬菜，导致引起营养不良。相反，在冬、春季水果供应有困难的时候，蔬菜可以代替水果，丰富的蔬菜可为我们提供各种水溶性维生素和矿物质。

有些水果，如柿子、橘子、香蕉、甘蔗、荔枝和山楂等，是不宜空腹吃的。例如，柿子含有大量的柿胶酚、果胶、鞣酸、鞣红素等，容易和胃酸结合凝成难以溶解的硬块，这就是“胃柿石症”。水果的大量糖分和有机酸会刺激胃黏膜，使胃发胀、发闷。其他如含高糖的甘蔗和荔枝，空腹过多食用后，会引起“高渗性昏迷”等，有的还影响胃的功能，甚至引起胃痛、胃扩张等。

奶类营养成分齐全，组成比例适宜，容易消化吸收。奶类除含丰富的优质蛋白质和维生素外，含钙量较高，且利用率也很高，是膳食钙质的极好来源。各年龄人群适当多饮奶有利于骨健康，建议每人每天平均喝奶300毫升。饮奶量多或有高血脂和超重肥胖倾向者应选择低脂、脱脂奶。

大豆含丰富的优质蛋白质、必需脂肪酸、多种维生素和膳食纤维，且含有磷脂、低聚糖，以及异黄酮、植物固醇等多种植物化学物质。应适当多吃大豆及其制品，建议每人每天摄入30～50克大豆或相当量的豆制品。

儿歌

各类蔬菜每天吃，
需要吃够才离桌。
青少年应辅水果，
薯类菜肴可酌加。
若能坚持这样做，
远离病症不是假。
牛羊奶类营养好，
大豆制浆也一样。
每天饮用一大杯，
从小饮用体质强。
牛奶豆浆煮熟饮，
夹食麸饼最理想。

六、适量吃鱼、禽、蛋、瘦肉

三字经

成长期，需蛋白。
鱼禽畜，可适食。
勿过量，更健康。

核心推荐

• 鱼、禽、蛋类和瘦肉摄入要适量，平均每天 120～200 克。

• 每周最好吃鱼 2 次或 300～500 克，蛋类 300～350 克，畜禽肉 300～500 克。

• 少吃深加工肉制品。

• 鸡蛋营养丰富，吃鸡蛋不弃蛋黄。

• 优先选择鱼，少吃肥肉、烟熏和腌制肉制品。

鱼、禽、蛋和瘦肉均属于动物性食物，是人类优质蛋白、脂类、脂溶性维生素、B族维生素和矿物质的良好来源，是平衡膳食的重要组成部分。瘦畜肉铁含量高且利用率好。鱼类脂肪含量一般较低，且含有较多的多不饱和脂肪酸；禽类脂肪含量也较低，且不饱和脂肪酸含量较高；蛋类富含优质蛋白质，各种营养成分比较齐全，是很经济的优质蛋白质来源。

目前我国部分城市居民食用动物性食物较多，尤其是食入的猪肉过多。应适当多吃鱼、禽肉，减少猪肉摄入。相当一部分城市和多数农村居民平均吃动物性食物的量还不够，还应适当增加。动物性食物一般都含有一定量的饱和脂肪和胆固醇，摄入过多可能增加患心血管病的危险性。

儿歌

中小学生成长期，
更需优质蛋白质。
禽畜肉类可以吃，

鱼肉补益最合适。
餐饮有度勿过量，
食用海鱼更健康。

七、少盐少油，控糖限酒

三字经

青少年，要健康。
食清淡，少加盐。
烹调油，应适量。

核心推荐

• 培养清淡饮食习惯，少吃高盐和油炸食品。成年人每天摄入食盐不超过 5 克，烹调油 25～30 克。

• 控制添加糖的摄入量，每天不超过 50 克，最好控制在 25 克以下。

• 反式脂肪酸每天摄入量不超过 2 克。

• 不喝或少喝含糖饮料。

• 儿童青少年、孕妇、乳母及慢性病患者不应饮酒。成年人如饮酒，一天饮用的乙醇量不超过 15 克。

脂肪是人体能量的重要来源之一，并可提供必需脂肪酸，有利于脂溶性维生素的消化吸收，但是脂肪摄入过多是引起肥胖、高血脂、动脉粥样硬化等多种慢性疾病的危险因素之一。膳食盐的摄入量过高与高血压的患病率密切相关。食用油和食盐摄入过多是我国城乡居民共同存在的营养问题。为此,建议我国居民应养成吃清淡少盐膳食的习惯,即膳食不要太油腻,不要太咸,不要摄食过多的动物性食物和油炸、烟熏、腌制食物。

儿歌

青少年时要健康,
食宜清淡少加盐。
烹饪菜肴减少油,
长期坚持可防病。
食盐过重害身体,
油腻脂厚疾病起。

八、规律进餐,足量饮水

三字经

全营养,需要水。
喝饮料,存隐患。
主动饮,白开水。

核心推荐

• 合理安排一日三餐,定时定量,不漏餐,每天吃早餐。

• 规律进餐、饮食适度,不暴饮暴食、不偏食挑食、不过度节食。

• 足量饮水,少量多次。在温和气候条件下,低身体活动水平成年男性每天喝水1700毫升,成年女性每天喝水1500毫升。

• 推荐喝白水或茶水,少喝或不喝含糖饮料,不用饮料代替白水。

水是膳食的重要组成部分,是一切生命必需的物质,在生命活动中发挥着重要功能。体内水的来源有饮水、食物中含的水和体内代谢产生的水。水的排出主要通过肾,以尿液的形式排出,其次是经肺呼出、经皮肤和随粪便排出。进入体内的水和排出来的水基本相等,处于动态平衡。饮水不足或过多都会对人体健康带来危害。饮水应少量多次,要主动饮水,不要感到口渴时再饮水。饮水最好选择白开水。

饮料多种多样,需要合理选择,如乳饮料和纯果汁饮料含有一定量的营养素和有益膳食成分,适量饮用可以作为膳食的补充。有些饮料添加了一定的矿物质和维生素,适合热天户外活动和运动后饮用。有些饮料只含糖和香精、香料,营养价值不高。有些少年儿童,每天喝大量含糖的饮料代替饮水,是一种不健康的习惯,应当改正。

儿歌

人体需要全营养,
必须不断补充水。
只喝饮料纯果汁,
添加佐剂存隐患。
少量多次主动饮,

最好选择白开水。

九、会烹会选，会看标签

三字经

学会烹，要会选。
看标签，很重要。
选食物，吃合理。

核心推荐

- 在生命的各个阶段都应做好健康膳食规划。
- 认识食物，选择新鲜的、营养素密度高的食物。
- 学会阅读食品标签，合理选择预包装食品。
- 学习烹饪、传承传统饮食，享受食物天然美味。
- 在外就餐，不忘适量与平衡。

儿歌

学会烹饪自方便，
想吃想喝随时练。
看懂标签不吃亏，
价格营养合理选。
食物配料在标签，
营养成分看得见。

十、公筷分餐，杜绝浪费

三字经

用公筷，要分餐。
吃新鲜，讲卫生。
惜食物，不浪费。

核心推荐

- 选择新鲜卫生的食物，不食用野生动物。
- 食物制备生熟分开，熟食二次加热要热透。
- 讲究卫生，从分餐公筷做起。
- 珍惜食物，按需备餐，提倡分餐不浪费。
- 做可持续食物系统发展的践行者。

食物放置时间过长就会引起变质，可能产生对人体有毒有害的物质。另外，食物中还可能含有或混入各种有害因素，如致病微生物、寄生虫和有毒化学物等。吃新鲜卫生的食物是防止食源性疾病、实现食品安全的根本措施。正确采购食物是保证食物新鲜卫生的第一关。烟熏食品及有些加色食品可能含有苯并芘或亚硝酸盐等有害成分，不宜多吃。食物合理贮藏可以保持新鲜，避免受到污染。高温加热能杀灭食物中大部分微生物，延长保存时间；冷藏温度常为 4～8℃，只适于短期贮藏；而冻藏温度低达－12～－23℃，可保持食物新鲜，适于长期贮藏。烹调加工过程是保证食物卫生安全的一个重要环节。需要注意保持良好的个人卫生及食物加工环境和用具的洁净，避免食物烹调时的交叉污染。食物腌制要注意加足食盐，避免高温环境。有一些动物或植物性食物含有天然毒素，为了避免误食中毒，一方面需要学会鉴别这些食物，另一方面应了解对不同食物去除毒素的具体方法。

每年的 10 月 16 日，是一个值得铭记的日子，这一天被联合国确定为“世界粮食日”。众所周知，我国是一个农业大国，但也是一个人口大国，粮食对我国来说并不充裕！从小老师和父母就教导我们：锄禾日当午，汗滴禾下土。谁知盘中餐，粒粒皆辛苦！每一粒粮食都是农民伯伯用辛勤的汗水和心血浇灌的！大米从一颗种子到人们的餐桌需要经过十几道工序，它的加工、存储、运输、销售都需要耗费大量的人力物力。我们每天在餐桌上吃到的品种丰富、色香味美的饭菜，凝聚了无数人的劳动和汗水。所以，我们要节约粮食、珍惜粮食，杜绝浪费，从我做起，从身边的小事做起。

当我们在家或在学校时，我们已经有多久没有珍惜粮食了？相信绝大部分同学都会对类似的问题不屑一顾，因为在我们看来，我们已经远离饥饿与食不果腹的年代，已不必再去对所谓的剩菜剩饭斤斤计较。但是它却反映了一个人的道德素质，反映了一个民族对生活的态度！

勤俭节约是我们中华民族的传统美德，而这种美德就在我们浪费的一粒粒粮食中丢失了。很多人觉得自己浪费的那点粮食不算什么，但是当每一个人都有这种想法的时候，人人都浪费一点，那么这个浪费的量是多么的巨大啊！但如果我们人人都节约一粒粮食，这个量又是多么的巨大呢！当我们从电视里看到那一张张饥饿的面庞，一双双骨瘦如柴的双手的时候，再看看我们浪费的那些粮食，难道不会有一种深深的罪恶感吗？

大自然给予了我们丰富多彩的食物品种，每一种食物都有自己特有的营养成分。我们小朋友的身体像小树苗一样在茁壮成长，需要大量的营养素，鱼肉蛋奶和各式蔬菜每天均衡摄入，这样才能保证身体吸收各类营养素，让我们健康成长。有些小朋友会有挑食的不良习惯，不喜欢吃的食物拒之千里，爱吃的食物则大快朵颐，这样容易造成身体内的营养素处于不平衡状态，久而久之就会产生某些疾病，常见的"小豆芽"和"小胖墩"也是营养不均衡的一种表现。还有些小朋友爱吃零食，这样会影响正常食欲，减少对营养素的吸收，所以为了我们的身体健康，不挑食，不偏食，减少零食的摄入，养成良好的饮食习惯，为我们今后的美好人生打下坚实基础。

节约是美德，节约更是责任！所以，我们要从现在做起，从你我做起，拿出实际行动来，把节约粮食的活动扎扎实实地开展起来。日省一把米，月节一斤粮。凡事贵在坚持，尽自己的一分绵薄之力，养成节约的好习惯，树立节约的好风尚！让我们共同努力，让节约粮食成为一种新时尚，新潮流！如此，我们的生活才会更加的富有，我们精神也会更加的富足！对浪费的现象，我们要坚决反对，坚决抵制，用实际的节约行动来为社会做出贡献。

"一粥一饭当思来之不易，一丝一缕恒念物力维艰"。热爱生活，节约资源，让我们从珍惜粮食开始做起吧！

儿歌

食物新鲜要选对，
野生动物吃不得，
分餐公筷讲卫生，
珍惜食物不浪费。
勤俭节约是传统，
讲究营养不选贵。

十一、三餐分配要合理，零食要适当

三字经

配三餐，要合理。
早餐好，中餐饱。
不饿肚，晚餐少。

合理安排一日三餐的时间及食量，进餐定时定量。早餐提供的能量应占全天总能量的25%～30%，午餐应占30%～40%，晚餐应占30%～40%，可根据职业、劳动强度和生活习惯进行适当调整。一般情况下，早餐安排在6:30—8:30，午餐在11:30—13:30，晚餐在18:00—20:00进行为宜。要天天吃早餐并保证其营养充足，午餐要吃好，晚餐要适量。不暴饮暴食，不经常在外就餐，尽可能与家人共同进餐，并营造轻松愉快的就餐氛围。零食作为一日三餐之外的营养补充，可以合理选用，但来自零食的能量应计入全天能量摄入之中。告诫人们不暴饮暴食，在外就餐的一些注意事项及如何选择和营造愉快的就餐环境。

我国的一项调查显示，在被调查的550名中学生中，坚持每天早餐的占57.1%，12.9%的人每周吃3～4次早餐，每周少于2次的占11.6%，有3.6%的学生从不吃早餐。调查发现，尽管城市中学生每天吃早餐的占了半数以上，但仍有15%的中学生从不吃和经常不吃早餐。

根据营养均衡要求，早餐最好包括谷类、肉类、奶及奶制品和蔬菜水果。调查显示，32.1%的学生早餐包括三类食物，35.2%的学生早餐包括两类食物，32.7%的学生早餐只包括一类食物，营养结构十分不合理。调查表明，中国人“轻视早餐”“可吃可不吃”的传统观念仍严重制约着人们对早餐的认识、改进，我国中学生的早餐营养状况依然不容乐观。

早餐是早上起床后结束饥饿状态的第一次正式用餐，早餐所提供的能量和营养素在全天能量和营养素的摄入中占有极其重要的地位，既要补充夜间的能量和营养素消耗，又要满足当天上午学习、活动的能量和营养素需要，它的作用是不可替代的。

俗话说：“一日之计在于晨，一年之计在于春”。量足质优的早餐使学生有充沛的精力迎接新一天的学习、活动。相反，胡吃乱吃或不吃早餐则会对中学生的身心造成不可弥补的损害。不吃早餐损害极大，长期不吃早餐严重影响身体营养摄入，损害中学生的认知能力、创造能力的培育、发挥，阻碍身体耐力的发育、保持，不吃早餐也直接导致了近几年我国中学生肥胖率的提高。此外，不吃早餐还会诱发胆结石、胃炎、贫血等多种疾病。据报道，对慢性胃炎患者的回顾调查中，有 28.5％以往长期不吃早餐，97％的结石患者有不吃早餐史。

中学生时期不仅是生长发育的重要阶段，也是各种行为形成的关键时期，其中饮食行为对孩子身体、智力和健康都起着重要作用，早餐行为尤为突出。良好的早餐行为，不仅有利于中学阶段的健康，而且对成年后一些慢性病的预防也起着重要作用。我国目前身体发育较快的中小学生营养失衡现象十分严重，一方面缺钙、缺铁、缺锌、营养不良的人居高不下，另一方面肥胖中学生的比例迅速增加，令人对此深感忧虑。

在具体的学习过程中，老师们普遍反映若干不吃早餐的学生在课堂上常常表现困倦、不安或躁动，注意力不集中，回答问题反应迟缓，记忆力明显减退，学习成绩因而逐步下降。由此可见，营养早餐与当前素质教育的开展有着不可分割的关系。鉴于中学生早餐的现状，应改变传统的早餐观念，提倡科学合理的营养早餐，普及营养知识，培养中学生良好的早餐饮食习惯，建立良好的早餐行为。

据调查，吃早餐的学生多在上午第三节课或放学时感到饥饿，其比例分别为 33.7％和 30.8％，有 4.6％和 13.8％的学生在第一二节课就有饥饿感，只有 17.1％的学生在上午没有饥饿感。这与学生们早餐吃得简单，吃得不科学、不合理有关。按照国外科学标准，早餐提供的能量、营养素应占全天需要的 30％左右，我国膳食指南目前仅要求早餐摄入能量达到全天的 30％。由于早餐传统、家庭环境和早餐供应体制等诸方面影响，中国人特别是学生的早餐还普遍达不到一般的能量、营养要求。

美国政府在 20 世纪 60 年代就开展了“学校营养早餐计划”(SBP)，由学校或配餐中心为学生准备早餐，在学校用餐。此外，美国和其他一些国家在学校都普及了“课间餐”，为学生们准备了易消化的加糖牛奶、酸奶、豆奶及品种多样的甜点心。国外经验表明，营养早餐和课间餐明显提高了中小学生食用早餐的比例，并对他们的能量和营养素摄入起到重要作用，促进了他们的生长发育。我国营养学家也在建议学校和家长想办法改善学生早餐现状，为培养孩子良好的早餐行为习惯奠定基础。

专家认为，早餐谷物配合牛奶既方便又有营养，能充分满足现代中国人快节奏的生活需求，由五谷杂粮加工而成的早餐谷物是营养素和能量构成十分均衡的食品，推广这一食品对改善中国人尤其是中小学生每日上午普遍的营养不足状况是十分有益的。而牛奶的营养成分全面，易于被人体所吸收，且含有提高人体免疫力的多种抗体，是人类早餐的最佳选择。

对学生说来，早餐应该是一日三餐中最重要的一项，既要有粮食，也要有蛋白质丰富的食物，要做到干稀搭配、主副食兼顾，经常变换花样，以增进食欲，满足学生的营养需要。要充分重视中学生早餐安全性和营养问题，重视早餐革命，制定和颁布有关政策和措施，迅速组织制定中小学生早餐标准，在餐饮食品加工业、学校和家庭中推行；有关研究机构和生产企业应加强联合，共同研究、开发和生产符合安全、卫生、营养、方便要求，生产具有中国特色的营养早餐食品，为培育科学的现代营养早餐市场，促进中学生乃至全民健康积极努力；每一个有能力的学校，有能力的家庭，都来重视中学生的早餐。

学生营养食谱的制订应遵循平衡膳食的原则，根据食物的营养特点和我国人民的饮食习惯及小学生的生理特点，进行合理选料，科学搭配，以满足小学生生长发育的需要：①要保证食物种类齐全，因为每类食物所含的营养成分各有不同，任何一种天然食物都不能提供小学生生长发育所需的全部营养素，食入的种类越多，机体获得的营养越齐全。因此，要保证膳食中食物的多样化。②确保优质蛋白质的供应，每日优质蛋白质的摄入应占膳食总蛋白质的1/2以上，才能提供充足的必需氨基酸，满足小学生生长发育的需要。动物性食物、豆类及其制品是优质蛋白质的良好来源，所以在膳食中应保证其供应。③三餐分配要合理，一般早、中、晚餐的能量应分别占总能量的30%、40%、30%为宜。④油脂以植物油为主，保证有一定量动物脂肪的摄入。⑤保证一定量蔬菜和水果的供应，深色蔬菜中含维生素和矿物质较多，因此蔬菜中应一半为绿色或其他有色的叶菜类，绿叶和红、黄色蔬菜比例应为2∶1。⑥做到粗细搭配、干稀搭配，这样不仅有利于营养素摄入全面，还可增加学生食欲。⑦注意荤素搭配，既可解决动物性蛋白和植物性蛋白的互补问题，又得到了丰富的维生素和矿物质。⑧因地制宜，充分利用当地食物资源，同时，还应注意季节变化及不同地区的饮食文化特点。

学生营养食谱的制作方法应根据学生年龄、性别及体重确定其能量和营养素需要量。人体所需能量主要来自蛋白质、脂肪和糖类三大营养素，所以又将这三大营养素称之为产热营养素，它们所提供的能量之和为 100%，在平衡膳食中，蛋白质、脂肪和糖类所提供能量应分别占总能量的 12%～15%、25%～30%、55%～60%。根据各种食物所含能量和营养素的不同，以及不同年龄学生所需能量和营养素的多少，确定每一类食物的量。

科学配餐要做到以下几点：①食物种类要多，种属要全。五谷杂粮、鸡鸭鱼肉、蔬菜水果、蘑菇木耳样样都要有，食物品种应在 5 种以上，克服偏食的习惯；②供求的营养素保持平衡。家长一定要考虑蛋白质、脂肪、糖类、钙、铁、维生素 A、维生素 B、维生素 C 等营养素的定量比例；③按照营养学的理论指导，科学烹调。

要合理选择零食，坚果好吃但不宜过量及吃零食要注意口腔健康等问题。中学生吃零食是一种普遍现象。营养学家认为，中学生正处于长身体的特殊时期，对能量和各种营养素的需要量比成年人相对要多，三餐之外，再吃一些有益于健康的小食品，能够为身体发育提供一定的能量和营养素，还能够从零食中得到一定的享受。因此，可以适当地吃一些零食。由于零食中含的营养素远远不如正餐食物中的营养素均衡、全面，零食中的糖含量一般明显高于正餐。经常吃零食会引起龋齿、营养素摄入不足等问题；所以，允许孩子吃零食，但不能够以零食来代替正餐，应当让孩子从一日三餐中获得他们生长发育所需要的营养物质。除此之外，购买零食应该注意买营养价值高、卫生干净的小食品。对年龄大的中学生，家长应该教他们选择营养相对均衡、全面的零食，并指导孩子控制、安排吃零食的时间，使孩子们得到吃零食的快乐，又有利于健康。

儿歌

学生三餐要合理，
早餐应好中餐饱。
正常学习不饿肚，
晚餐适量或宜少。
吃点零食补养分，
过食也会埋祸根。

十二、青少年不饮酒

三字经

青少年，莫饮酒。
酒有害，要警惕。
重症者，可致残。

在节假日、喜庆和交际的场合，人们饮酒是一种习俗。高度酒含能量高，白酒基本上是纯能量食物，不含其他营养素。无节制地饮酒，会使食欲下降，食物摄入量减少，以致发生多种营养素缺乏、急慢性乙醇中毒、酒精性脂肪肝，严重时还会造成酒精性肝硬化。过量饮酒还会增加患高血压、卒中等疾病的危险；并可导致事故及暴力的增加，对个人健康和社会安定都是有害的，应该严禁酗酒。另外，饮酒还会增加患某些癌症的危险。若饮酒尽可能饮用低度酒，并控制在适当的限量以下，建议成年男性一天饮用酒的乙醇量不超过 25 克，成年女性一天饮用酒的乙醇量不超过 15 克。儿童及青少年应忌酒。

酒不像烟那样有百害而无一利。逢年过节，少量喝点酒，有时可起到解除疲劳、增进食欲、帮助消化的作用，但是中学生倘若贪杯，就会给健康带来危害。

酒对健康有害，受害最突出的是肝。酒进入人体后，90%的成分要经过肝解毒，将其变成二氧化碳和水排出体外。研究发现，男性每日饮用酒的乙醇量超过 40 克（10 克相当于威士忌 28 毫升，或葡萄酒 85 毫升，或啤酒 250 毫升，或日本清酒 68 毫升），女性每日超过 20 克，连续 5 年以上可导致肝损伤。常表现为脂肪肝、酒精性肝炎、肝纤维化、嗜酒性慢性肝炎，甚至肝硬化、肝癌；凡嗜酒贪杯而自己又难以控制者，最多见的并发症是乙醇依赖症，表现为腹水，下肢水肿，突发性呕血、便血，重则不省人事、肝性脑病。

长期酗酒者除肝损害外，还可引起食管炎、胃炎、急慢性胰腺炎、记忆力衰退、小脑退行性变、大脑早衰痴呆。凡饮酒后血中乙醇浓度达 0.1 克/100 毫升时，服用苯巴比妥 0.5 毫克/100 毫升，即可抑制呼吸中枢致死。凡嗜酒者患病吃药时，常对多种药物的耐受性增强，直接影响药效和康复。

重度酗酒者的口腔癌、喉癌发生率较正常人高 10 倍。肝癌、胰腺癌、肠癌的比例也明显增高。饮酒不仅能增加乙型或丙型肝炎病毒对人体的易感性，还能协同病毒使肝功反复异常恶化，提前发生肝硬化，诱发癌变并缩短寿命。酗酒影响人体类固醇代谢，使性激素失衡，致染色体畸变。

中学生正处在生长发育阶段，肝细胞的解毒能力是有限的，如果狂饮贪杯，肝就会因乙醇刺激而失去解毒功能。

这不仅损害了肝细胞，而且还会使机体各组织器官受到乙醇的毒害。醉酒还会使人的中枢神经系统受到损害、严重时会造成中学生的性格改变和智能减退，所以中学生切不可饮酒。

儿歌

青少年在成长期，
切莫饮酒害自己。
酒害致病要警惕，
重症致残甚至死。
即便非得要作陪，
小杯葡萄酒咪咪。

十三、中小学生的营养有何特点

三字经

成长期，需要大。
补营养，应及时。
好习惯，真重要。

1. 小学生的能量需要相对较高。与成人比较，小学生处于一个生长发育阶段，能量需要相对较高。例如，一个体重为 63 千克的成年男子，在轻体力劳动时每天需要热能 10 875 千焦；而一个 7 岁的男性小学生，体重 22 千克，每天需要的热能就达 7531 千焦。

2. 小学生的其他营养素的需要也相对高于成人。蛋白质是构成和修补身体组织的材料，小学生正在生长发育，所需蛋白质最多。肉、蛋、奶等动物性食物所含的蛋白质最容易被身体吸收利用，在小学生的每日食谱中应有足量的供应。脂肪是储存热能的仓库，小学生在饥饿时首先动用体脂以避免消耗体内蛋白质；脂肪是构成细胞的主要成分，供给必需的脂肪酸，促进维生素 A、维生素 D、维生素 E、维生素 K 的吸收，应在小学生膳食中供给适量的脂肪，但需注意避免引起肥胖。

3. 小学生生长发育快，某些营养素（如钙、铁）和一些维生素易缺乏。钙是构成骨骼和牙齿的成分，钙缺乏时儿童骨、齿会发育不良。小学生应多喝奶，牛奶中不仅含钙丰富，而且还含有促进钙吸收的氨基酸和乳糖。维生素 D 能促进钙的吸收，儿童多晒太阳或补充鱼肝油可获得较多的维生素 D。小学生体内铁不足，会引起缺铁性贫血，导致疲倦、乏力、头晕、记忆力减退、思想不集中。动物性食物中的铁是有机铁，容易被身体吸收利用，小学生应多吃一些牛肉、猪肝、猪血等。小学生中维生素缺乏主要是由于膳食不均衡，挑食、偏食或食得过精所致。

4. 中学时代是长知识、长身体、增强体质的最重要、最有利的时期。良好的营养、适当的锻炼和合理的作息是影响其身心发育的三个重要因素。青春期体格发育极为迅猛，各个器官都在增大，脑、心、肝、肾等功能增强，加上学习紧张、活动量大，也需要更多的热能。热能主要来自主食米、面和脂肪、蛋白质，因此中学生应首先吃好三顿正餐。要多吃鱼、瘦肉、蛋、牛奶、豆制品等蛋白质丰富的食物，每日膳食中蛋白质的供给量为80～90克。

5. 中学生要补充足量的维生素和矿物质。青少年代谢旺盛，骨骼生长快，肌肉组织细胞数量直线上升，要特别注意钙、磷、镁和维生素A、维生素D的供给。大量组织的形成需要铁，供给不足则可发生贫血，特别是少女由于月经来潮，每次要损失一定量的血，因此铁质的补充更为重要。此外，随着甲状腺功能加强需要更多的碘；体格发育和性器官的逐渐成熟都需要锌；维持正常代谢和生长，离不开充足维生素的供给。

儿歌

中小学生成长期，
各类需要都很大。
足量增加禽畜肉，
脂类也须按需补。
三顿正餐要吃好，
良好习惯真重要。

十四、课间加餐有益处

三字经

坏习惯，课间乱。
肚子饿，怎么办。
为补益，加点餐。

中小学生正处于生理、心理迅速发育时期，由于不少家长轻视孩子的早餐，常常几块饼干或一碗稀饭作为早点，这样时间一长就会影响孩子们的健康。

一日之中，早餐是很重要的一餐。早餐的热能应占全日食物热能的25%～30%。可不少青少年一觉醒来，食欲不强，或者起床后时间紧迫，于是早餐只吃几口或者根本不吃，这样一上午饥肠辘辘，常常在第三四节课时出现头晕、体力不足、注意力不集中、上腹痛等现象，严重者还会有面色苍白、恶心、出虚汗、休克等低血糖症状。实行课间加餐，是补充早餐热能不足的重要方法。可以由学校组织，在第二节课后补充些热能。具体方法可以因地制宜，如从学校附近的饭馆、食堂、小吃店购买或由这些单位包送，也可以由学生从家里自带。最好是方便食品，如点心、面包、饼干、糖包、豆包、枣馒头、烧饼、油条等，每次50～100克即可。有条件者，可加配豆浆、豆腐脑、胡辣汤、麦乳精等。

课间加餐已在我国许多大城市中小学试行，取得良好的效果。学生的营养水平和健康水平均有所提高。天津市曾在两所小学任选一年级学生80人，做了为期96天的加餐对照试验。加餐前测定，早餐的热能只占标准供给量的63.5%，蛋白质摄入量只占标准供给量的63%；经96天加餐后，热能达到100.8%，蛋白质达到90%，达到或接近了供给量的标准。加餐组的饥饿感、胃痛、食欲减退和头晕现象明显减少，身高、坐高、体重和胸围等指标，试验后有了明显的提高。

课间加餐是家长们普遍关心的问题之一。从学生的健康角度着想，如有卫生、科学的课间餐当然最好。目前，有的中小学校开展了学生课间加餐，加餐的食物来源多种多样，没有一个统一的管理标准。由于各个学校的情况不同，学生的家庭条件各异，课间加餐应该视各个学校及学生家庭的情况而定，不可能统一要求。对每个孩子而言，是否必须加课间餐，要看学生的具体情况来定。假如孩子的早餐吃得好，能量和营养摄入比较充足，也可以不再进行课间加餐。但是在贫困山区，早餐营养差，课间能够供孩子喝上一杯新鲜的豆浆，吃一些营养丰富、卫生的食物作为学生的课间餐，会有利于学生的学习和生长发育。城市的有条件的学校也可以开展课间加餐，以改善营养状况。课间加餐应该注意：课间加餐应在早饭和午饭之间，一般在 10:00 左右比较合适。太早，孩子没有胃口；太晚又会影响午餐的进食。课间餐的品种要齐全，选择有营养容易消化、不油腻的食物，如牛奶、豆浆、豆奶等；课间餐吃的食物量不要太多；教育学生注意吃课间餐前要洗手，注意选择卫生的食品，防止食物中毒。

儿歌

早餐马虎坏习惯，
课间肚子饿添乱。
遇到问题想办法，
为了补益加点餐。
方便食品适量吃，
注意卫生重安全。

十五、为何提倡学校午餐制

三字经

午餐制，可提倡。
增营养，纠陋习。
促友情，劳动欢。

调查表明，由于多种原因，中小学生只靠家庭膳食，一般达不到儿童少年生长发育所需要的热能和多种营养素的供给标准。学校午餐制是指中、小学校供应学生一顿午餐，而这一顿午餐是通过营养师的计算和调配，使其热能和蛋白质的摄入量能达到全日供给量的40％，矿物质、微量元素达到全日供给量的50％。此外，配合家庭内有一顿丰富的早餐和适宜的晚餐，这样就能有效地预防学生常见的几种营养素的缺乏，从营养上可保证儿童青少年健康生长发育的需要。

学校午餐制的优点如下。

1. 营养师可根据学生不同年龄阶段的营养需要、身体状况、经济状况及当地主、副食生产情况来考虑学生各种营养素的摄入量进行营养配餐，使饮食合理，促进生长发育和增进健康。

2. 培养学生对日常饮食的正确理解和良好饮食习惯的形成，有利于纠正挑食、偏食的不良习惯，获得合理营养教育，并可把良好的饮食习惯带到家庭，改变人们的饮食习惯，使饮食、营养合理。

3. 通过准备和收拾午餐用具等的协作，使学生能学到独立劳动和服务精神。

4. 大家共同分享午餐，可丰富学校生活，培养学生良好的社交能力，增进师生友谊，加强集体主义观念。

儿歌

中小学生纠陋习，
可以提倡午餐制。
营养增强劳动欢，
促进友情感温暖。
社交能力可培养，
师生协同心更安。

十六、小学生应重视早餐

三字经

小学生，重早餐。
不马虎，搭配吃。
巧调理，精神好。

研究发现，9:00—10:00是人接受新事物注意力和记忆力达到高峰的最佳时机，也是一天中学习效率最高的时候。有的小学生由于早晨起床晚，常常不吃早饭就匆匆忙忙地赶往学校；还有的早餐非常随便，包括一些父母也对孩子的早餐十分忽视，既不讲究数量更不讲究质量。所以不少小学生在 10:00 左右就感到注意力不能集中、学习没有耐心、记忆力不强，有的甚至无法坚持上完课。这些现象应该引起重视。

早餐是起床后的第一顿饭，一顿营养丰富的早餐可以提供身体所需要的热能和营养素，还能让人一天都有好心情。研究表明，不吃早餐的孩子上课时常无法面向黑板坐好，总是和邻座的孩子窃窃私语。早餐时常不吃的孩子刚开始上课虽然有精神，但是持久力不佳，上到一半就会开始和同学说话。相对地，早餐确实吃饱的孩子上课会踊跃发言，笔记也抄得正确，注意力高度集中，成绩也大都良好。美国杜克大学的柯纳斯博士曾经发表了一个实验报告，据他研究，吃早餐的孩子比不吃早餐的孩子，经过一连串测试（对警告信号的立即反应和注意力集中测试）后，证明有更高的注意力。此外，吃早餐的孩子比不吃早餐的孩子学业成绩佳，上课态度也认真。

人在睡眠时体温降低，如果起床后不吃早餐，整个上午直到吃午餐前，身体会一直处于低温状态。人脑的活动在体温低时会变得较迟钝，体温适度升高脑力会较活泼。吃早餐可提升睡眠时降低的体温，使脑部更活跃。吃了早餐，脑部的血糖值会上升，供给脑部充分的能量，这也是提高注意力的一个原因。不吃早餐的话，不但易缺乏活力和注意力，情绪更会不稳定。这是因为能满足食欲的血糖值不足，再加上空腹时脂肪酸在血液中显著提高，结果空腹感觉强烈，不断刺激想吃东西的食欲，使人精神焦躁。

经常不吃早餐不仅会影响学习成绩，而且还会对健康产生一系列的危害：①影响学习成绩，大脑工作需要的能量来自血糖，不吃早饭或早饭中的能量不够，血糖的浓度就低，大脑细胞得不到充足的血糖供应，就会影响学习的效率，从而影响学习成绩。不吃早餐和早餐质量不好的学生，上午第一二节课就出现精力不集中、疲劳、思考问题不积极，第三四节课时以上现象更加明显。②导致营养缺乏症，不吃早餐或早餐质量不好是引起全天的能量和营养素摄入不足的主要原因之一。不吃早餐的学生全天能量、蛋白质、脂肪、糖类、钙、铁、磷、镁、维生素 B_2、维生素 B_{12}、维生素 A、叶酸等营养素的摄入低于吃早餐的学生。吃早餐可以明显改善学生某些营养素如钙、镁、铁、铜、锌、维生素 A 等的摄入。经常不吃早餐，会引起营养素的不足（如钙、铁、锌），严重时可以出现营养缺乏症，如营养不良、缺铁性贫血等。③导致肥胖，不吃早饭，到中午的时候，会出现强烈的空腹感和饥饿感，吃起饭来狼吞虎咽，不知不觉之中就吃下去太多的食物。多余的能量在身体内转化成脂肪堆积在皮下，使身体发胖。④经常不吃早餐，影响消化系统的功能，容易诱发胃炎、胆结石等消化系统的疾病。此外，饥饿的人容易暴饮暴食，引起急性胃扩张、急性胰腺炎等后果。

膳食结构不平衡是另一种值得重视的现象。一些家长给孩子准备的早餐偏于含糖类食物，而另一些家长则偏向于高质量食物，如牛奶、鸡蛋、巧克力、麦乳精等。质量是精、高了，但热能仍然不够。造成上述现象的原因是一些家长认为早餐不是主餐，马虎一点没有关系。其实，早餐应该认真准备，合理安排，要以吃富于热能的米面含糖食物为主，兼吃一些含蛋白质及其他营养素的食物。注意膳食平衡，也要注意合理搭配，变点花样，既要符合营养要求，又要新鲜可口，增进食欲。

小学生早餐的配制应注意以下几点：①热能要高、体积要小。学生上午的学习课业负担很重。早晨醒来，虽然胃内食物已经排空，但食欲很差，吃不下大量的食物。选择体积小、但热能高的食品让他们吃，可以满足一上午学习和活动的需要。②早餐要尽量做得色香、味美，迎合孩子的口味，以唤起他们的食欲，逐步养成吃早餐的习惯。③蛋白质和钙的含量要高。食物中的蛋白质可以更新脑组织，钙可以帮助大脑顽强地工作。为满足生长发育和一上午紧张学习的需要，牛奶的钙含量高且容易被人体吸收，是补充蛋白质和钙的最好食品。④要吃足量瘦肉、鸡蛋，同时吃些蔬菜或水果。这几种食品同时吃，可以使瘦肉、鸡蛋中含的铁在维生素C的帮助下被人体吸收。⑤适量吃些肝和富含胡萝卜素的蔬菜。⑥一定要吃些主食。在早餐市场上，目前还买不到营养素搭配全面合理的早餐，因此建议家长，每天早起10分钟，为孩子准备一份科学合理的早餐。

儿歌

小学生要重早餐，
认真搭配不马虎。
早餐时间一刻钟，
巧妙调理吃得饱。
从容到校不急躁，
上课集中精神好。

十七、小学生的午餐要吃好

三字经

小学生，午餐好。
加营养，补消耗。
一整天，不乱跑。

俗话说“午吃好”这是很有道理的，但是我国中小学生午餐的现状十分令人忧虑。据调查，北京有70%的中小学生不在家里吃午饭，对于午餐只能凑合、将就。学生有的买些营养价值低的小食品当作午饭，有的只吃单纯的煎饼，有的学生啃一包干脆面或买几串羊肉串就当午餐了，还有的学生把用于买午饭的钱拿去玩游戏。许多学校都没有食堂，有的学校虽然有食堂，但连起码的卫生条件都保证不了，更谈不到提供营养午餐了。学生的午餐已经成为影响学生营养摄入及正常生长发育的一个问题，这个问题也得到各界有识之士的重视，他们积极奔走，呼吁开展学校营养午餐，尽快解决这个问题。

学校营养午餐是指根据中小学生在生长发育期间对各种营养素的需要，通过营养工作者的指导和计算，由学校或厂家提供给学生的一顿营养全面、均衡的午餐。学校营养午餐中提供给学生的能量和各种营养素应达到一天供给量标准的40%。

我国的学校午餐起步晚，还没有形成像美国、日本等国家那样一套完整的生产、供应体系。推广学校营养午餐有以下几点好处：①可以保证中小学生均衡、全面营养的供给，改善他们的营养状况。②可以纠正不良的习惯，培养良好的饮食和卫生习惯。推广学校午餐，学生们在一起就餐，可以纠正学生挑食、偏食等不良的饮食习惯。③可以培养学生的集体主义感和服务精神。学生集体就餐，排队打饭菜等增强了学生的生活自理能力，养成了饭前洗手、进餐时细嚼慢咽等良好的用餐习惯，饭菜吃多少打多少，培养了学生爱惜粮食的好思想。④可以学习营养知识。推广学校午餐，学生在就餐过程中可以增加营养知识。⑤教师和学生共同进餐，可以增进师生之间的感情，活跃学校生活。⑥可以保证学生吃上卫生、合格的食品。⑦解决了家长的后顾之忧，特别是避免了学生中午放学回家途中意外事故的发生。

午餐是一日膳食中最重要的一餐，它既要补充学生上午的热能消耗及各种营养素的丢失，还要为下午的学习和活动储备能量，更要满足学生生长发育的需要。因此，午餐的热能摄入量应该占全日总热能摄入量的40%，蛋白质和脂肪的摄入量可以占到全天总供给量50%。为了小学生健康成长，我国政府下大力量开发学生营养午餐，如果孩子能在学校吃上营养午餐，一定鼓励孩子在校用餐。

儿歌

小学生进午餐好，
加强营养补消耗。
吃饱安心一整天，
课间活动不乱跑。
在校就餐讲卫生，
减少意外避纷争。

十八、小学生的晚餐要安排好

三字经

小学生，晚餐少。
宜清淡，促消化。
早入睡，增智慧。

晚餐的原则是“少而清淡”。过于丰盛的晚餐，对孩子身体和大脑都不利。晚饭要做到既容易消化吸收，又有益智补脑作用，不妨用常规的食物，给予特殊的配比，煨点健脑益智粥，要比给孩子买保健品更有益。

晚餐吃得过迟，孩子吃饭后没有多少休息活动的时间，首先是对孩子夜间的睡眠不利。晚上吃的食物还没有来得及消化吸收，便卧床休息，很难进入深度睡眠状态，因为还有一部分脑细胞要忙于指挥胃肠系统工作。正因为睡眠不深，所以孩子睡觉时容易做噩梦，夜间睡眠效果不好，影响第二天上课时的精神状态。

晚饭吃得太迟，还会影响第二天早餐的进食量。特别是如果晚饭吃了许多油腻的东西，第二天早上肚子饱饱的、胀胀的，头昏昏沉沉的，根本不可能有食欲吃进早餐。长期如此下去，就会影响人体均衡地摄取食物，也会影响人体生物钟的正常运转，损害身体健康。

更重要的是，晚饭吃得过晚，可引起尿路结石。据资料报道，日本松下医院通过对 270 名尿路结石患者调查发现，这些人员中有 97 名是在 21:00 以后进食晚餐，25 人有吃夜宵的生活习惯。

众所周知，尿结石的主要成分是钙，而食物中所含的钙除了一部分是通过肠壁被机体吸收外，多余的则全部由小便排出。人体排尿的高峰时间是饭后 4～5 小时，晚饭吃得过迟，人们不再进行大量活动，因而使晚饭后产生的尿液全部滞留在膀胱中，这样膀胱尿液中钙的含量就不断增加，久而久之，形成了尿路结石。由此看来，晚餐真是不宜吃得太迟。

儿歌

小学生晚餐宜少，
清淡不饿促消化。
晚间学习要放松，
不应强化再用功。
尽早入睡避结石，
安静调理增智慧。

十九、中学生的早餐如何配制

三字经

中学生，早餐丰。
巧配制，免油炸。
量充分，精力盛。

早餐应吃好，切不可空腹，否则容易发生低血糖晕厥现象。吃好早餐可充足供给大脑必需的能量，对保持旺盛的精力和较好的考试状态具有重要作用。应多吃一些补脑的食物，如鱼类、豆制品、瘦肉、鸡蛋、牛奶以及新鲜蔬菜、瓜果等，少吃肥肉、油炸食品等。不要暴饮暴食，以免加重胃肠负担，否则不但对健康不利，而且可使大脑灵敏度降低，影响考试成绩。早餐应该有粮食，也应有富含蛋白质的食物，干稀搭配、主副食兼顾。主食有馒头、包子、油饼、烧饼、豆沙包、鸡蛋挂面、鸡蛋炒饭等；富含蛋白质的食物有咸鸭蛋、火腿、豆腐丝、煮黄豆、酱豆腐、煮花生米、小葱拌豆腐等；稀的食物有牛奶、米粥、鸡蛋汤、挂面、麦片粥等；小菜有拌胡萝卜丝、拌黄瓜、拌白菜丝、拌海带丝等。

儿歌

中学生宜早餐丰，
混杂配制免油炸。
干稀搭配量充分，
饮食有度不急促。
适量增食豆鱼类，
益脑增智精力盛。

二十、中学生的中餐如何配制

三字经

中学生，午餐饱。
营养足，多菜蔬。
下午考，不在乎。

上午体内的热能和各种营养素消耗很大，午餐应该吃饱吃好，可吃些肉类、鸡蛋等含能量较高的食品，它为午后考试活动做好准备。因此，午餐应摄入充足的热能和各种营养素。有粮食、有肉、有菜、有豆制品，有干有稀。主食有馒头、芝麻酱花卷、白菜猪肉包子、红豆包、玉米面豆面白面发糕、软米饭、面条等；炒菜有炒猪肝、虾皮烧油菜、肉炒芹菜、肉片柿子椒、白菜烧豆腐、肉丁烧莴笋、炒洋白菜、肉片烧豆角、炒胡萝卜丝、拌绿豆芽、酸辣白菜、肉末炒鸡蛋、白菜炒海带等；汤菜有排骨冬瓜汤、虾皮白菜汤、骨头白菜汤、紫菜汤等；粥类有小米粥、大米粥、玉米面粥、绿豆粥、莲子粥、山楂粥、丝瓜粥。

儿歌

中学生须午餐饱，
营养充足多菜蔬。
有干有稀吃得欢，
摄食各种营养素。
饭后小憩作调整，
下午考试不在乎。

二十一、中学生的晚餐如何配制

三字经

中学生，适晚餐。
避油腻，不宜饱。

较早睡，状态好。

晚餐摄入食物的量与休息时间迟早有关。即使是睡眠较迟，也不应该吃油腻不易消化的食物，以免导致消化不良，影响考试。晚餐还不宜吃得过饱。科学家研究发现，吃得过饱后大脑中有一种叫“纤维芽细胞生长因子”的物质，会明显增加，会使大脑节奏减慢，效率降低。所以中学生晚餐建议吃七八分饱即可，晚餐在充分供应热能和蛋白质的基础上，同时需要一定量的糖类，如豆类、土豆、红薯、玉米等。这对于提高记忆力，增强脑力，抵抗疲劳具有积极的意义。主食可考虑紫米饭、玉米饭、烤面包等，副食可考虑鸡蛋炖豆腐、清蒸鲈鱼、莴笋炒肉丝等，中学生晚餐副食应注重瘦肉、猪肝、鸡肉、鱼、牛奶、鸡蛋、虾皮和各种新鲜蔬菜水果的搭配设计，以保证各种氨基酸和丰富维生素的最佳生物效率及微量元素的摄入。

三餐之间可以加吃水果，如西瓜、香蕉等；在饮料上可选择橙汁、苹果汁、柠檬汁、番茄汁、葡萄汁、菠萝汁等，特别是新鲜的原汁，更富含多种维生素、糖类以及矿物质。由于天热，不要过食冷饮，以免造成胃肠消化吸收功能紊乱。其他如汽水、冰水等，也应少饮，以免影响食欲。

儿歌

中学生适量晚餐，
避开油腻不宜饱。
考前尤需食清淡，
消化完全免疲劳。
过食不当影响脑，

较早入睡状态好。

二十二、中考、高考阶段的营养需要

三字经

可加餐，中高考。
能量足，营养好。
促代谢，补饮料。

每年的六月份，是参加中、高考学生们的关键时刻。这一时期的孩子正处在学习负担重、用脑过度的特殊阶段，能量和各种营养素的需要都超过成年人。学生们准备复习考试阶段，正处于夏季，炎热的气候、过重的学习压力，常常会造成孩子食欲不佳、消化能力减弱，甚至发生疾病。因此，在这一段特殊的时期，家长一定要注意学生的膳食营养。

备考的最后阶段，复习到一定程度后，从某种意义上讲就是拼体力，谁的身体好，能坚持到底，谁就有希望成功。所以，加强这一时期青少年的营养非常重要。考试复习阶段宜一日四餐。考试前的复习阶段，学生们一般都比较疲劳、紧张，很多人吃不下饭，体力和精力不足，容易形成恶性循环。在此阶段，家长一定要重视学生的膳食营养，应当遵循“早餐吃好，午餐吃饱，晚餐适量”的原则。另外，因这一时期的青少年晚饭后还要学习数小时，因此在晚饭后到睡觉前应有一次加餐，做到一日四餐，合理安排。

早餐：吃好早餐非常重要，因为孩子上午要连续学习

4～5 个小时,并有课间活动,能量及各种营养素消耗大。如果不吃或吃不好早餐,对学习和身体都会带来不利影响,后两节课时会出现饥饿感、头晕、注意力不集中及心慌等低血糖反应,不仅影响学习,还会伤害身体,所以,早餐一定要吃好。早餐能量应占全天总能量的 30%。由于早晨起床后,大脑皮质仍处在抑制状态,很多孩子食欲较差,进食量少,因此早餐要进食体积小、质量高、热能高、耐饥且又易于消化吸收的食物,如鸡蛋、牛奶、面包、蛋糕、白糖、果酱、馒头、烧饼、裹鸡蛋的煎馒头片、豆浆、面条荷包蛋、火腿肠及香肠等。有的学生晚上复习功课睡得太晚,早晨起不来,把吃早饭时间挤掉了,空着肚子去上课,这样对身体健康极不利,同时也影响学习效率。因此,一定要帮助孩子调整好作息时间,给吃早餐留出时间。学生们午餐前后都是学习、活动时间,所以孩子们的午餐一定要吃够量。午餐能量应占全天总能量的 35%～40%。

午晚餐:作为一天中的正餐,午餐的主副食品要丰富多样,对于 15 岁左右的学生来讲,一般要求进食瘦肉类 50 克,豆制品 50～100 克,青菜类 250 克,最好每周吃鱼 2～3 次,主食随饭量而定。晚餐能量应占全天总能量的 30%～35%,品种基本上与午餐相同。学生的午餐和晚餐要注意粗细搭配、干稀搭配、主副食品搭配、荤素搭配、菜的颜色搭配,烹调方法要多样化,力求做到色、香、味、形俱佳。有条件在家就餐的学生最好能有三菜一汤:荤菜、荤素搭配菜、素菜和汤,主食品种也要多样或调剂着吃。

加餐:考试前,学生大多因复习功课睡得较晚,从晚餐至睡觉,中间有 4～5 个小时。这段时间里,晚餐所吃的食物已基本消化掉，需要加以补充。另外，有些学生念书很累，大脑处于紧张兴奋状态，以至于影响睡眠，故晚间加餐时最好喝一杯牛奶，吃些面包、鸡蛋，既补充了营养，又可起到安神作用。

考前饮食中的注意事项：中考和高考的时间正值夏天，气候炎热，食物容易腐败变质，再加上学生们学习紧张，心理压力大，身体抵抗力降低，很容易因食用不洁或变质食物而发生食物中毒性或肠道感染性急性胃肠炎，甚至引起细菌性痢疾，严重影响学习和考试发挥。因此，这一阶段一定要格外讲究饮食卫生，吃新鲜、洁净、无变质食品；喝开水；少吃雪糕、冰激凌等冷食；尽量不吃街头小摊买来的熟肉制品或凉拌菜。

尽量不喝碳酸型和兴奋型饮料，因碳酸型饮料中含有二氧化碳，易引起腹胀、呃逆，使孩子因不适而造成学习中精力不集中。如果在吃饭的同时喝碳酸型饮料，会因腹胀造成饱腹感假象，使进食量减少，但不久就饿了，使学习受到影响。兴奋型饮料有可能打乱人体生物钟而影响正常学习，所以学生在考试前尽量不喝。

夏天出汗多，体内钠流失大，应适当补充盐分。可以让学生喝些淡盐水、生理盐水和菜汤等，以避免因低钠造成的抽搐和中暑。

如果孩子食欲不好，可在饭前喝一小碗鲜鸡汤、鲜鱼汤或去油的骨头汤等，因汤内含有氮的浸出物，可以刺激胃液分泌，增加食欲。也可喝一瓶酸奶，增加胃酸，以增强食欲。睡前最好洗个澡，喝一杯牛奶或一小碗稠小米粥。这样有利于睡眠，能提高睡眠质量。但不要忘记喝完奶或小米粥后，一定要刷牙漱口。考试当天早饭要吃得稍干一点、咸一点，因食盐中的钠在体内有水钠潴留作用，所以考试时不会因感到憋尿而分散精力。

儿歌

学生迎来中高考，
适时加餐很必要。
能量充足营养好，
调节心境不可少。
严控冷饮促代谢，
按需补给淡饮料。

二十三、考前进补的是与非

三字经

迎考前，多广告。
狂渲染，搞促销。
持常态，心情妙。

高考等重大考试前，保健品广告骤然增多，而且花样翻新。凡宣称保健食品短期能发生明显功效的宣传都是不科学的，请广大考生和家长要注意鉴别，不要盲目轻信。从工商部门查处的有关违法保健品广告来看，这类广告存在三种误区：①夸大产品功效，不科学地宣称已从根本上解决学生注意力不集中问题，能全面改善大脑营养，彻底消除疲劳，强化记忆、活跃思维；②将学生取得的良好成绩归结于服用了某些保健品；③为达到促销目的，渲染紧张气氛，夸大临考记忆短路现象，加重考生思想包袱。

营养学专家认为，不能过分迷信保健品，毕竟保健食品仅仅具有特定保健功效，适宜于特定人群，具有调节机体功能，不以治疗疾病为目的，短期内服用效果并不明显。因此，保健品并不是“灵丹妙药”。对于孩子的营养状况，家长不需过分担心。脑保健品中的不饱和脂肪酸、维生素、脑磷脂、微量元素等营养成分都可以通过正常的饮食获得，要做的只是平衡膳食、合理营养。临考的记忆短路是因心理紧张造成的，因此解决的关键是调整好紧张心理，学会自我放松。

此外，在炎夏进补保健品需谨慎。因为保健品有热性、凉性之分，在一般情况下，标明具有补气、补阳、补血功效的保健品，大体上以偏热的居多。但处于炎热的盛夏，就考生的体质而论，服用这些保健品是不太适宜的。从营养和体质角度看，大部分考生基本上属于阴阳平衡状态，没有什么明显的“虚”处可补。若是不分药性统统进补，就会打乱考生的身体平衡，严重的还会导致“上火”，淌鼻血，长口疮，引起烦躁不安。因此，在考试前较为紧张的情况下，要补充营养也应以日常饮食为主。

儿歌

迎考前夕多广告，
狂热渲染搞促销。
平静心态免受害，
灵丹妙药不可靠。
胡乱取舍会上火，
学会放松心情妙。

二十四、“豆芽菜”身材的学生吃什么

三字经

无力型，须分清。
常锻炼，纠顽习。
重饮食，可调理。

豆芽菜体型也被称为无力型，有比较明确的医学标准，也就是看胸廓即胸围的大小，如果胸围过小则说明孩子属于或趋向于“豆芽菜”体型。在刚出生时，新生儿头部最大，胸围一般小于头围1～2厘米。随着以后的发育增快，胸廓的发育速度明显快于头部，12岁的孩子胸围大于头围约12厘米。如果测量得出的胸围明显低于孩子的年龄，就可以认定孩子是“豆芽菜”体型。

“豆芽菜”体型说明胸廓包括胸部的皮下脂肪、胸部肌肉与骨骼较小，还表明胸腔内的器官（如心脏、肺）发育不太好。它将严重影响青少年的健康发育，严重的还会造成相应的缺铁性贫血、佝偻病、缺锌等病症。因此，定期测量胸围，不仅可以了解孩子的体型是否正常，还能间接判断心、肺等器官的发育情况。测量胸围的方法是：让孩子两手自然下垂，两眼平视前方，做自然呼吸，测量者站在孩子的右前方，用左手拇指固定软尺，前面沿着孩子的胸前乳头下缘、后面经肩胛下角绕胸廓一周，得出的数值即为胸围大小。

医学研究表明，除有的是由于遗传、内分泌及发育较晚的因素外，大都是由于营养不良、锻炼不够导致。营养不良

学生中，偏食、挑食的现象尤为严重，还有些学生养成了喜吃零食、不爱吃主食的习惯，甚至在中学生中出现了盲目减肥而导致的营养不良。饮食无规律减弱消化功能。专家认为，早餐省略、午餐凑合、晚餐太丰盛的饮食习惯，以及热能食物来源不合理，是导致学生营养状况不容乐观的主要原因。学生的营养按科学的比例是，早餐占全日热能 30%左右，午餐占 40%左右，晚餐占 30%左右，但是学生长期不吃早餐空腹上课，就减去了全天 1/3 的营养，到了习惯成自然时，他的胃肠道消化吸收功能已经适应了没有早餐的消化与营养，加上总是吃零食和吃冷饮，导致正餐时食欲缺乏，胃肠功能不可避免地减弱，营养不良也就成为必然。不良进食习惯降低吸收能力。经调查发现，不少“豆芽菜”学生从上小学起就边吃饭边看书或看电视、听录音。进餐时声、光、景、情一齐刺激大脑，往往会引起消化液分泌减少，消化吸收力降低，同样造成营养不良。极少数营养不良学生是因慢性疾病、寄生虫等原因所致。

青少年“豆芽菜”体型的最突出的表现是身材消瘦，而消瘦一般有单纯性消瘦和继发性消瘦之分。单纯性消瘦是指身体较瘦，但没有明确的内分泌疾病，身体各器官组织发育正常；继发性消瘦是指神经系统或内分泌系统发生病变，或是由于生活无规律、营养失衡、缺乏必要的体育锻炼，以及受不良情绪的影响而导致的身体消瘦。

“人以食为天”一直是中国文化遗产中很重要的观点，享受美食也是人类生产活动中的重要乐趣之一。但医学证据显示，上帝创造出的人类只适于承受限量的食物，一生以美食为乐趣而体重上升的人，会因食物慢性中毒而不能健康长寿，不管吃什么解毒或排毒的中西药都不会有效。

目前，至少有三种证据，显示动物（包括人类）的寿命和食量（体重）成反比。

第一，肥胖症的研究显示，同样身高但体重越重的人死亡率越高，寿命越短；与之相反的是，同样身高但体重越轻的不吸烟人士，死亡率越低，寿命越长，当然，因生病而变瘦的人不算。

第二，全世界 50 余亿人口中，约有 4 万个百岁以上的人，而其中的 80％是女性；发达国家的女性平均寿命约 80，比男性平均多 5 岁，女性的身高和体重通常都比男性低。

第三，数十种动物的实验结果显示，一生饮用限量但营养不缺的动物，体重较轻但寿命较长。简单地讲，食物少，体重轻，身体较容易躲过食物过量的慢性中毒，生大病的机会就较少，故能长寿。

女性卵巢分泌的雌激素，除了强骨、美肤、雕塑女性曲线、维持性功能和形成女性特有的阴性气质外，对心脏血管系统有特殊的保护作用，可以增加血中好的胆固醇，并协助清除坏的胆固醇，因此女性的血管比较不容易硬化。

男性到了 40 岁就开始死于冠心病，而女性却能晚 10 年才死于冠心病，有许多学者认为这是女性长寿的原因。但在女人一生 80 年的岁月中，12 岁来月经前的 10 年和 50 岁更年期开始（月经停止后）的 30 年，总共有半生并未受惠于雌激素，因为在这 40 年中，体内只有微量的雌激素，尤其是停经后的 30 年间，在只有微量雌激素的情形下，女性竟能比男性多活 5 年，这显然不是雌激素的作用。

虽然女性比男性长寿的真正原因未明，但女性身材较矮小，体重较轻，食量较小，食物慢性中毒较浅，应是目前最合适的解释。

“豆芽菜”学生在进行体育锻炼的同时，合理搭配饮食，保证充足的营养，是使青少年身体强壮结实的重要因素。蛋白质、脂肪、糖类、矿物质、水等是人体生长发育所必需的营养成分，其中蛋白质是人体中最重要的营养成分，它能促进肌肉的生长，青少年每天每千克体重对蛋白质的需求量是3克。虽然目前中小学生身高体重都有不同程度的增长，膳食中热能供给已达到甚至超过标准，但蛋白质供给量偏低，优质蛋白质比例偏少在营养不良的“豆芽菜”学生中比较突出。因此，消瘦者的膳食调配要合理、多样。平时除食用富含动物性蛋白质的肉、蛋类外，还要适当多吃一些豆制品及红小豆、蔬菜、瓜果等。

另外，家长要注意调理好孩子的脾胃功能，增强消化道对食物中营养素的消化和吸收，如注意食物保温，清淡少油腻，细软易消化，多用以水为传热介质的烹饪方式，如汤、羹等，少用煎、炸、烤等以油为介质的烹饪方式。必要时可在医师指导下服用调理脾胃功能的药物，如B族维生素、酵母片及健脾膏等中成药。除日常平衡饮食外，青少年还应保持充足而良好的睡眠。人的睡眠若比较充足，胃口就比较好，而且也有利于对食物的消化和吸收。还要注意个人心理健康。工作和生活中的紧张和压力、生活中一些小事想不开、超出人体负荷的“疯狂”学习或工作等，都会使人愈加消瘦。相反，愉快的心理状态、和谐的人际关系则有助于身体的强壮。

某些“豆芽菜”体型可能是由潜在的疾病引起的，如佝偻病、营养不良、结核病等，因此在日常生活中青少年要注意预防肺部及消化道感染，为保健提供一个良好的体内环境。注意补足胡萝卜素，日常多食用胡萝卜、菠菜、柑橘等，也可直接服用胡萝卜素口服液，保护脾胃功能。另外，蛔虫等肠道寄生虫，是比较常见的导致孩子成为“豆芽菜”的“元凶”之一，青少年应在医师指导下服用驱虫药，及时驱虫。

随着饮食的正常恢复，营养的加强和体育运动促进消化吸收和刺激骨骼及肌肉的生长，“豆芽菜”体型的孩子是会慢慢恢复正常体型的。

儿歌

豆芽菜是无力型，
致病原因须分清。
加强锻炼纠顽习，
注重饮食可调理。
科学规范人生路，
乐观自信成动力。

二十五、“胖墩型”身材的学生吃什么

三字经

胖墩型，限制糖。
多纤维，低脂肪。
要锻炼，重调理。

1. 基本原则　膳食热能摄取量要适当，针对不同年龄层次，基本原则是每天的热能摄入以低热能饮食为主。

(1)高蛋白：每天摄入的蛋白质在全部热能中占的比例，可按体重计算，每天每千克体重为1.6～2克。例如，一个40千克重的小学生，每天摄入的蛋白质应在54～80克，约相当于鲜牛奶250克，鸡蛋50克，瘦肉100克，鱼100克，豆腐干50克，米饭100克。摄入蛋白质的量，也可按年龄组来分：7—10岁，60克；10—12岁，70克；13—16岁，80～90克。

(2)充足的维生素和丰富的食物纤维：蔬菜类、瓜果类、鲜豆类，虽然热能少，但含有人体所需的多种维生素和食物纤维，可加速食物通过消化道的速度，减低热能吸收量及饥饿感，因此对胖墩型中小学生来说，是最好的减肥食谱。

(3)低脂肪低糖：脂肪热能高，而多余的糖极易在体内以脂肪形式储存。食谱中的油脂应控制在每日50克以内，且应以植物油为主；糖类(淀粉)应控制在每日100～150克。对于胖墩型中小学生来说，巧克力、糖果、奶油冰激凌、肥肉、油炸食品及含糖较多的饮料应该不吃。

(4)补充水分：可用不含或含热能少的矿泉水、白开水、蔬果汁等，同时也应注意掌握量的多少。气候炎热时，喝矿泉水等还可补充运动出汗损失的矿物质。

肥胖往往会使青春期中学生备感苦恼。那么青春期中学生为何会发胖呢？有些中学生的肥胖，多与父母过胖有关。近年发现，父母肥胖的人子女有73%也肥胖。父母一个肥胖者，所生子女有40%可能肥胖，而父母消瘦，所生子女仅有9%肥胖。运动量减少，青春期的中学生身高体重的增长都将出现高峰。消化吸收能力增强，加之长时间坐着学习，生理上的一些变化又会引起女中学生活动的减少(如月经、乳房发育)，这样就会使过多的物质在体内变成脂肪贮存，使体重增加，身体发胖。女中学生进入青春期，成熟的卵巢会分泌雌激素，雌激素能促进女性特征的出现，也会促进少女皮下脂肪的堆积使身体发胖。

2. 超重中学生的饮食对策

(1)控制热能的摄入：健康的中学生热能摄入每天9614～10 032千焦，过肥胖的中学生应把每日的热能减少10%～20%。尽量做到定量，每餐八分饱，尤其是晚餐。有的女中学生吃饭虽然很少，但口里零食不断、甜食不断，这就免不了要长胖。

(2)少吃动物脂肪和糖类：脂肪热能很高，是糖的2倍，故超重中学生应控制摄入。糖虽然热能不及脂肪，但糖在体内可促使脂肪合成，所以糖实际上是体内脂肪的重要原料。肥胖中学生应少吃糖类。

(3)多吃蔬菜，少吃盐，适量饮茶饮醋：蔬菜中的纤维素既能使人产生饱腹感，又能减少能量的积蓄，从而达到减肥的作用。食盐含钠，钠有亲水性，可以使水分在细胞外液积蓄从而增加体重，故肥胖超重中学生要少吃盐。茶和醋均有减肥之功效，尤其是乌龙茶。

(4)对胖墩型中小学生进行饮食治疗：先要掌握其食物营养特点，以便于对各个年龄阶段的胖墩型中小学生制定节食食谱，但总的原则应限制能量摄入，同时要保证生长发育需要，使食物多样化，维生素充足，不给刺激性调味品，食物宜采用蒸、煮或凉拌的方式烹调，应减少容易消化吸收的碳水化合物(如蔗糖)的摄入，不吃糖果、甜糕点、饼干等甜食，尽量少食面包和土豆，少吃脂肪性食品，特别是肥肉，可适量增加蛋白质饮食，如豆制品、瘦肉等。然而，并不是一提减肥就一点糖及含糖食品都不能吃，重要的是处于发育期的胖墩型中小学生，要避免极端地限制热能，学龄儿童每年能增高 5～6 厘米，只要体重维持在现状的情况下，一年后其肥胖程度将得到改善。极端的饮食限制会给中小学生造成心理上的压抑，有时也会引起对治疗的抵触。总之，只要合理调整胖墩型中小学生的饮食，就能取得又减肥又不影响其生长发育的良好效果。

儿歌

中小学生胖墩型，
控制热能限制糖。
餐饮采纳多纤维，
严格遵循低脂肪。
强化运动要锻炼，
综合措施重调理。

二十六、强化食品是什么

三字经

饮食物，缺营养。
想办法，添加剂。
巧选用，有增益。

强化食品是加有维生素、矿物质、蛋白质等添加剂，使营养得到增强的食品。

人在进入现代社会以后，粮食的加工程度越来越高了。这固然使粮食更加可口了，但在精加工过程中，原存在于谷物麦皮或表层的营养大量丢失，使粮食的营养价值明显降低了。20世纪50年代，菲律宾人由于长期食用精白米，有相当一部分人患有脚气病。所谓脚气病并不是由真菌引起的脚气，而是因缺乏维生素B所引起的一种全身性疾病，它会使患者感到疲劳虚弱、小腿沉重、肌肉疼痛、头痛、失眠，严重的会肌肉萎缩、手足痉挛、下肢水肿，甚至因心力衰竭而导致死亡。由于菲律宾当时的生活水平不高，医疗条件欠缺，脚气病的死亡率曾一度高达11%～15%。为了防治脚气病，一位名叫威廉斯的博士首先成功地用经过化学处理的维生素B溶液，浸渍或喷洒在精米的表面，然后烘干，使维生素附在米粒上形成薄膜，即使搓洗蒸煮，养分仍然完好无损。菲律宾广泛推广这一方法后，脚气病发病率骤减。这一成就迅速誉满全球。这种添加维生素的米就被人们称作“强化米”。此后，各种强化食品在世界各国陆续出现。美国在20世纪70年代后期曾规定，为了弥补面粉在加工过程中丢失的养分，食品厂制作面包必须要添加维生素和矿物质，使之成为“强化面包”。

从1995年我国就实行了碘盐，以预防人们的甲状腺肿大和相关疾病。碘盐就是一种强化食品。简单地说，强化食品就是把人们必需的，同时又缺乏的微量营养素，通过食物补充到人们的身体里去。

一听强化食品，很多人认为是把营养增加了多少倍，实际上不是。在我国，强化食物就是把身体缺的又没有补充到的以非常低的水平加进去。

因为现在工业化的食物加工程度过高，很多营养在加工过程中就流失了，强化食品是一种恢复性的补充。由于各国对强化食品都有明确的质量标准，因而强化食品是非常安全的。

我国确定了几种食品，如主食类的面粉、大米，调味品类的盐、酱油、食用油，我们把这些作为食物的载体，将人们所缺乏的营养素，按照其本身的性质合理科学地分布在它的载体上。现在一些企业推出的强化食品，主要是根据中国绝大部分人的情况，在其中增添了维生素 B_1、维生素 B_2、叶酸、铁、锌和钙等。

强化食品是改善营养的重要方式，结合我国目前的营养现状，很多人都有营养缺乏的问题，通过食用强化食品营养可以得到满足，从而能改善人们的健康状况；可以远离各种慢性非传染性疾病，个人的生活质量会有明显提高。

儿歌

食物加工缺营养，
补缺使用添加剂。
对症适量巧选用，
消除病症有增益。
远离各种慢性病，
预防措施防顽疾。

二十七、合理烹调与营养

三字经

保营养，善烹调。

色香味，兼顾好。

增食欲，情绪高。

合理烹调是保证食品口味和营养成分的重要环节之一。

粮食在烹调中，维生素最易损失，其次为矿物质、蛋白质、脂肪、糖类，在通常情况下，量与质的变化不甚显著。现将大米在烹调中的主要变化情况简述如下：大米由稻谷加工而成，由于除去了稻壳，大米失去了保护层，米中所含各种营养素直接暴露在外，加之这些物质很容易溶解在水里，如在烹调中不加注意，其营养成分很容易损失，会降低它的营养价值。据试验，一般米经过一次淘洗后，要损失蛋白质4%，脂肪10%，矿物质5%；如果淘洗的次数增多，其营养素如蛋白质、脂肪、矿物质等损失也随之增加；如果用力搓洗，营养素的损失就更加严重。因此，食用米最好少淘，更不要搓洗，只要把沙石拣出来，用清水冲一下就可以了。米中所含的维生素B易溶于水，遇高温或加热时间过久则易破坏。所以洗米不要用温度过高的水。煮米捞饭弃去米汤，使水溶性物质都损失了，最好采用焖饭或蒸饭。

一般来说，食物所含的蛋白质、脂肪、糖类、矿物质因性质比较稳定，在烹调过程中损失较少，而所含的维生素，尤其是水溶性维生素因易水解，如烹调加工方式不当，很容易被破坏而损失。

蔬菜含有丰富的水溶性B族维生素、维生素C和矿物质。不同的烹调加工方式对它们的保存有很大的影响。有人试验，把嫩黄瓜切成薄片凉拌，放置2小时，维生素损失33%～35%；放置3小时，损失41%～49%。炒青菜时若加水过多，大量的维生素溶于水里，如吃菜弃汤，维生素也会随之丢失。特别是有人把青菜先煮一下，然后挤出菜汁再炒，维生素和矿物质的损失则更为严重。

有研究表明，烹饪蔬菜能够保存甚至提升它们自身的营养价值，关键在于烹饪方法。尽管许多人坚持认为生吃蔬菜比做熟了吃更有营养，但越来越多的研究表明，烹饪实际上还有可能增加一些营养物质的释放。对于花椰菜而言，蒸确实能够增加其中的硫代葡萄糖苷成分，它具有协助抵御癌症的能力。

烹调肉类食品，常用红烧、清炖、蒸、炸、快炒等方法。其中以红烧、清炖，维生素 B_1 损失最多，达 60%～65%；蒸和油炸损失为 45%；快炒则损失 13%。肉类中所含的维生素 B_2，清蒸丸子损失为 87%；红烧、清炖肉块损失 40%；快炒肉丝仅损失 20%。

由此可见，烹调过程中的“陷阱”还真不少，要吃到既美味又营养的真正美食，并不容易。只有在烹调食物时，把良好的色、香、味形与营养素的保存相互兼顾起来，才能更好地发挥食物的营养保健作用。

儿歌

保持养分善烹调，
色香味形兼顾好。
中小学生喜欢吃，
增进食欲情绪高。
餐饮膳食要合理，
营养健体展新貌。

二十八、黑色食品

三字经

选食品，喜黑色。
富营养，功能强。
预防病，获褒奖。

黑色食品是指含有天然黑色素的动植物食品，不论是动物还是植物，由于含有天然黑色素，其色泽均呈乌黑或深紫、深褐色。有些品种外皮乌黑；有的品种一黑到底，表里如一，如黑米、黑芝麻、黑木耳、香菇、紫菜、海带及乌骨鸡等。人工生产的黑色食品，其目的是刺激人们的食欲，如乌梅、豆豉、酱油、松花蛋等。

黑色食品含有 17 种氨基酸及铁、锌、硒、钼等十余种微量元素、维生素和亚油酸等营养素，有通便、补肺、提高免疫力和润泽肌肤、养发美容、抗衰老等作用。随着科学技术的迅速发展，营养学家们经过广泛深入的研究后普遍认为，黑色食品是一种理想的保健佳品，不但营养丰富，而且具有抗衰老、治病、防癌等功效。

近年来，出现了一股黑色食品热，黑色米饭、黑豆、黑色面包、黑色蘑菇、黑色橄榄、黑色海藻、黑芝麻色拉等。这些食品成了餐馆和家庭餐桌上的佳肴。紫菜、黑米、乌骨鸡等黑色食品走俏人们餐桌，掀起了一股黑色食品热。究其缘由，乃因此类食品具有以下优势：一是来自天然，所含有害成分极少；二是营养成分齐全，质优量多；三是可明显减少动脉硬化、冠心病、脑卒中等严重疾病的发生概率。此外，黑色食品各自尚有其独特的防病本领，如乌鸡能调理女性月经；黑木耳能防治泌尿系结石、降低血黏度，血液得到稀释，人就不容易得脑血栓、老年痴呆，也不容易得冠心病，所以千万不要冷落黑色食品。如每日吃 5～15 克黑木耳，能显著降低血黏度与胆固醇含量，有助于预防血栓形成。

在日常生活中，一般常见到的黑色食品种类是很多的，如乌骨鸡、鳖、黑鱼、海参、乌龟、青鱼、黑豆、黑芝麻、黑麦、黑玉米、黑米、黑谷子、黑枣、黑木耳、海带、香菇及紫菜等。这些食品营养价值普遍高于普通食品，如黑玉米所含粗蛋白和赖氨酸比普通玉米高 50%～80%，并富含多种维生素及钙、铁等。

动植物黑色食品中，蛋白质的含量都是比较丰富的，而且质量好，人体容易吸收，如每 100 克黑豆中蛋白质含量高达 40～50 克。植物性的黑色食品中，脂肪含量较高，其脂肪的成分为多价不饱和脂肪酸，有利于营养脑细胞，防止血液胆固醇沉积，并有利于脂溶性维生素的吸收；还含有较丰富的 B 族维生素，特别是富含我国膳食结构中容易缺乏的维生素 B_2 等成分。从营养角度来看，大部分黑色食品的独特优点是富含钙、磷等，且比例合理。因此，在日常生活中，多吃一些黑色食品，有利于弥补我国传统膳食中钙、磷比例失调的缺陷，促进人体健康。

黑色食品还有一个明显的特点是，含有人体需要的多种微量元素，其中锌的含量喜人，对于处在生长、发育阶段的青少年来说，有选择地食用一些动植物黑色食品，以及时补充生长、发育所需的营养，是大有好处的。

经常食用黑色食品可调节人体生理功能，刺激内分泌系统，促进唾液分泌，有益胃肠消化和增强造血功能，提高血红蛋白的含量，并有滋肤美容与乌发的作用和延缓衰老的功效。黑色食品还可消肿利尿，防治心、脑血管病和防癌、抗癌。采用不同的黑色食品组成的食疗方，可用于防治多种疾病。通过对黑色食品的深入研究，一定能更好地发挥其医疗保健、防病治病的作用。

儿歌

黑色食品人喜爱，
营养丰富功能强。
选购要有针对性，
预防疾病获褒奖。
中小学生经常吃，
成绩优秀受表扬。

二十九、保健食品与绿色食品

三字经

保健品，内含药。
绿食品，非全绿。
AA级，最安全。

保健食品是指声称具有特定保健功能或者以补充维生素、矿物质为目的的食品，即适宜于特定人群食用，具有调

节机体功能，不以治疗疾病为目的，并且对人体不产生任何急性、亚急性或者慢性危害的食品。

将保健食品混同于普通食品或药品进行宣传，是一些保健食品生产企业进行违法宣传的惯用手段。保健食品与普通食品、药品有着本质的区别。保健食品是指具有特定保健功能的食品。作为食品的一个种类，保健食品具有一般食品的共性，既可以是普通食品的形态，也可以使用片剂、胶囊等特殊剂型。但保健食品的标签说明书可以标示保健功能，而普通食品的标签不得标示保健功能。

保健食品与药品的主要区别是保健食品不能以治疗为目的，但可以声称保健功能，不能有任何毒性，可以长期使用；而药品应当有明确的治疗目的，并有确定的适应证和功能主治，可以有不良反应，有规定的使用期限。

药食两用的中药名单 84 种，这 84 种中药既可以作为食品用，也可以作为药品用，是进行食品或保健食品开发的重要原料：丁香、八角茴香、刀豆、小茴香、小蓟、山药、山楂、马齿苋、乌梢蛇、乌梅、木瓜、火麻仁、代代花、玉竹、甘草、白芷、白果、白扁豆、白扁豆花、龙眼肉（桂圆）、决明子、百合、肉豆蔻、肉桂、余甘子、佛手、杏仁（甜、苦）、沙棘、牡蛎、芡实、花椒、赤小豆、阿胶、鸡内金、麦芽、昆布、枣（大枣、酸枣、黑枣）、罗汉果、郁李仁、金银花、青果、鱼腥草、姜（生姜、干姜）、枳子、枸杞子、栀子、砂仁、胖大海、茯苓、香橼、香薷、桃仁、桑叶、桑葚、橘红、桔梗、益智仁、荷叶、莱菔子、莲子、高良姜、淡竹叶、淡豆豉、菊花、菊苣、黄芥子、黄精、紫苏、紫苏子、葛根、黑芝麻、黑胡椒、槐米、槐花、蒲公英、蜂蜜、榧子、酸枣仁、鲜白茅根、鲜芦根、蝮蛇、橘皮、薄荷、薏苡仁、薤白、覆盆子、广藿香。

绿色食品并非特指那些绿颜色的食品，而是指按照特定生产方式生产，经专门机构认定，许可使用绿色食品标志商标的无污染的安全、优质、营养类食品。它可以是蔬菜、水果，也可以是水产、肉类。绿色食品分AA级和A级，AA级指食品生产过程中不使用任何有害化学合成物质，A级指生产过程中允许限量使用限定的化学合成物质。一句话，绿色食品就是安全、卫生、营养的食品。

儿歌

保健食品内含药，
绿色食品非全绿。
果蔬水产与肉类，
食品归纳有分级。
安全卫生有营养，
AA级者最理想。

三十、避免食用有毒食物

三字经

饮食物，要辨毒。
色泽异，不能吃。
多泡洗，可解毒。

1. 别被颜色所欺骗　常有消费者抱怨小贩卖的藕颜色

发褐，问有没有白净一点儿的。其实，莲藕等植物性食品存在“酶促褐变”的特性，表皮受到机械擦伤之后会自然变褐，完全不会影响品质。但是为了迎合部分消费者本不科学的要求，现在许多商贩将食品漂白、染色当成了“时髦”。相当一部分食品添加剂的加入，都是为了提高产品的感官效果。所以，消费者应正确看待“颜色”与食品安全的关系，鲜亮的色泽并不代表食品就新鲜、纯净，要认清“原色”食品才购买。

2. *买蔬菜，避免残留药物*　选购蔬菜，主要是要避免农药残留。可以多选购农药残留较少的蔬菜，如具有特殊气味的大葱、洋葱、大蒜；需去皮才能食用的马铃薯、红薯、冬瓜、萝卜等。买水果时，不要买提前上市的水果。在成熟期之前半个月至 1 个月左右上市的水果，如果颜色十分诱人，很可能是使用过催熟剂。

3. *购猪肉学会辨别印章*　购买猪肉，首先要学会辨别肉皮上的印章。“X”形章，是“销毁”章，盖这种章的肉禁止出售和食用。椭圆形章是“工业油”章，这种肉不能食用，只能用作工业用油。三角形章是“高温”章，这类肉含有某种细菌或寄生虫，必须进行高温处理。长方形章是“食用油”章，这种肉不能直接出售，必须熬炼成油才能出售。圆形章是合格印章，盖有这种印章的肉就是我们平常所说的“放心肉”。另外，在购买猪肉时，如果发现猪肉肉色较深、肉质鲜艳，后臀肌肉饱满突出，脂肪非常薄，这种猪肉很可能使用过“瘦肉精”。

4. *选鸡蛋莫入颜色误区*　凭蛋壳的颜色选蛋。蛋壳颜色有白、红、褐、深褐和青色之分。但是，鸡蛋营养价值的高低主要取决于饲料的营养结构与鸡的摄食情况，与蛋壳的颜色并无太大关系。不过，对蛋壳颜色是否均匀、蛋壳是否光滑、蛋的形状等指标要注意。如果蛋壳颜色不均匀，或者蛋壳比较粗糙、蛋形过圆或过长，就有可能是不健康的鸡下的蛋。怎样鉴别含“苏丹红”的蛋？不含苏丹红的咸鸭蛋，蛋黄红中带黄，切开之后能明显看见有红油流出，味道鲜美。而吃了含苏丹红饲料的鸭子所产蛋的蛋黄则是鲜红色的，用它制成咸鸭蛋，切开之后可以闻出有玉米面的味道，且蛋黄坚硬、干燥。

5. 挑选鱼仔细观察色泽

(1)看鱼眼：没有受到污染的鱼，鱼眼微突，富有色泽。受到污染的鱼则眼球浑浊，有的眼球明显突出。

(2)看鱼鳃：正常的鱼鳃鲜红，排列整齐。受到污染的鱼，鳃呈白色，而且形状非常粗糙。

(3)看鱼尾：鱼受到污染，其尾弯曲、僵硬。

(4)闻气味：正常的鱼有一种新鲜湿润的腥味。受到污染的鱼则有一种煤油或类似氨气的味道。要辨别鱼体内是否有孔雀石绿，可以看鱼鳞的某些创伤处是否着色，受创伤的鱼经过浓度大的孔雀石绿溶液浸泡后，表面会发绿；另外，若是发现通体色泽发亮的鱼也该警惕。对于不易识别的鱼，在吃前要尽量浸泡，这样即使鱼经过了孔雀石绿溶液的浸泡，也可以稀释，减轻对人体的毒害。

6. 存食品把好储藏关　食品买回家，第一步便是过“储藏关”。绝大多数食品应该遵循储藏八字方针：“低温、避光、通风、干燥”。而且，储存食品时，应尽可能不用塑料袋来装食品，不囤积食品，留意食品的保存期，在保存期内食用。对于粮食、干果类食品，更应注意以上原则，防止霉变产生黄曲霉毒素。另外，香蕉、西红柿、火腿、巧克力等食品不适合保存在冰箱里，否则不但不会保鲜，还会加速食物的腐败。

7. 除农药先清洗后浸泡　浸泡水洗法是清除蔬菜水果上污物和去除残留农药的基本方法，特别是叶类蔬菜。记住一定要先清洗后浸泡，否则等于将蔬果浸泡在了稀释了的农药水里。浸泡时间不少于 10 分钟。浸泡后再用清水冲洗 1 次。有些人喜欢用碱水清洗农药，专家认为大可不必，因为碱水会破坏蔬菜中的维生素。不过对于韭菜、卷心菜等高农药残留的蔬菜，可以考虑用小苏打水洗。

8. 莫食生，熟食更安全　虽说很多蔬菜生吃更有营养，维生素流失少，但危险性也相应增加。比较而言，熟食可使农药进一步分解，杀死蔬果上残留的虫卵。对于动物性食品，则应加工至熟透后食用。生吃不但营养成分不如熟食容易吸收，也十分危险。例如，未煮熟的猪肉可能带有旋毛虫、囊虫、绦虫，淡水鱼未煮熟可能带有肺吸虫、肝吸虫等。

9. 常“解毒”，促进新陈代谢　猪、鸭、鸡、鹅等动物血液中的血红蛋白被胃液分解后，可与侵入人体的烟尘和重金属微粒发生反应，转化为人体不易吸收的物质，直接排出体外。海带和紫菜含有微量元素碘及海藻胶。海藻胶是一种可溶性膳食纤维，能够在促进排便的同时，促进体内的杂质排出体外，从而减少这些物质在体内的积聚。多吃西瓜、莲藕、白萝卜。人体内的有毒物质和代谢废物，主要通过肾的滤过作用，经尿液排出。西瓜、莲藕和白萝卜有利尿作用，能促进体内废物快速排出，进而净化血液。当然，最简单、有效的“自洁”措施还是多饮水、多运动，以促进身体的新陈代谢，促进代谢产物包括毒物的排泄，减少有害物质的残留。

应多学习食品安全方面的知识，守护自己和身边朋友的食品安全。

儿歌

选购食物要辨毒，
色泽怪异不能吃。
买回菜蔬多浸泡，
流水冲洗可解毒。
储藏食品应讲究，
食物需要煮熟吃。

三十一、让大脑获得丰富营养的办法

三字经

养大脑，氨基酸。
要补足，卵磷脂。
坚果豆，经常吃。

人的大脑只有 1400 克左右，儿童的大脑更轻。一般说来，大脑的重量只占人体重量的 1/40～1/50，但它每天消耗的能量，却占全身消耗能量的 1/5。只要营养缺乏，最先出现反应的肯定是智力。凡记忆力差、观察力减退的人，与儿童期或中学生时期长期营养不良均有直接的关系。

营养缺乏会影响身体的正常发育，而发育障碍造成体质条件差，抵抗力下降，疾病罹患率增高。体弱多病影响了智力发育和身体健康。营养缺乏可直接影响脑组织发育，就像没有砖瓦、水泥这些材料，高楼大厦就无从建造一样。由于营养缺乏，出现脑发育缺陷，即使后来加强营养也难以弥补。

在脑组织的发育过程中，营养不良使脑细胞的数目、大小、分支情况都有改变，而组织形态的改变必然会影响智力发育。素食的妇女生养的婴儿可产生不可逆的脑疾患。表现为情感淡漠，丧失头部稳定的功能，出现手和脑的不自主运动，甚至出现昏睡状态。不同营养状况的儿童在求学时的智力发育和学习能力也有明显不同。营养不良的儿童，明显的变化是语言表达能力、记忆力和抽象能力差，体弱无力，缺乏好奇心和探索心。儿童的探索心和好奇心，正是儿童求知的动力，因此，营养不良的人智力发育不全。

人的正常智力发育必须依赖这些物质在脑内的平衡，如果发生平衡失调，就会影响智力发育而出现精神障碍。例如，氨基酸缺乏或失调时，可出现精神幼稚症；核酸代谢障碍，可导致智力低下。卵磷脂缺乏则记忆力减退；糖代谢障碍，可使脑细胞对氧的利用率下降，而脑缺氧则可出现意识障碍等。维生素 A 缺乏则可引起脑的发育迟缓。维生素 B_{12} 缺乏时除可造成贫血外，还可出现脑积水。叶酸缺乏可致胎儿畸形。泛酸缺乏可引起表情淡漠，情感抑郁，感觉异常等。碘缺乏可引起克汀病。血钾升高，可引起情感反应迟钝、困倦及嗜睡等。其他如锌、铜等微量元素缺乏均可影响人的智力发育。

一般说来，正常饮食中的营养物质基本上可满足大脑所需的营养。除米、面、杂粮等主食外，只需我们注意摄入适量鸡、鸭、鱼、肉、奶、蛋、大豆、猪脑、羊脑、新鲜蔬菜及水果等，就可满足大脑营养的需要。但往往由于偏食挑食，使大脑所需的营养不足或失去平衡。特别是在人们生活普遍提高的今天，饮食结构发生了很大变化，即少而精的食物占了很大比例，如主食要求精制面粉或精制大米。至于其他杂粮、薯类及豆类主食却较少有人问津。这样单一的食物怎能满足身体的需要呢？更值得我们注意的是，人工加工食品日趋增多；巧克力等香甜的食品会造成中小学生的偏食、挑食的坏习惯，往往主食不足，零食有余。吃糖过多，血糖升高，使人不知饥饿，影响食欲，严重时可出现精神孤独症。为了满足大脑所需要的营养，应该纠正偏食、挑食的不良习惯，注意食物的多样化，粗细粮搭配，谷类、薯类和豆类搭配，荤素水果搭配。食品种类越多，营养成分越全。每人每天摄入的食物，不但要有足够的热能和各种营养素，而且还要保持各种营养素之间适当的比例，即所谓平衡膳食，以利于吸收利用。在 24 小时内每人应从食物中摄取 8372～12 558 千焦的热能，才能维持机体健康和大脑的正常生理活动。具体分配是：蛋白质 80～120 克（1758.1 千焦）约占 14％，脂肪 60～80 克（3767.4 千焦）占 30％，糖类 400～500 克（7032.5 千焦）占 56％。此外，还要注意摄入适量的矿物质和微量元素、维生素、食物纤维等。

中小学生每天应吃主食（米、面、杂粮）400～500 克，肉类（鱼虾禽类和动物内脏）50～75 克，蛋类 50～100 克（1～2 个），豆制品 50～100 克，新鲜蔬菜 400～500 克，植物油（豆油、花生油、菜油）10 克，食盐 4～8 克，根据家庭经济条件及市场供应情况，还可酌情增加下列食物：如牛奶、水果及少许芝麻、花生、坚果（硬壳类食品）、蘑菇、大蒜等，糖果不宜多食。此外，还要根据性别、年龄、体重及劳动强度的不同而有所区别并适当加以调整。在一日之餐的食量分配上，多数人主张早吃好，午吃饱，晚吃少。以全天的食量为100%计算，早晚餐各占30%；午餐40%，对于身体过重、明显肥胖的人，早餐应占40%，晚餐应减为20%，而对经常“开夜车”的人来说，晚餐则应吃好、吃饱，以满足夜间的能量需要。

儿歌

养大脑须氨基酸，
还需增加卵磷脂。
鱼禽蛋肉很重要，
坚果豆类经常吃。
中小学生自幼补，
正常发育长才智。

三十二、健脑食品ABC

三字经

健脑品，实在多。
几十种，搭配吃。
要补益，重平时。

1. 草鱼　含有蛋白质、脂肪、灰分等，蒸食可治因用脑过度而产生的头痛、失眠、记忆力减退等症，煮汤可作为滋补食品。

2. 牡蛎肉　含糖原及10种必需氨基酸等许多促进中小学生智力发育的物质，其提取物可增强对大脑病毒的抵抗力，能健脑安神。

3. 淡菜　蛋白质含量60%左右，还含有人体必需氨基酸和不饱和脂肪酸，其营养高于一般贝类和鱼、虾、肉等，可促进新陈代谢，健脑益智。

4. 蛤蟆油　含有丰富的蛋白质，并含糖类、脂肪、维生素和多种激素等营养成分，可促进大脑功能恢复，不失为补脑佳品，一般宜隔水蒸熟食用。

5. 虾　蛋白质含量高，并含有丰富的维生素E和碘、钙等营养成分，可对抗衰老和防缺钙，是利于大脑的美味食品，有助于集中注意力，调节神经系统。

6. 猪脑　含有多种氨基酸和丰富的蛋白质，这些成分与人体大脑所需的营养成分大致相同，可以很好地补充人类大脑的需要，具有健脑益智等功效。尤其是赖氨酸含量很高，对人体中枢神经系统及大脑有保健作用。

7. 羊脑　富含蛋白质、卵磷脂等对人类有益的营养成分，能安神补脑，治眩晕、头痛、失眠、健忘等。

8. 猪心　含有蛋白质、脂肪、钙、磷、铁、维生素B、维生素C等，有安神定惊、养心补血等功效，可做成各种菜肴，或煮食，也可与粳米一起煲粥。

9. 猪脊髓　为补髓要药，服用时连骨一起炖煮，久服可使精髓充足，大脑强健，增强记忆力和思维能力。

10. 牛奶　含优质蛋白质,大脑所需的氨基酸牛奶中几乎都有,钙的含量丰富而且又易被吸收利用、多饮牛奶对改善神经衰弱与失眠有利。

11. 鸡蛋　含有丰富的蛋白质、卵磷脂、维生素和钙、磷、铁等,是大脑新陈代谢不可缺少的物质,具有滋阴润燥、养血安神的功效,蛋黄中所含的卵磷脂能充分提高大脑的工作效率。鸡蛋中所含有的乙酰胆碱能增强人的记忆力。

12. 鸽蛋　临床上常煮或加冰糖炖熟服用。可用于防治失眠、疲乏无力、心悸、头晕等。

13. 蜂蜜　富含果糖、葡萄糖、微量元素及对人体有帮助的酶类与抗菌作用的活性物质,并含有能促进大脑思维与记忆的乙酰胆碱和叶酸,且大多数可直接被人体吸收,促进大脑的发育成长,改善用脑过度症状。

14. 胡萝卜　含有大量以维生素A为主的多种维生素、矿物质和钙质等,可刺激大脑物质交换,增强记忆,为营养丰富的健脑佳品。

15. 黄花菜　富含蛋白质、脂肪、钙、铁、维生素B_1,均为大脑代谢所需的物质。

16. 菠菜　含丰富的蛋白质、矿物质、维生素A、维生素B_1、维生素B_2,是脑细胞代谢的营养品。

17. 白菜　可调节神经,考生在考前多吃用白菜配制的菜,能保持平静的心态进行考前准备。

18. 卷心菜　除含有蛋白质、脂肪、矿物质外,维生素C、维生素P的含量亦出类拔萃,可与肉类炒食,填脑髓,益心力,是考生与脑力工作者的益智食品。

19. 莴苣　所含乳状浆液味道清新,稍带苦味,具有安神镇静作用,且没有毒性。将莴苣带皮切片煮熟喝汤,特别是睡前服用,有助眠作用。

20. 鲜藕　含有丰富的钙、磷、铁和各种维生素及糖类。食用时取鲜藕小火煨烂,切片后加适量蜂蜜,可安神入眠。

21. 洋葱　有助于缓解大脑疲劳过度,促进血液循环,改善大脑供氧。每天可吃半个洋葱。

22. 黑木耳　含有蛋白质、糖、粗纤维等各种营养成分,是高蛋白、低脂肪食品,久服可健脑益智,醒神解腻,适合于中学生和长期从事脑力劳动缺少锻炼者食用。

23. 蘑菇　富含蛋白质及多种维生素,味道鲜美,有消除疲劳、提神等功效。

24. 桂圆　除含有葡萄糖、蔗糖、蛋白质、脂肪、维生素B、维生素C等外,还含有合成神经递质乙酰胆碱的重要物质,可养血安神,防止大脑功能衰退。

25. 大枣　含有丰富的维生素C,可强身补脑。

26. 莲子　含有莲子碱、芳香苷等成分,有镇静作用,可养心安神。

27. 柠檬　可活跃思路,提神,增强记忆,学外语前可喝一杯柠檬汁。

28. 香蕉　含钾量高,能帮助大脑产生血清素,可解除紧张,提高大脑神经系统工作的耐力。

29. 菠萝　含有丰富的维生素C,可帮助考生应试前熟记所复习的内容。

30. 油梨　含有大量油酸,是增强记忆的佳果。

31. 小米　含有较丰富的蛋白质、脂肪、钙、铁、维生素

B_1 等营养成分,有“健脑主食”之称。

32. 粳米　含有 75%以上的淀粉,80%左右的蛋白质及含有人体必需的氨基酸,较其他五谷杂粮更为全面。常食可滋养气血和精髓,使头脑强健,思维敏捷,记忆力强。

33. 玉米　含有较多的营养物质,尤其是玉米中的卵磷脂含量较高,还含有较高的脂肪、蛋白质及淀粉等,故可滋养心神,健脑强身。

34. 小麦　含有蛋白质、淀粉、卵磷脂等营养成分,具有养心安神之功效,常服小麦粥,可补神健脑,促进脑力恢复。

35. 荞麦　含有蛋白质、脂肪、淀粉等营养成分,所含人体必需的氨基酸比较齐全,比例合适,其含磷量较高,特别有利于中学生的智力开发。

36. 秫米　其色氨酸含量为谷类之首,食之可安神。加米煮粥,供晚餐食用,或睡前服用,尤为相宜。

37. 大豆　除含有大量的优质蛋白质外,还含有 20%的脂肪,主要为不饱和脂肪酸大豆的氨基酸组成接近于人体需要,且富含赖氨酸。其所含的卵磷脂较多,微量元素中以铁的含量最高,可促进中学生的大脑发育。

儿歌

健脑食品实在多,
几十种应搭配吃。
补益不能求速效,
食养必须重平时。
蒸煮煨炖巧烹饪,
中小学生乐意食。

三十三、适当饮茶有益于健脑

三字经

妙饮茶，可健脑。
提精神，益思考。
增记忆，消烦恼。

茶叶中含有咖啡因、茶碱、可可碱等多种生物碱，尤其是咖啡因含量甚高，而咖啡因等生物碱具有兴奋中枢神经作用。我国古代的本草著作中均提到茶有止渴提神、止泻、解暑、强心利尿、消食开胃、解腻明目、醒脑益思等功效。

茶中的咖啡因、茶碱，不仅对大脑有选择性的兴奋作用，而且有使血管扩张，改善血液循环，促进新陈代谢的功效。茶的兴奋作用，不是由于大脑的抑制过程减弱，而是由于加强了兴奋过程，这同乙醇减弱抑制过程所发生的兴奋有本质的区别。茶可作用于大脑皮质的一切部位，尤其是精神及感觉功能，能提神解乏，消除睡意，提高对外界刺激的感知力，增强记忆力，改善思维活动，保持联想完善，有利于维持长时间的脑力活动，提高工作学习效率。

茶叶中的咖啡因和芳香油类化合物，能兴奋运动神经，增强肌肉收缩力，减轻和消除疲劳，提高体力劳动的持久性。有人认为，这种作用是茶对肌肉作用的直接效应。

饮茶能降低血脂含量，增加血管韧性，具有防止红细胞和血小板的聚集，减低血液黏滞度的作用。因而长期饮用可防治高血压，延缓脑动脉粥样硬化的进展，并能起到一定的预防卒中的作用。

饮茶能缓解慢性头痛，很多人都有过头痛的体会，除了脑器质性疾病之外，可能与自主神经功能失调，脑血管舒缩功能障碍有关。咖啡因具有缓解脑血管过度舒张的作用。故饮茶可减少和减轻这类头痛的发作。

茶中含有丰富的维生素、氨基酸、叶绿素和矿物质。这些物质对维持神经系统的生理功能亦有重要作用，可改善中枢和周围神经的功能状况，提高人对内外环境的适应能力。

用茶作饮料，可以提高中枢神经系统的兴奋性，增强记忆力，消除疲劳，帮助消化，增强体力和智力，延缓脑动脉硬化的进程，并有助于树立战胜困难，取得优异成绩的信心和决心。但饮茶不宜过浓，要现泡现喝，不饮隔夜茶，时间以上午为宜。夜间饮茶，可促使大脑皮质的兴奋而影响睡眠。

儿歌

巧妙饮茶可健脑，
提神解乏益思考。
兴奋感应强辨析，
增强记忆消烦恼。
适度淡饮莫隔夜，
晚间切忌浓茶熬。

三十四、吃出聪明来

三字经

要聪明，吃出来。
食偏碱，蔬果奶。
脑活力，比元帅。

许多中小学生偏食酸性食品，使血清等体液酸性化，易感冒，皮肤脆弱，抵抗力差，易感染等，这会直接影响脑神经的功能，使记忆力和思维力差，严重时导致精神疾病。

酸性食品和酸味食品是风马牛不相及的两码事。酸性食品是指含有在体内能形成酸的矿物质（如磷、硫和氯等）及其他营养素，可使体质表现酸性的食品，常吃的精米、精面、白糖、各种肉类、鱼贝类、蛋黄和啤酒等均为酸性食品。在体内能形成碱的矿物质，如钙、钠、钾和镁等，可使体液表现碱性的食品，称碱性食品，常吃的各种蔬菜、水果和牛奶都是碱性食品。碱性要素主要成分（钙、钠、钾、镁）是人体运动和脑活动所必需的四种元素。如今生活水平提高了，人们多偏食精米、精面、大鱼大肉等酸性食品，如果中小学生长期大量食用，就会影响脑功能。那么是否不吃或少吃酸性食品呢？也不是，二者必须适量配合食用才是健全的饮食生活。

儿歌

聪明脑袋吃出来，
食物偏碱蔬果奶。

碱性食品成分好，
脑力激活比元帅。
大鱼大肉偏酸性，
影响大脑要少食。

三十五、科学饮食防近视

三字经

防近视，铬元素。
杂粮豆，深色蔬。
嚼坚果，重红糖。

提起近视，许多人常将其归咎于不良的用眼习惯，如看书距离不当、光线太暗、持久用眼等。但近年来的医学研究表明，饮食不当也是诱发青少年近视的重要原因之一。那么，究竟什么样的饮食习惯与近视有关呢？

美国研究人员对大量青少年近视病例进行分析之后指出，体内缺乏微量元素铬，与近视的形成有一定的关系。铬元素在人体中与球蛋白结合，为球蛋白的正常代谢所必需。体内铬元素的缺乏会引起血液渗透压的改变，进而导致眼晶体渗透压的变化，使晶体变凸，屈光度增加，产生近视。另外，如果日常饮食过于精细，咀嚼不良，也会造成视力下降。因为视力是由相当于透镜的水晶体根据脉络膜组织活动进行调节的，虽然脉络膜组织和咀嚼运动没有直接关系，但如果长期不咀嚼，面部的肌肉力量变弱，水晶体的调节功能就会受到影响，从而导致近视。

铬元素主要存在于粗粮、红糖、蔬菜及水果等食物中，有些家长不注意食物搭配，长期给孩子吃一些精细食物，就会导致体内铬元素的缺乏。另外，常吃硬质食品可促使面部肌肉运动，包括支配眼球运动的肌肉。进而有效地发挥调节眼晶体的能力，故咀嚼运动被誉为眼的保健操。因此，根据儿童的牙齿发育情况，平时应该有意加强孩子下腭的锻炼，特别要注意上下牙齿的咬合，以免影响视力。

为了预防少年儿童近视，平时应多选食如胡萝卜、坚果、黄豆、水果等耐嚼的硬质食品，增加咀嚼的机会。此外，还要注意食物搭配，多食一些五谷杂粮，不要使饮食过于精细，以防止铬元素的缺乏。含钙丰富的食物对眼也是有好处的，因为钙具有消除眼紧张的作用。豆类、绿叶蔬菜、虾皮等含钙量都比较丰富。

儿歌

元素铬可防近视，
杂粮红糖含量高。
嚼食坚果吃大豆，
咀嚼运动护保眼。
深色菜蔬胡萝卜，
常吃也能助视力。

三十六、口腔健康需重视

三字经

护牙齿，从小起，

勤刷牙，常漱口，

定期查，好牙齿。

牙齿是伴随我们一生的好朋友，希望小朋友们从小做起，爱护牙齿，天天刷牙，定期检查，拥有一口洁白、整齐、健康的牙齿！

——穆锦全

口腔健康在人的每一个阶段都是全身健康的必要因素，因为口腔作为一个通往身体其他部位的“窗口”，是反映身体健康状况的“信号灯”。中国第四次口腔健康流行病学调查显示：我国儿童龋患情况呈现上升态势，其中12岁儿童恒牙龋患率为34.5%，而12岁儿童平均龋齿数量为1.86颗，远高于世界卫生组织规定的1.2颗的龋病流行程度水平线，说明我国儿童龋病重视程度处于低水平。

全家一起好牙好口福，牙齿关系到人每天必需的进食活动的健康进行，对人体非常重要。牙齿问题与人们的生活状况与行为习惯密切相关，在一个大家庭里，家庭成员拥有相似的饮食习惯，自然而然，口腔健康也会互相影响。因此，只有全家人一起重视口腔健康，共同养成良好的生活习惯和口腔习惯，才能够做到全家好牙好口福。

当然，不同年龄层的人，爱牙护牙的侧重点也有所不同。6—7岁的孩子，处于换牙阶段，要定期到口腔专科普查，及早发现问题并及时干预，保护好新萌出的恒牙，特别是六龄牙容易蛀，在完全萌出之后要及时做窝沟封闭防蛀；孩子到了12岁，如果有明显的畸形，则可考虑做正畸。

牙齿不好会影响我们的进食，并且会影响人体对营养的吸收，往往会不利于人的身体健康。牙齿健康很重要，如何保健牙齿最有效呢？下面介绍4个保健牙齿最有效的方法。

1. *勤刷牙* 要养成良好的刷牙习惯，每天早上起床、中午吃完饭、晚上睡觉前都必须要刷一次牙，这样才能在最大限度上保证牙齿的健康，减少发生牙齿疾病的概率。刷牙要注意使用正确的方法，不能只刷牙齿的外壳，里面也要刷到，按照从左到右从上到下的次序刷牙，舌面也要清理干净。

2. *漱口护牙* 漱口可以有效地把口腔内的食物残渣漱掉，每天漱漱口，在漱口水里面加一点点盐，能够起到护牙的作用且能预防牙龈发炎。

3. *按摩护牙* 按摩也可以起到护牙的作用，主要是对牙龈进行按摩，可以有效地促进牙龈健康，改善牙周组织的血液循环，促进新陈代谢。可以在每天刷牙后，把手指洗干净，把干净的手指伸进口腔内，对牙龈进行来回轻柔地旋转按摩，也可以在口腔外部进行按摩，能够使牙齿更加牢固，减少了牙齿脱落的概率。

4. *饮食护牙* 牙齿可以反映出我们平时所吃的饮食种类，同时，合理的饮食也可以起到护牙的作用。在日常生活中，可以多吃一些富含纤维素的食物，如南瓜、青菜、菠菜等，能够有效地促进牙齿的健康，减少牙齿疾病发生的概率，能够达到保健牙齿的目的。

以上是4个保健牙齿最简单有效的方法，只要在日常生活中按照以上四个方法保健牙齿，就能够在最大限度上减少牙齿脱落、牙齿疾病发生的概率，但如果牙齿发生了严重的疾病，已经无法通过保健进行调理时，应到正规的牙科就诊。

目前国际公认有效的刷牙方法是巴氏刷牙法，又称水平颤动法，是由美国牙科协会推荐的一种有效去除龈缘附近及龈沟内菌斑的方法。

刷牙歌

上牙从上往下刷，
下牙从下往上刷。
咬合面，来回刷，
里里外外都要刷。

第5章

纠正不良的饮食习惯

三字经

重饮食，强健身。
坏习惯，要纠正。
好习惯，伴一生。

儿歌

营养健身从小讲，
饮食习惯要养成。
要想健康身体好，
关注调理少不了。
纠正各种坏习惯，
胃肠安乐疾病消。

一、养成良好的饮食习惯

三字经

好习惯，要养成。

莫挑食，不偏食。

要细嚼，应慢咽。

1. 进食定时定量　有规律进食，可增加食物消化吸收，也可保持胃肠道良好功能，不吃或少吃零食，睡前更应避免吃零食。有些小吃供给的热能往往代替了部分食物，供需平衡了也就不会妨碍饮食总的平衡。假如中小学生吃了这些小吃后，还按照规定的食谱用餐，那么摄取的热能就太多了；如果中小学生从每天提供的饮食中已获取了充足的营养素，而热能尚显不足的话，适当补充些零食则是无可非议的。另外，快餐食品多为油炸并加上色拉调味品等，会补充大量油脂和热能，偶尔食之不成问题，长期食之会影响多种营养素的摄取，并发生肥胖和心血管疾病。

2. 不挑食、偏食　人对食物的喜恶是后天养成的，家长应进行正确的引导。这对于实现平衡饮食、合理搭配营养素至关重要。否则就不能满足孩子生长发育着的机体的各项需要。

3. 不多吃糖及甜食　糖果和甜食主要含糖类，其他营养素含量很少，多吃糖会降低食欲，妨碍正常进餐。过多吃糖也是引起龋齿的重要原因。

4. 吃饭要细嚼慢咽　咀嚼有利于食物的消化吸收，尤其是蛋白质食物，咀嚼不够充分可降低吸收率。充分咀嚼还可以满足食欲，增加饱胀感。据报道，胖人往往吃饭过快，容易发生过食。因此，保证每次进餐时间20～30分钟是有一定理论根据的。

儿歌

进食习惯要养成，
定时定量是根本。
挑食偏食要摒弃，
细嚼慢咽才是真。
糖果甜食要少吃，
牢记心中一切顺。

二、早餐不能马虎

三字经

吃早餐，极重要。
不马虎，吃得饱。
重质量，胜补药。

目前，有的学生到了上午三四节课便饥肠辘辘，头昏心慌，四肢无力，记忆力下降，注意力不集中。有的学生还逐渐消瘦，得了胃病，贫血症呐！这是什么原因呢？一调查，大多是没有吃好早饭，主要是早餐的数量不足，质量较差。

有的学生晚上睡得晚，早晨起不来床，马马虎虎吃几口早餐便匆匆忙忙背起书包就走；有的同学认为早饭可吃可不吃，干脆不吃早饭；有的是晚饭吃得太饱，影响了第二天早餐的食欲，早饭吃不下；有的父母是双职工，早晨忙于赶车上班，对子女早餐不重视；有的早餐质量差，长期吃泡饭和酱菜……

少年儿童是长身体、长知识的重要时期，也是一生中需要热能最大的时期。他们在整个上午要连续上四节课，往往主课又多安排在上午，所以脑力和体力的消耗特别大。从头一天晚餐到次日早晨，经过这 12 个小时，体内的血糖已消耗得差不多了，如果不从早餐补助热能，血糖浓度继续下降，便出现低血糖现象，不利于生长发育。为了使一整天都保持正常的血糖水平，必须把早餐当作一日三餐中最重要的一餐。难怪有人认为："吃好早餐胜过吃补药"哩！

营养学家认为，对早餐一点都不能马虎。提高早餐的质量，要做到以精为主，品种多样，既要有稀饭、面条、馒头或面包、糕点等糖类食物，又要有富含蛋白质和脂肪的肉类、禽蛋、鱼类、肉汤或蛋汤等食物，还应配上一些如花生米、大豆制品、小青菜或咸菜等小菜。通过合理的饮食调配，不断地变化食物种类，不仅能激发食用者的情趣，增进食欲，认真地吃好每顿早餐，而且富含糖、蛋白质和脂肪的混合性食物，可给人体提供全面的营养素。另外，吃了早餐后消化吸收缓慢，有持久的饱腹感，较长时间地维持血糖水平，使机体在整个上午都能获得足够的养料，有益于学习和工作的正常进行，有益于身心健康。除了早餐的"量"要保证外，早餐的质也极为重要，既要有丰富的蛋白质，也要有足够的糖类，有的家长只给孩子吃稀饭和酱菜，而有的家长只给牛奶和鸡蛋，这两种方法都不恰当。前者缺少蛋白质，后者缺少糖类，不能达到所需要的热能和糖类。此外，早餐吃得好，也是智力集资的一部分。吃好早餐，学生的学习效率提高，体质增强，学习效率也会有倍增。

怎样才能使少年儿童吃好吃饱早餐呢？同学和家长都必须充分认识早餐的重要性，改变过去“早餐马虎，中餐凑合，晚餐大吃”的状况，做到“早餐要吃好，中餐要吃饱，晚餐要吃少”。要在早餐的质和量上做文章，理想合理的早餐应有一定数量的淀粉类食物，即糖类，为身体提供所需要的能量。还应含足够的蛋白质和脂肪，早餐中食入的蛋白质越多，少儿的精力越旺盛。做到“主副食搭配”“米面混食”。将单调的早餐模式向营养型模式转化。例如，可采用稀饭、面条、豆浆为主加鸡蛋、包子的中式食品，或牛奶、面包、果酱的西式模式，或中西结合的模式。此外，吃早餐时不可匆忙，进餐时间应在15分钟左右，不可一边上学一边吃早点。起床半小时后进早餐较为理想，吃后也应休息片刻再上学，有利于消化吸收。

儿歌

一日三餐成习惯，
代谢活力巧运转。
一日之计在于晨，
从容早餐提精神。
不吃早餐伤身体，
早餐吃好增效率。

三、精米白面宜少吃

三字经

粮精细，并不好。

粗杂粮，营养高。

常吃点，开颜笑。

不知同学们是否知道，吃粗粮较多的北方人的体质一般比长期喜欢吃白米、精面的南方人要强健，同时得脚气病、胃病的人也比南方人要少。这是什么原因呢？这与以米、面为主食有很大关系。

过去，我国人民多吃粗米、八五粉，难得吃上精米精面，但我们却很少有人患西方人中流行的脚气病。现在生活条件好了，人们在吃的问题上求精求细，想吃标准粉却成了较难办到的事，灭绝了多年的脚气病又卷土重来。这种全国普遍的现象根源于每一个家庭的食谱。俗话说“五谷为养”。其实，粗粮的营养价值并不比细粮差，甚至在某些方面还超过细粮，如纤维素。纤维素是不被人体利用的糖类，流行病学调查资料表明，饮食中缺乏纤维素易诱发结肠癌、胆石症、糖尿病等。因此，提倡儿童的膳食不要过于精细，要吃点粗粮。

除纤维素以外，粗细粮所含的营养素亦不尽相同。维持人体各器官生长的蛋白质是由氨基酸组成的，各种食物中蛋白质的必需氨基酸含量和比例也不相同，从而导致蛋白质的吸收利用率不一样。例如，大米、玉米、面粉等食物蛋白质中的氨基酸含量少，而黄豆、青豆等豆类食物中氨基酸的含量就较多。如果长期以一种粮食为主食，就可能造成某些营养素的摄入不平衡甚至是缺乏，也可影响食物中蛋白质的吸收利用。所以，提倡吃粮食时既不要过于精细，也不要粗粮太多，要粗细搭配，以便使各种营养素互相补充。

近年来,家庭主食的结构发生了根本的变化,大米、富强粉的食用量大量增加。有不少小朋友认为精白米、精白面好吃爽口,营养价值高,这是一种误解。营养学家做过研究,精白米、精白面中的维生素、矿物质等营养成分远远低于糙米和标准粉。现以所含的维生素 B_1 为例,精白米中的维生素 B_1 含量还不到糙米的 1/2,而精白面中的维生素 B_1 含量只有标准面粉的 1/8。少年儿童缺乏维生素 B_1,可引起脚气病、食欲缺乏、营养不良、消化不良等多种疾病。长期吃精米白面还会影响"肠道中的清洁剂"——纤维素的摄入而引起便秘,使肠道有害物质不能及时排出体外。

在一些经济发达的西方国家,特别重视食物种类的多样化。如日本就规定儿童一天不得少于 30 种食品,中午一餐不得少于 14 种。我们现在还做不到这一点,但应在现有条件允许的情况下,尽量做到,向食物多样化的方向去努力。

从家庭饮食情况看,有些经济条件好的家庭食不厌精,对食物精挑细选,大米要吃最好的,面粉要吃最细的;有的家庭洗米要洗到米发亮,水澄清,以为这样才算洗干净了,其实这样做洗去了米表皮中许多 B 族维生素和蛋白质,大大降低了米的营养价值。

所以,中小学生应经常吃点营养丰富的粗粮和杂粮,薯类也可以作为主食的补充,长期吃精白米、精白面是没有好处的。现在西方国家提倡吃全麦面包,还专门生产麸皮食品,就是这个道理。

儿歌

主食精细并不好,

许多养分破坏了。
粗粮细做变花样，
粮豆混用营养高。
干稀搭配暖脾胃，
输布全身吸收好。

四、从小不要挑食偏食

三字经

挑食差，偏食病。
养天性，要适应。
全营养，抗疾病。

不少儿童，到了吃饭的时候，爸爸妈妈就伤脑筋，他(她)们不爱吃一般孩子爱吃的食物，对某些食物望而生厌，这也不吃，那也不喜欢。有时没有爱吃的某种特定的食物，就干脆什么也不吃。这种不良的摄食习惯便叫挑食，或叫偏食。由于长期挑食，身体长成了“豆芽菜”，弱不禁风，经常生病，影响了身心健康。

少年儿童正处在迅速生长发育期间，需要的营养物质应全面，蛋白质、脂肪、糖类、维生素、矿物质等营养素存在于五谷杂粮、鸡鸭鱼肉、水果蔬菜之中，长期挑食必然会造成某些营养成分的缺少而生病。例如，只吃精白米，不吃粗粮，容易得脚气病；只吃鱼肉不吃蔬菜，就会缺乏维生素C和纤维素，牙龈容易出血，容易便秘；不吃肉蛋只吃蔬菜的孩子，会缺乏蛋白质的补充，能直接影响身体的发育，特别是大脑和智力的发育……

挑食不是病，它是环境心理因素引起的一种坏习惯，只要同学们弄清了挑食的危害性，只要肯下决心，挑食的毛病是可以逐步矫正的。现在，中小学生中偏食现象十分普遍。据有关部门调查，偏食的中小学生在农村占35%左右，在各大城市中高达50%以上。吃饭时挑挑拣拣，喜欢吃的尽情吃，不喜欢吃的就一口不吃。

出现挑食、偏食的原因一般有以下几种：中小学生们正处在生长发育的旺盛阶段，身体所需的各种营养素要比成人多，长期偏食不仅会直接影响其生长发育，而且还会使其体内免疫力降低，易患多种疾病：①受大人饮食行为的影响。因为小学生时期是饮食行为、习惯形成的关键时期，在饮食行为、习惯形成的过程中，主要是模仿家庭中成年人的饮食行为、习惯，如果家中的成年人挑食、偏食，孩子很容易形成挑食、偏食的饮食行为。家长不喜欢吃的食物，不要在孩子面前说，以免影响孩子，使孩子先入为主，对这些食物产生不喜欢的想法。②孩子的口味比较挑剔，如果家长不注意教育和引导，孩子很容易养成挑食、偏食的习惯。每次吃的量，要相对一样，避免喜欢吃的食物吃得过多，不爱吃的食物吃得太少或不吃。③吃饭前吃零食，影响到吃饭时的食欲。④吃饭前或吃饭时喝过多的果汁或含糖饮料。

如果从小养成有啥吃啥，就能使各种食物的营养成分互相补充，取长补短，发挥更高的营养价值，这在营养学上称为“互补作用”，如肉与蔬菜一起吃，能提高铁质和维生素C的吸收率。

儿歌

三餐饮食忌挑食，
偏食易患多种病。
各类菜蔬要适应，
营养全面养天性。
家长带头来示范，
增强免疫抗疾病。

五、贪食伤身

三字经

吃东西，莫馋贪。
护脾胃，要铭记。
食有度，不求医。

有的同学特别贪吃，尤其逢年过节，面对满桌美味可口的佳肴，更是大饱口福。俗语说："少吃多滋味，多吃伤脾胃""一顿吃伤，十顿喝汤"，这是人们在长期的日常生活中总结出来的宝贵经验。

每个少年儿童的胃容量和消化吸收功能是有一定限度的。一次吃得太饱，把胃撑得太大，会影响胃肠正常蠕动和消化液的正常分泌，下顿吃饭就不香，勉强吃下去就会难以消化，造成食物停积、消化不良，中医称之为"伤食"。由于食物在胃中停留时间延长，食物在胃内发酵、腐败，产生大量气体和有害物质,所以会出现上腹部饱胀作痛,嗳气吞酸,泛伤食味,恶心呕吐,口臭乏力等症状。过度暴饮贪食的人还能引起急性胃肠炎、急性胰腺炎、急性胃扩张并发胃穿孔,有的患者抢救不及时还能断送生命呢!

经常贪食而消化不良的少年儿童,可导致营养不良症的发生,出现面黄肌瘦,腹胀食少,大便稀溏不成形,抵抗力下降,容易生病等病症。

经常贪食、过多的食物超过了身体的需要量,还会造成营养过剩、新陈代谢的紊乱,过早地发胖,为成年后诱发冠心病、高血压等病埋下祸根。

请贪食的同学牢记"贪食伤身"的道理,别忘了"若要身体好,吃饭不过饱"的谚语,尤其在节假日千万不要暴饮暴食。

儿歌

进食东西莫馋贪,
贪食伤身要铭记。
馋嘴不顾小性命,
大饱口福害自己。
学习需要好身体,
节制有度不求医。

六、安全饮水很重要

三字经

巧饮水,重安全。

要消毒，应杀菌。
须均衡，慢慢饮。

什么是健康饮用水？合格的自来水理应成为主要的饮用水来源。此外，还有纯净水和矿泉水。纯净水经过一定的工艺和吸附手段，去除了98%以上矿物质和有机物。矿泉水是来自地下数百米的地下水，含有大量的钙、镁、硫、硅、锂、锶、硒、锌等矿物元素（当然不同矿泉水中，各元素的含量是不同的）及二氧化碳。尽管人体必需营养素主要来源于食物，但水中的矿物质和微量元素仍不失为人体的来源之一，对人体是非常有益的；对于特殊人群来说，如婴幼儿、老年人、某些患者等，他们的饮食如不均衡，也需要从饮水中得到一些矿物质。在这种情况下，纯净水不适宜作为他们的唯一饮用水。要记住，饮水的主要作用是为人体补充水分。补充水分要少量多次，每次以一小杯为好，运动后咕咚咕咚地喝一大瓶水是不妥的。

与自来水相比，桶装水通常认为是洁净安全的。可是，每次的质监部门桶装水抽查结果显示总有部分产品不合格。其中大部分是微生物指标不合格。那么，这些桶装水为什么会出现问题呢？按照国家“QS”准入制度要求，饮用水生产企业必须具备粗滤设备、精滤设备、杀菌设备、桶及其盖的清洗消毒设备、管道清洗和车间空气净化设施、自动灌装封盖设备等。不良的中、小桶装水企业为了降低成本，或者无力购置先进生产线，设备简陋，环境不达标，灌装车间不封闭（有些甚至没有杀菌设备）。对回收的空桶，清洗消毒不严，只是用自来水简单冲刷了事，必然导致水桶中细菌大量繁殖，严重影响消费者饮水安全。选择桶装水不要图便宜，饮水与家人的健康直接相关，消费者购买时需要多加注意，要看有无“QS”标志，定期地查看桶装水的检验报告。还有最直接的办法，就是选择全国知名的大品牌。

饮水机内有两个水胆，一个是热水胆，一个是冷水胆，这两个水胆还起到沉淀水中杂质的作用。人们通常在桶装水喝完之后，重新换上一桶就了事，却忽视了桶装水机内胆约1000毫升的水，久而久之就成了细菌生长的温床。造成了饮用水的二次污染。使用饮水机使饮水机致菌的原因主要有：一是长期不对饮水机进行消毒；二是换水造成进水口与空气接触；三是存放空间狭小或不洁，空气不对流；四是气温不适当，置于阴冷潮湿或阳光直射处易导致细菌繁殖；五是饮用水质不净或含菌；六是饮水机保养不够好，密封性差造成细菌入侵；七是水胆存水过多而长期不饮用。专家指出，不管清洗消毒或抑菌设计，关键还是消费者要有一个自我保护意识，防止家庭桶装饮用水的二次污染。总之，要想安全放心地使用饮水机，清洗消毒和日常保养非常重要。中小学生饮水要注意下列禁忌。

1. 饭前不宜饮水　饭前饮水可使胃酸稀释，不利于食物的消化，而且胃部有饱胀感，影响就餐的食欲。

2. 睡前不宜饮水　有些五六岁的小儿，还没有养成晚上自己控制排尿的习惯，大量饮水后，很容易遗尿，即使没有遗尿，一夜几次排尿，也影响睡眠质量和次日的学习。

3. 不喝冰水　活动以后小儿浑身是汗，十分口渴，他们总喜欢喝一杯冰水或冰汽水，既能解渴，又可以降温。殊不知，大量喝冰水，很容易引起胃黏膜血管收缩，影响消化；还能刺激胃肠蠕动加快，出现肠痉挛，引起阵阵腹痛，有时大便次数也增加。

4. 不喝生水　当口渴难忍且没有开水供应时，有的孩子便会喝生水，甚至喝池塘里的污水，其结果常常发生胃肠道疾病，如细菌性痢疾、伤寒等。

5. 饮水不宜过快　如果一口气喝上一大碗，不仅可造成急性胃扩张，而且也不利于水的吸收，应该是一口一口慢慢地喝。

儿歌

饭前不宜饮用水，
冰水生水都不喝。
消毒杀菌第一条，
少量多次助健康。
饮水均衡很重要，
温水亦应慢慢饮。

七、不要迷信洋食品

三字经

别迷信，洋食品。
不规范，易受害。
防伪劣，最要紧。

有关部门的抽查结果表明，从质量和包装上来看，如今国产儿童食品已比前几年有了很大改进，不少已达到出口标准，因此不必迷信洋食品。

在不少学生的心中，将“洋食品”当作质量可靠、食用安全的代名词。国外产品的高价位总是给人一种质量更为上乘的感觉，其实不然。近年来，不合格进口食品正呈现明显增多趋势。国外种植生产农副产品的流程和国内十分相似，有些安全质量问题也是类似的。而部分消费者存在消费误区，过分迷信“洋食品”的质量，在面对进口食品时，要学会理性消费，不要被“洋食品”豪华外包装和高昂价格所迷惑。越是时尚奢侈的消费品，越容易存在消费盲目性，越有被损害的危险。

面对样式繁多的“洋食品”，消费者一般很难判断出其真伪及品质的好坏。那么，怎样才能免受一些假冒甚至是劣质“洋食品”的蒙骗呢？合格的“洋食品”必须贴有中文标志，标志上的配料成分、净含量和固体物含量、原产国家或地区、商品生产日期、保质期、经销单位的名称和地址、在国内的总经销商的名称和地址、咨询电话等，一个都不能少，否则就为非正规产品。按规定，中文标志必须在口岸粘贴，但是由于一些小食品数量繁多，粘贴麻烦，因此有些商家就把食品带到经营场所粘贴，这样很容易造成食品的不规范。因此，看准中文标志尤为重要。另外，进口食品都要有出入境检验检疫局出具的《进出口食品标签审核证书》和《进口卫生证书》，证书上的生产日期、有效期等都应与商品标志上的一致，否则就很可能是非正规“洋食品”。

现在市场上出现的没有中文标志的进口食品很可能是未经正规渠道入境的，它们或者是国外生产的不合格产品，

或者是国内厂家仿冒的。总之，这些身份不明的进口食品没有经过海关，逃过了检验检疫，质量和卫生没有保障，消费者食用是不安全的。

儿歌

少年儿童别迷信，
花样繁多洋食品。
很多商标不规范，
常遭蒙骗易受害。
鉴别真假防伪劣，
身体健康最要紧。

八、不用方便面代替正餐

三字经

方便面，莫正餐。
长期吃，会添乱。
餐中补，全面顾。

方便面是1958年秋天在日本问世的，广告中说它是一种不论何时何地都能方便地吃上的“拉面”。只要加上开水，面条便会逐渐膨胀起来，这使得许多年轻人对它一见钟情。1962年，日本又发明了附汤料的方便面，如今，方便面成了“世界大众面”，全世界的年消费量在130亿袋以上。方便面尽管食用方便，但不能忽视健康问题。

1. *方便面不宜长期存放* 这是因为方便面在运输过程中可能会造成包装破损,容易引起霉变虫蛀。即使包装无损伤,也会受保存期的限制,因为方便面经密封包装后,与空气不是绝对隔绝的,塑料薄膜上的微孔仍具有一定的透气性,空气和微生物仍可由微孔进入袋中。虽然方便面中的油脂加了抗氧化剂,但它只能减慢氧化速度,推迟酸败时间,并不能完全有效地防止酸败。含油脂的食品酸败后会破坏营养成分,产生哈喇味,并产生过氧脂质。这种过氧脂质进入人体后,对机体中的重要酶系统具有一定的破坏作用,经常性摄入过氧脂质,会使人早衰。

2. *方便面的营养不全面* 在追求高效率的今天,有些人因工作忙,常以方便面为主食,这容易引起人体营养缺乏症,对健康极为不利。人体需要六大营养物质,即蛋白质、脂肪、糖类、矿物质、维生素和水,长期缺乏某种营养素,人就会患病。方便面的主要成分是糖类,附带的汤料仅起增味作用,蛋白质、脂肪、维生素和矿物质的含量偏少,长期吃方便面会导致营养素比例失调,造成营养素缺乏症,从而影响健康。因此,方便面只能作为就餐不方便时的应急之用,一天至多吃一次。如果确实无条件烹调饭菜或进餐馆,需要较长时间地食用方便面,则应酌情增加一些副食,以补充营养素的不足。此外,患有肠胃疾病和胃口不佳、吸收不良的人,最好少吃方便面。

调味品是牛汁、鸡汁或虾汁,而牛肉、鸡肉或虾肉的含量是很少的。由此可知,方便面中,不完全具备人体需要的蛋白质、脂肪、糖类、矿物质、维生素等营养素。并且方便面中,还含有或多或少的食品色素、防腐剂等,如果长期食用,会因营养素缺乏而患病。长期食用方便面的人中，有 60% 的人营养不良，54% 的人患缺铁性贫血，23% 的人患维生素 B_2 缺乏症，16% 的人缺锌，29% 的人因缺乏维生素 A 而患眼疾。由此可见，方便面不宜经常吃。

儿歌

临时应急方便面，
代替正餐如水淹。
补充营养要兼顾，
主食尤需谷麦粟。
畜肉鱼类伴菜蔬，
均衡摄取营养素。

九、汽水可乐类不宜多喝

三字经

可乐水，害处多。
长期喝，伤脑筋。
严重者，会中毒。

可口可乐最初是用“可乐”为基本原料配制而成的。可乐，又名可拉，是一种原产于非洲西部热带地区的梧桐科小乔木，一般高 4～7 米，一年中两次开花，两次结果。可乐果种子中含有 2.4%～2.6% 的咖啡因和可乐定等生物碱，用它做饮料，有兴奋提神的作用。采用可乐果作原料，则可制成治疗头痛、晕船、神经痛、腹泻、呕吐等各种疾病的药品。此种可乐果还用于配制可乐酒、可乐巧克力糖等多种饮料和食品。

可乐果最大的用途是制作可口可乐汽水。可口可乐始创于美国，它是由可乐果的溶液、糖浆和水混合配制而成的。它不但能兴奋精神解除疲劳，而且味道特殊，馨香可口，是一种十分怡人的清凉饮料。可口可乐最先(1886 年)是美国佐治亚州的一名药剂师配制的一种治疗头痛的药水，没想到这种药水很好喝，于是便成为一种饮料。

刚开始时饮用它的人并不多，后来经营商大做广告，利用各种宣传工具大肆宣传，可口可乐便成为百分之百的清凉饮料。第二次世界大战期间，美国可口可乐公司向政府机关及议员们散发一本小册子，宣称这种饮料的重要性不亚于枪炮子弹。于是这种饮料被用作军需品供士兵饮用，战争期间消耗 50 亿瓶之多。战后，可口可乐成了世界性饮料。

可口可乐涌进中国市场后吸引了中国的孩子们，许多孩子以可乐代水，这样做的害处是很多的。据美国科学家分析，一瓶 340 克的可口可乐含咖啡因 50～80 毫克。众所周知，咖啡因是一种兴奋中枢神经的药物，成人因对咖啡因排泄能力强，所以适当饮用含咖啡因的饮料，尚不会中毒。但一次饮用咖啡因剂量达 1 克以上，就可致中枢神经系统兴奋，表现为躁动不安、呼吸加快、肌肉震颤、心动过速、失眠、眼花、耳鸣等。即使服用 1 克以下，由于咖啡因对胃黏膜的刺激，也会出现恶心、呕吐、眩晕、心悸、心前区疼痛等症状。

研究表明，可乐型饮料对动物的记忆有干扰作用，学生过多饮用可口可乐，会使中枢神经过度兴奋，影响学生课堂注意力的集中，影响学习成绩。

儿歌

可乐水含咖啡因，
另含多种生物碱。
长期饮用伤脑筋，
学习成绩将下降。
受害重者会中毒，
平时不要多饮它。

十、饮料不能代替白开水

三字经

众饮料，含糖高。
长期喝，存隐患。
白开水，最养人。

人身体主要成分就是水，人不断地吸收水分来补充身体的需要。

市售饮料一般含糖较多，口感甜腻，只能一时解渴，以后反而会增加口渴感。喝多了还会产生各种不良影响。

人体血液内的糖分（血糖）降低到一定程度，可以产生饥饿感而引起食欲。而喝过多的含糖饮料，会使血糖总是维持在一定水平，不出现降低现象，就不会出现饥饿感，也就没有食欲。

胃液含有多种消化食物的酶，胃酸能杀死进入消化道的有害细菌，防止胃肠道感染。饮料喝多了，能稀释胃内的消化液和酸度；同时冷饮进入胃里，可使胃黏膜血管收缩，胃液和胃酸分泌减少，这些都会影响消化吸收和胃液的杀菌作用。

研究表明，人工合成的色素与宝宝的多动综合征有关；糖精与肿瘤发病有关；饮料喝多了，由于糖分摄入的增加，会造成肥胖，并为发生高血压、冠心病、糖尿病等种下祸根。

儿歌

众多饮料含糖高，
长期饮用存隐患。
糖精色素可致病，
从小防范促健康。
最养人者白开水，
适量饮用利全身。

十一、果汁不能代替水果

三字经

饮果汁，含调料。
长期喝，并不好。
论价值，水果高。

适量少喝点果汁可以助消化、润肠道，补充膳食中营养成分的不足。有些学生不爱喝白开水，有香甜味道的果汁能使他们的饮水量增加，保证了身体对水分的需要，这是一件好事。

果汁中保留有水果中相当一部分营养成分，例如维生素、矿物质、糖分和膳食纤维中的果胶等，口感也优于普通白开水。比起水和碳酸饮料来说，果汁的确有相当的优势。但是大部分果汁之所以“好喝”，是因为加入了糖、甜味剂、酸味料、香料等成分调味后的结果。

1. 果汁不能代替水果的原因　需要提醒的是：果汁的营养和水果有相当大的差距，千万不要把两者混为一谈，果汁不能完全代替水果。

(1)果汁里基本不含水果中的纤维素。

(2)捣碎和压榨的过程使水果中的某些易氧化的维生素被破坏掉了。

(3)果汁中某种营养成分(如纤维素)的缺失会对整体营养作用产生不利的影响。

(4)在果汁生产的过程中有一些添加物是必然要影响到果汁的营养质量的，如甜味剂、防腐剂、使果汁清亮的凝固剂、防止果汁变色的添加剂等。

(5)加热的灭菌方法也会使果汁的营养成分受损。

因此，对于能够食用新鲜水果的人来说，整个的水果永远是营养学上最好的选择。

2. 通常我们在市场上能买到的果汁

(1)保鲜装的鲜果汁：一般采用塑料瓶装或屋形纸质保鲜盒装，注明保存条件是低温冷藏，保存时间较短，大多只有7～10天。这种果汁一般是鲜榨汁,没有经过高温灭菌,基本不加糖和甜味剂、防腐剂,营养成分保存较好。这种果汁必须低温保存并且在短时间内饮用,由于保质期很短,市场上并不多见。

(2)纯果汁:一般采用纸盒装或玻璃瓶、塑料瓶装,常温保存时间半年以上。这种果汁大多是用水果产地生产的浓缩果汁加水复原到原果汁的浓度,经过瞬间高温灭菌处理。营养成分尤其是维生素受到了损失,水果的风味也略有改变。这种果汁的浓度与鲜榨果汁应该是相同的,至少是近似的。

(3)浓缩果汁:多用玻璃瓶或塑料瓶装,常温保存的时间较长。这种果汁含较多的糖分和添加剂,标签上会注明饮用时的稀释倍数。浓缩果汁携带方便,甜度一般较高,味道可以自己调节。

(4)果汁饮料:含气体的果汁饮料和不含气体的果汁饮料品种都很多,果汁的含量也不相同。

因为人们一般早餐很少吃蔬菜和水果,所以早晨喝一杯新鲜的果汁或纯果汁应该是一个好习惯,补充身体需要的水分和营养。可惜的是人们常常喝一杯牛奶,无法再喝下别的了。要注意的是,空腹时不要喝酸度较高的果汁,先吃一些主食再喝,以免胃不舒服。不管是鲜果汁、纯果汁还是果汁饮料,中餐和晚餐时都尽量少喝。果汁的酸度会直接影响胃肠道的酸度,大量的果汁会冲淡胃消化液的浓度,果汁中的果酸还会与膳食中的某些营养成分结合影响这些营养成分的消化吸收,使人们在吃饭时感到胃部胀满,吃不下饭,饭后消化不好,腹部不适。除了早餐时外,两餐之间也适宜喝果汁。但每天喝一杯果汁就足够。我们不要期望果汁会提供身体所需的全面的营养成分,这只是一种有一定营养价值的饮料而已。

还有的人以为,果汁尤其是鲜果汁、纯果汁或者没有加糖的果汁就没有热能,不会使人长胖,这是错误的:一杯纯苹果果汁(250 毫升)所提供的能量比 50 克馒头提供的能量还要高。

儿歌

果汁加味很诱人,
制备过程丢养分。
果汁不能代水果,
水果营养价值高。
果汁如同喝饮料,
还是常食水果好。

十二、水果不能代替蔬菜

三字经

蔬菜妙,养分全。
用水果,无法代。
巧烹饪,促康健。

由于蔬菜的口感不如水果,许多学生不喜欢吃蔬菜。有些家长认为,孩子不爱吃菜可以用水果来代替,那么水果真的能代替蔬菜吗?

从保持营养均衡的角度上看，任何一种单一的食物都不能满足人体的全部需要，只有同时摄入多种食物才能摄取到全面的营养素，否则就会造成营养缺乏。因此，青少年长身体时不能以水果代替蔬菜。儿童不爱吃蔬菜有的是不喜欢某种蔬菜的特殊味道；有的是由于蔬菜中含有较多的粗纤维，儿童的咀嚼能力差，不容易嚼烂，难以下咽，还有的是由于儿童有挑食的习惯。不爱吃蔬菜的孩子还不少呢。

新鲜水果的营养与蔬菜相比，水果含糖分较多，蔬菜含纤维素较多。除鲜枣、山楂、猕猴桃和柑橘等所含维生素C极高以外，其他水果中的维生素、矿物质含量不如蔬菜高，尤其不如绿色蔬菜。蔬菜中的纤维素也是人体需要的营养素，它可以减慢食物的消化速度，使人有较长时间的饱腹感，还能减少大便干燥的可能性。因此，不能以水果代替蔬菜，应两者适当搭配。

家长可从选择烹调方式入手，培养孩子吃菜的习惯。对于那些不爱吃蔬菜的孩子，不妨经常给他们吃些带馅食品，如饺子、包子既便于儿童咀嚼吞咽和消化吸收，又味道鲜美、营养也比较全面。有的孩子不喜欢吃炒菜、炖菜等做熟的蔬菜，而喜欢吃生的蔬菜，那就可以多做一些凉拌菜。味道有点怪的蔬菜，孩子不爱吃不必强求，如茴香、胡萝卜、韭菜等，尽量多变花样，如做带馅食品时加入一些，使孩子慢慢适应。可适当配合营养素高的水果进行调剂。

儿歌

蔬菜养分更加全，
水果无法来替代。

家长烹饪多花样，
培养孩子吃蔬菜。
多食蔬菜巧吞咽，
增强咀嚼助康健。

十三、不要吃得太咸

三字经

食清淡，利健康。
日常菜，少加盐。
护黏膜，保骨骼。

广西有个巴马县，15万人口中90岁以上的老人有206人，其中百岁以上老人28人，他们健康长寿的一个原因就是喜欢吃淡食。高血压病在我国成年人中的发病率平均约为5%，但南方和北方的差异很大，北京、天津、沈阳的成年人高血压患病率平均约为10%，而广州、福州、湛江只有3%～5%。原因就是北方人爱吃咸，从农村到城市，家家吃菜过咸，还特别爱吃腌咸菜、黄酱。每天食盐的标准摄入量为5克，由于北方人平均每天食盐量高出了标准量的3～5倍，人体钠的摄入量过多，促进了动脉硬化，所以得高血压病的人就增多了。

有的少年儿童吃菜从不注意咸淡，食盐过多，对身体健康有害。医学研究发现，日常进食盐量过多，容易引起心血管疾病，因而提倡低盐饮食，对孩子来说也是一样。另外，小儿吃盐过多，还会导致上呼吸道感染。这是因为高盐饮食可使口腔唾液分泌减少，溶菌酶亦相应减少，再加上高盐饮食的渗透作用，使上呼吸道黏膜抵抗疾病侵袭的作用减弱，加上孩子的免疫能力本身就比成人低，又容易受凉，各种细菌、病毒即可乘虚而入，导致感染上呼吸道疾病。长期吃太咸的东西，还会影响骨骼生长。钠质与钙质同属矿物质，经过肾时，钠质会较钙质优先被身体回收再用，故摄取太多钠质，会间接增加钙质在尿液中流失，影响孩子的骨骼发育。

食物中所加的盐分仅略有咸味即可，每日添加的总量不宜超过 4 克，切不可以成人的口味为标准（世界卫生组织建议成人每日摄入盐量应不超过 6 克）。每天每个青少年吃盐不要超过 4 克。吃盐过少，会食而无味，全身无力。但口味过重，长期吃菜过咸，会增加肾排泄食盐中氯化钠的负担，从而损伤肾，久而久之，便会引起高血压病和肾疾病，因为吃菜太咸，肾在大量排泄钠盐的同时，体内的另一种重要物质——钾，也会随着排出体外，钾排出多了，会使心脏的功能受到损伤。吃菜太咸，还会破坏身体里的胶质，使少年儿童白嫩的皮肤变得粗糙、发黑，损害面容的健美。

所以，吃菜过咸有害健康，口味过重的中小学生，应该吃淡一些。

儿歌

日常饮食莫太咸，
清淡有利促康健。
淡能护膜保骨骼，

抵御疾病体格健。
多食葱姜与蒜茸，
可与感冒说再见。

十四、烧烤类食物不能经常食用

三字经

烧烤类，苯并芘。
烟熏品，都回避。
体魄好，抓学习。

烤羊肉串、烤鱼片等烧烤食品以其鲜而不腻、嫩中带香、风味独特而深受孩子们的喜爱。但是经常食用这类烧烤食品会给健康带来损害，这是为什么呢？

这是因为肉类食品在烧烤、烟熏和腌制过程中会产生一种致癌物质——苯并芘，也正是香烟里的一种有害成分。在烧烤肉类食品时，这种物质会附在烤肉表面，随同烤肉一同食入体内。研究表明：10 岁以前经常食用烧烤、烟熏、腌制食品的孩子，成年后患癌的可能性比一般人高 3 倍。

苯并芘是一个由五个苯环构成的多环芳烃，当肉类在木头或炭火上被烹调时，肉中的脂肪滴入热媒时所形成的烟雾中会产生苯并芘，是一种强力的致癌剂。此外，蛋白质食品在烹调时要经历一个“热解”的过程，许多热解物是诱变剂，食入人体同样可诱发癌变。由此可知，经常食用烟熏鱼、烟熏肉、烧肉、烧鹅、烧鸡，甚至熏过的香肠火腿都对健康不利。

爱吃烤羊肉串的人,应适当控制食量,不宜多吃。若真耐不住馋,可用家用电烤箱、微波炉间接制作。另外,在吃这些烧烤食品时,应特别搭配一些绿色蔬菜和水果,以降低有害物质对健康的损害。

儿歌

烧烤品含苯并芘,
常食对人很不利。
重者可诱发癌症,
少年儿童须回避。
烟熏制品都不吃,
笑对健康抓学习。

十五、吃零食要有节制

三字经

吃零食,讲卫生。
干果类,适宜食。
糖蜜饯,应少吃。

零食是指学生在一日三餐之外所吃的食品。小学生选用的零食品种很多,可大致分为三类:①干果类,如花生、瓜子、蚕豆、核桃、玉米花、杏仁、松子、小枣等。这些食品,大都是植物的种子,其中除含有蛋白质、维生素、矿物质和植物油外，还含有钙、磷、铁等矿物质元素，这些营养物质仅靠孩子的一日三餐不能充足获取，吃些硬果类食物，恰恰能补充体内的营养需要，对孩子的生长发育是有利的。②糖果、蜜饯类，如果脯、杏干、蜜枣、红果片、橘饼等。这些食品除营养丰富外，还有开胃作用。至于饼干、糕点都是粮食制成的，适量食用对孩子没有害处。③膨化小食品，这类食品的加工手段较新颖，又有特殊香味，深受孩子们的喜爱。

有些家长认为吃零食有害，不让孩子吃，这是不对的。正在生长发育期的孩子适当吃一点零食，不但不会给身体带来伤害，反而对身体的生长发育有利。

学生的生长发育需要多种营养素，而他们的胃容量都比较小，每一餐饭不可能吃得很多。而且，一日三餐的食物品种也不可能太多，只能靠零食来补充。另外，孩子体内贮存肝糖原的能力差，食物在胃里消化得又很快，因此只靠一日三餐的主食是不够的，往往还没有等到下一餐就饿了，很有必要在三餐之外补充一些零食。

吃零食要讲究卫生是比较困难的，因为吃零食往往不分场合，有的人边走边吃，有的人边吃边看书写字，通常不洗手。有些零食本身做得不干净，难免污染病菌。因此，吃零食应注意以下几点：①吃零食要有节制，最好在两餐之间吃一点儿，不可过多。有的人一次吃一斤葵花子，第二天就患上了咽炎，这种教训应当吸取。②吃零食也应讲卫生，不买不干净的食品，不边干活边吃零食。吃零食前洗洗手，特别是吃那些用手抓来直接入口的食物，如吃果脯等食品，最好使用牙签。③零食不可存放过久，存放要清洁，过期变质的食品不可再吃。

家长要正确引导孩子，让他们学会选择营养相对均衡、全面的零食，使他们从中既能享受到吃零食的乐趣，又能获得一定的营养补充。在进行指导时应该采取正面教育、正面强调的方式，告诉他们应该选择什么样的食物作为零食，什么时间吃零食合适。合理安排吃零食的时间很重要，在时间上要注意以下几点：①可以在两顿饭之间吃，不要在接近正餐时间吃，从而影响正餐时的食欲。②临睡前不宜吃零食。临睡前吃零食，会增加胃肠道的负担，不利于食物的消化吸收，也不利于睡眠。睡觉之前吃零食，如果不注意刷牙，留在牙齿间的食物残渣不利于牙齿健康，长期下去会引起龋齿。③看电视时不要吃零食。边看电视边吃零食，在不知不觉中会吃下去许多零食。看电视时间长的孩子容易得肥胖症，其中与吃零食有一定的关系。④吃零食的量不要太多，以免影响吃饭时的食欲。

适当吃零食可以补充主餐中总热能和各种营养成分的不足，如果有选择地适量吃零食对儿童的生长发育还是有益的。因为在三餐之间吃零食的儿童比一天只吃三餐的儿童更容易获得营养平衡，更能满足儿童对维生素和微量元素的需求。儿童的胃容量相对于成人来说是比较小的，每餐的进食量有限，而儿童的生长发育较快，单靠三餐往往不能满足机体的营养需要，两餐之间会有饥饿感，吃点零食可以满足生理需要。

吃零食虽有一定好处，但过多地吃零食则会适得其反。许多孩子喜欢吃零食，结果导致食欲缺乏，身体逐渐消瘦。给小孩吃食物的本意是为了补充身体生长发育所必需的营养素，过多地吃零食会打乱三餐规律，如在临吃饭前吃零食，胃里装满了，当然就吃不下饭，使人体所必需的营养就得不到补充。过多地吃零食的害处是打乱了胃肠的正常消化规律，使胃肠道不停地处于紧张状态，可造成消化道功能紊乱。由于许多零食是甜的，而糖类物质在中国人的三餐中的比例本来就偏高，常吃含糖较多的零食就会加重这种趋势，使体内过剩的糖分变成脂肪积存于皮下，使得儿童发胖。经常过多地食用零食会使儿童丧失忍耐空腹的能力，稍有饥饿感就会条件反射，要吃东西，否则浑身乏力，连思考问题的力气也没有，影响学龄儿童的学习成绩。一些儿童甚至在临睡前也要吃零食，吃后又不漱口刷牙，容易产生龋齿。

儿歌

吃零食要讲卫生，
营养全面可选用。
核桃花生松子仁，
干果食品多可吃。
糖果蜜饯杏干饼，
尽量节制应少食。

十六、不宜常吃“洋快餐”

三字经

洋快餐，多炸烤。
甜滋腻，油脂重。

若常食,疾病欺。

洋快餐采用了油炸和烘烤的加工手段,同时洋快餐的食物原料中肉类较多。肉类食物中含有较多的脂肪,加上调料后再用油炸的方法炸制,由于油脂在烹调加工中对所炸食物有赋香作用,所以使得油炸食品产生特殊的香味。面包是在烤箱中烘烤制成,烘烤过程中食物发生美拉德反应也赋予食品香馨的味道。由于这些食物香,所以孩子们爱吃。

孩子们的猎奇心理也是他们喜欢洋快餐的原因之一。洋快餐店敞亮的厅堂,形形色色的促销手段,儿童游乐设施和种种小礼物,都在深深地打动和吸引着孩子们。洋快餐中的各种甜食、饮料也同样对中国的孩子们有诱惑力。作为老师和家长,应该告诉我们的孩子,洋快餐不适合我们中国人,常吃这种洋快餐会生病的。

首先,常吃的洋快餐中肉食偏多,因此它们是蛋白质高、脂肪高、热能高的“三高”食物。同时这类食品还有“三低”的缺陷,维生素低、矿物质低、膳食纤维低。这“三高三低”的膳食,不适合中国人的胃肠消化系统。

由于中国人进化得早,于是中国人便提早若干万年由游牧社会进入农耕社会,人们的食物结构就自然而然地以植物性食物为主,即以吃粮食、蔬菜、水果为主,被称作食草的民族。

由于长期的以植物性食物为主的饮食结构使人的生理结构发生了变化,并通过生物基因固定下来。医学解剖足以表明,中国人肠子的相对长度比欧洲人要长得多。因为吃进的植物性食物需经肠子不断蠕动才能将其消化吸收，所以逐渐发育变长；而肠子的蠕动对肉食消化作用不大，所以食肉民族的肠子就相应比较短。

炎黄子孙是食草民族的后代，其消化系统适合消化中国型食物结构的膳食，一下子用它来消化那么多肉，它承受不了，就要发生许多疾病。有的同学吃后消化不良，下一顿不想吃饭；还有的同学昨天吃了肯德基，今天发生了感冒，他并不知道这是因为摄食热能过多所致。

洋快餐中的脂肪、胆固醇含量偏高，如一个105克的汉堡包含有30毫克的胆固醇，而一只重154克的快餐鸡腿，竟含有多达103毫克的胆固醇。经常吃这些食物，会使小学生血中胆固醇浓度增高，沉积在血管壁，使血管变窄，形成动脉硬化。

美国的营养学家对中国的孩子们如此喜欢洋快餐表示不理解，我国的营养学家们为此也表示深深的忧虑。因为洋快餐必定是适合西方人消化系统的食品，中国孩子如此快地接受洋快餐，口味可以很快西方化，但肠胃的消化功能却不能很快扭转。一向用来消化谷物、蔬菜、水果和少量肉食的胃肠道，一下子改用来消化油炸的鸡翅，确实有些勉为其难，加上油炸的食物本身不容易消化吸收，必会造成孩子消化系统功能紊乱。

在美国，由于快餐的盛行，很多人每天大量摄入“三高”食品，进食的膳食纤维太少，所以消化道疾病、癌症发病率远远高于中国。现在美国人明白了，还是中国的食物结构好，应该向中国人学习。所以，近些年世界餐饮界出现了这样的怪现象，中国的孩子们疯吃洋快餐，而那些洋人们却把对快餐的热情转移到中国式的饭菜上来了，他们在学习中国人的食物结构，模仿中国人的饮食习惯，学吃中国的饭菜。这一现象应引起中小学生的注意。

儿歌

洋快餐中多炸烤，
烹调香馨诱人气。
甜滋腻厚油脂重，
三高食品营养低。
膳食纤维含量少，
常食疾病就来欺。

十七、冷饮不能吃过头

三字经

青少年，喜冷饮。
吃过头，常犯病。
在饭前，须严禁。

夏季天气炎热，人体出汗较多，尤其是中小学生，在室外玩得满头大汗时，常常贪食冷饮（如雪糕、冰激凌、冰镇汽水等）。有些家长认为，天气炎热，雪糕、冰激凌都是奶制品，多吃点没有坏处，事实真是这样的吗？

事实上，过食冷饮对孩子的健康是有害无益的。因为儿童胃肠黏膜对冷刺激非常敏感，食入过多冷饮会使胃肠道血管突然收缩，影响局部的血液供给和胃液的分泌，引起腹痛、腹泻和食欲缺乏等症状。

冷饮是一种降温食品，虽能提供给人体一定营养，但孩子正处于生长发育阶段，需要均衡的营养。冷饮中营养单一，更主要的是冷饮对胃肠道有强烈的刺激作用。而孩子的胃肠道比较娇弱，过食冷饮，会使胃酸稀释，还可刺激消化道血管收缩，使血流量大大减少，导致孩子食欲下降。另外，孩子吃冷食过多，还易造成便秘，对其牙齿发育也不利。因此，家长应注意让幼儿吃冷饮要适量，特别是不要在饭前吃冷饮。

正确的做法是：从室外活动回来后最好适当休息一下，然后少量多次地喝些温茶水、凉白开水、绿豆汤、新鲜水果榨汁或吃些西瓜。吃冷饮时，不要大口嚼食，以免对牙齿直接刺激。

儿歌

中小学生喜冷饮，
冷饮不能喝过头。
过量冷饮损康健，
腹痛腹泻胃肠炎。
夏季补液绿豆汤，
也可喝些温开水。

十八、不宜吃生鸡蛋

三字经

生鸡蛋，不能食。

巧馄饨，最好吃。

烧蛋羹，极养人。

鸡蛋内含蛋白质、脂肪、卵黄素、卵磷脂、生物素、维生素A、维生素B_2、维生素B_6和铁、磷、钙、钾、镁、钠、硅等矿物质。鸡蛋的可食部分占16%的是脂肪，鸡蛋黄中多一些，约占1/3。这种脂肪呈乳化状态，存在于鸡蛋黄中。因此，鸡蛋和牛奶一样易消化和吸收。

卵磷脂、胆固醇和卵黄素对神经系统的发育有很大好处，是小学生在青春发育中特别需要的物质。鸡蛋的蛋黄中这类营养素占50%以上。鸡蛋中的蛋白质是所有食物蛋白质中最好的一种，其量占全蛋的12%。更奇妙的是，鸡蛋与大豆合着吃，可以大大提高大豆蛋白质的营养价值。

鸡蛋中维生素的含量也是非常丰富的，但维生素C含量极少或几乎没有。所以，吃鸡蛋时，应尽量配合吃蔬菜、水果，如蛋羹番茄、蛋屑炒韭菜、蛋块炒花菜、蛋烩虾仁，这些都是比较理想的配菜方法。

吃鸡蛋的方法大有讲究。有人喜欢吃生鸡蛋，每天早晨吃生蛋。但这种吃法不卫生、不科学。因为生鸡蛋里含有抗生物素蛋白和抗胰蛋白酶，抗生物素蛋白能够与生物素结合，不但把生物素变成人体无法吸收的物质，而且使食物中的维生素B失去效能。人体缺乏生物素，可引起食欲缺乏、全身无力、肌肉疼痛、皮肤发炎、脱眉等症状。抗胰蛋白酶有碍蛋白质的分解和人体的消化功能。其次生鸡蛋的蛋白质结构致密，很大一部分不能被吸收。生鸡蛋还有特殊腥味，会引起中枢神经的抑制，使消化液分泌减少，导致食欲缺乏、消化不良等，所以应将鸡蛋煮熟再吃。

儿歌

青少年在发育期，
吃生鸡蛋必须忌。
蛋清中有抗物质，
损害健康极不利。
鸡蛋煨炖最好吃，
冲烧蛋羹极养人。

十九、不要边吃饭边学习

三字经

吃饭时，应专一。
情绪好，助消化。
若分心，会患病。

许多中学生学习非常努力，吃饭的时候还在思考数学题；也有的同学喜欢边看书边吃东西。更有许许多多的家庭，一吃饭就打开电视机，边看边吃……所有这些做法，都不利于食物的消化吸收。

人的食欲除了与食物的色、香、味、形有关以外，与大脑的精神活动也有很大的关系，如果边吃饭边谈话，或边吃饭边看书思索问题，或边吃饭边看电视，食物对大脑的刺激就会减弱，消化器官的工作能力及消化腺的分泌也要降低。

这样吃过饭后，常常会感到肚子满满的、胀胀的，非常难受。

饮食与大脑的活动关系密切，如果由于吃饭时不能专注于所吃的食物，大量血液就要流向大脑，减少了胃肠消化系统的血液，使胃肠不能很好地消化吸收食物，时间长了，人就会患胃肠消化道疾病。

因此，全家人在吃饭的时候，创造一个良好的进餐环境，调整良好的进餐情绪，对于家人的身体健康，都是非常重要的。尤其不要在吃饭的时候谈论一些不愉快的事情，那样会影响人的进餐情绪，进而影响人体对食物的消化吸收。

儿歌

餐时莫做其他事，
精神饱满把饭吃。
调整情绪助消化，
运转全身促代谢。
若是分心兼其他，
肚腹胀满病来啦。

二十、进食时勿哄闹逗笑

三字经

膳食中，莫说笑。
防鲠喉，避呛咳。
重保健，应知道。

有些同学以为吃东西时说说笑笑，能够吃得痛快。其实，这不是好习惯。俗语说："寝不言，食不语。"食不语是说在进食吃东西时不要说话，不能哄闹逗笑，这一点对预防发生气管内异物有重要意义。

为什么在进食时，或口中含有物体时说话，哄闹、逗笑会引起儿童的气管内异物呢？生理解剖学告诉我们，喉头部的会厌是由一块环状软骨和杓状软骨组成的，会厌具有保护性反射作用。人体发音时，杓状软骨就会开放，而在吞咽食物时杓状软骨就会关闭，这样就不会把口腔的分泌物或食物误吸到呼吸道中去。所以，我们吃饭的咀嚼和吞咽是一个很协调的活动过程。如果在进食时哄闹、逗笑、说话，这时杓状软骨开放，影响和破坏了吞咽动作的协调，容易误将口中的食物或含在口中的异物吸到呼吸道中去，引起气管或支气管的阻塞。

呼吸道异物，重者可以因窒息而立即死亡，轻者可以阻塞小支气管，是以后得支气管扩张的祸根，可因此造成肺部的反复感染，有时因扩张的小气管破裂而引起少量的咯血或大出血，影响正常的生活和学习，甚至因大咯血而死亡。

进食时哄闹逗笑是一种不良的卫生习惯，应引起每个同学的足够重视。

儿歌

膳食当中莫说笑，
大声喧闹病来找。
鱼刺鲠喉时有见，
气管呛豆不得了。

医院急诊能救治，

窒息严重人憋死。

二十一、只吃素不吃荤不可取

三字经

青少年，长身体。

须吃荤，莫素斋。

巧搭配，健康来。

中小学生正处于长知识、长身体的关键时期，这个时期最突出的特点就是一个“长”字。青春期来临，青少年身体长高每年少则6～8厘米，多则高达10～13厘米；体重增加每年少则5～6千克，多则8～10千克。长身体需要大量的蛋白质、脂肪、糖类、维生素、矿物质等营养物质。而蛋白质等营养物质，又大量存在于动物性食物中。因此，中小学生只吃素不吃荤不可取。

动物性食物，即我们通常所说的荤菜，对少年儿童的生长发育，尤其对大脑的智力发育有重要促进作用。蛋白质是构成一切生命的主要化合物，人体的生长发育离不开蛋白质。在植物性食物中，虽然也含有一定数量的蛋白质，但质量比不上动物性食物，同时被人体吸收利用率也低于动物性食物。蛋白质是由氨基酸组成的，是人体必需的，而在人体内又不能制造的8种氨基酸成分，必须在食物中获得，在鸡蛋中便全部具备，胆碱是大脑用来制造乙酰胆碱的重要物质，提高大脑中乙酰胆碱的浓度，可以提高大脑的思维和记忆能力，在多种荤菜中含有丰富的胆碱，此外，少年儿童生长发育所需的脂溶性维生素，铁、钙、磷等矿物质及部分微量元素在荤菜中也有丰富含量。缺乏这些物质便不利于正常的生长发育。

据报道，第二次世界大战期间，日本动物性食品供应不足，平均每人每年只供应 2000 克肉，12.5 千克奶和奶制品，2.5 千克蛋，当时 12 岁学生平均身高只有 137.8 厘米。战后，日本经济恢复迅速，人民生活条件改善，动物性食物增多，每人每年食用肉达 13 千克，奶及奶制品 25 千克，蛋类 15 千克。1970 年调查 12 岁少年的身高已达 147.1 厘米，平均增高 9.3 厘米。从这个例子可以看出荤食对少年儿童生长发育所起的作用。

总之，人体所需要的各种营养素，都要靠膳食来提供。少年儿童正处在长身体、长知识时期，不仅生长旺盛，发育迅速，而且学习紧张、活动量大，所以每天所需补充的营养比大人要高，如果只吃素，不吃荤，则营养供应不足，势必影响生长发育，影响智力，还会因为营养不良抗病能力下降而经常生病。只有饮食多样化，荤素搭配，营养才会全面，才会充足。处在生长发育中的青少年不宜绝对素食，须荤素搭配合理，营养成分齐全，才能保障和促进健康成长。

儿歌

少儿身体长得快，
营养充分莫素斋。
尤需重视青春期，
不吃荤腥不可取。

必须多种营养素，
体魄健壮虎劲来。

二十二、过分节食有害

三字经

少儿胖，可运动。
忌节食，少药物。
要坚持，有效果。

爱美之心人皆有之，形体健美是当今人们追求的目标。一些女孩子为追求形体美，不适当地进行节食，过分限制饮食，机体的营养需要得不到保障，会严重地影响身体健康。俗语说："人是铁，饭是钢，一天不吃没力量"。为了保持体温，维持生命活动、学习和劳动，人体需要由食物来供应热能，人体需要热能，就像汽车开动需要燃烧汽油一样。

少年儿童是长身体时期，需要较多的营养物质。由于小学生的器官还没有发育成熟，肝和肌肉中贮存的糖原不多，加上中小学生的活动量大，消耗的热能多，过分节食，供给机体的营养物质和热能必然不足，就容易饥饿和疲劳，注意力不集中，影响记忆力，使学习成绩下降，还会因饥饿引起低血糖，产生头昏症状，甚至会昏倒。

过分节食减肥影响智力。德国医学研究人员进行的测试表明，那些超过正常体重 15% 的人，其智商至少比正常体重或偏瘦的人高 28 个百分点。对此她们解释说，人体细胞中60%左右为蛋白质,30%左右为脂肪,而大脑细胞中的脂肪高达60%~65%。脂肪是大脑工作的重要物质,剩余的脂肪能够刺激大脑,使它加快处理信息和增加长短记忆。如果刻意节食减肥使大脑细胞中缺少足够的脂肪,其结果会影响大脑活动而影响智力。

长期节食的女孩子,还会使消化系统的器官和组织退化萎缩,消化腺分泌的消化液减少,引起严重的消化不良和吸收不良。久而久之,会形成厌食—消化不良—吸收不良—厌食的恶性循环。严重的患者最后因为酸中毒而死亡。

强健优美的形体需要通过经常的体育锻炼和合理的饮食才能达到,过分节食的人只会事与愿违,不但不会形体健美,反而会影响身体的成长和发育。

儿歌

少儿过胖要重视,
适度运动可减肥。
过分节食伤身体,
切忌滥用导泻药。
健康生活成习惯,
坚持锻炼不嘴馋。

二十三、少吃腌制品

三字经

腌制品,应少吃。

硝酸盐，可回避。

食宜淡，靠自己。

咸鱼、咸肉、腌菜等虽然吃起来味道好，但长期食用这些腌制发酵类食物，有导致消化道肿瘤的危险。畜禽鱼肉经过腌制，豆制品、蔬菜瓜果经过腌制发酵而制作的食品，长期以来一直受到人们欢迎，但腌制类食品中含有较多量的硝酸盐和亚硝酸盐，一旦与肉中的二级胺合成亚硝酸胺，可直接导致胃癌；发酵类食品除了含有亚硝酸基化合物，还有多种有害真菌，长期食用这类食品，会对人体形成潜在危害。

新鲜蔬菜中均含有一定量硝酸盐，硝酸盐是氮被土壤和蔬菜吸收变化而来的。以往菜农栽培蔬菜多属于按自然周期生长的有机栽培，长出的蔬菜虽也含有微量的硝酸盐，但对人体健康并不足以构成威胁。只是这种方式栽培的蔬菜在市场上很难寻觅，多因为其生长期长、产量低、成本高、收益不大。目前所食用的应季蔬菜多是菜农用化肥露天培育的。大量使用化肥能大大提高产量，生产期相对缩短。但这样长出的菜所含的硝酸盐明显高于传统栽培方式。加上菜农在生产过程中常滥施化肥，特别是单一地使用氮肥，超过蔬菜生长的需求量，有的在采收前还在不断追肥，致使蔬菜来不及把化肥全部合成为营养物质，只好以硝酸盐的形式将其留存在菜体内。

含硝酸盐量最高的蔬菜出自塑料大棚里的催生栽培，一年四季都能够栽培，长出的菜大多属于“反季节蔬菜”。由于催生蔬菜的生长期短，不能充分进行光合作用，因此导致硝酸盐大量蓄积在菜体中。正常情况下，菠菜在露天应季栽培条件下需要 60 天才可收获，而大棚生长 30 天就可上市。有关食品分析报告数据显示，每千克有机栽培的菠菜中仅含有 690 毫克的硝酸盐，而催生菠菜中硝酸盐每千克高达 3000 毫克，其他蔬菜亦是如此。食用这样的蔬菜等于是吃硝酸盐。

硝酸盐与人们闻之色变的二噁英和聚氯二苯不同，人们没有更多地顾及它的危险性。其实，硝酸盐对人体健康的损害绝不亚于农药等物，只是这种损害较为隐蔽且是蓄积性的，故不为人们所重视罢了。早在 1996 年，美国科学家就报道说，硝酸盐会增加 1 型糖尿病患者的风险。硝酸盐为什么会诱发 1 赖型糖尿病呢？研究指出，硝酸盐受消化道内的 pH 的影响，在人体内被还原成亚硝酸盐，与胺结合生成亚硝胺，亚硝胺达到中毒量，会伤害在胰脏生成胰岛素的 p 细胞，由此诱发 1 型糖尿病。糖尿病容易引起的视网膜受损、末梢神经障碍和感染性疾病等种种并发症。糖尿病是目前高发病症，在发达国家发病率达 10%左右，我国一些大城市的发病率也达 5%以上。不少专家认为，这与食用高含量硝酸盐的蔬菜有很大关系。

硝酸盐不仅容易诱发糖尿病，对肾造成的损害也十分严重。肾是过滤血液和废物、排泄水分及盐分的重要器官，如果人们摄取了高浓度的硝酸盐，肾的负担将会加重，也可能引起溶血性贫血（尿里有血）。肾病患者一旦病情恶化，必须做人工透析。只要患者没有移植肾，就必须坚持做人工透析。这种透析被称为“慢性透析”。日本农业专家经调查发现了一个怪现象：日本慢性透析人口多集中以耕种旱田为主的地区和普及温室栽培作物的地区。分析认为，耕种旱田比耕种水田需施用更多的化肥，土壤里渗透着高含量的硝酸盐，无疑会大量进入蔬菜体内。而出自温室的蔬菜，本身就含有较高量的硝酸盐。这也从一个方面证实了硝酸盐与肾病的关系。

除此之外，留存在菜体内的硝酸盐在酶和细菌的作用下，硝酸盐将被还原成亚硝酸盐。亚硝酸盐在人体内则能与蛋白质类物质结合，进而生成致癌性极强的亚硝酸胺类物质。专家们指出，人短期内食用硝酸盐含量高的蔬菜，可能不会发生什么明显的健康损害，如果硝酸盐长期作用于人体，则会诱发包括癌症在内的一系列严重病症。

根据世界卫生组织的规定，一个人每天的硝酸盐摄取量最高值为 300 毫克，而如今人们仅食用 100 克催生的绿叶蔬菜，就已达到这一标准。蔬菜摄入过少对人体健康有害。许多研究报告说，由于物质生活水平的提高，现代人食用蔬菜量少了，这是许多严重威胁人体健康的流行病高发的一大原因。营养学家和医师也总是一再告诫人们：要多多地食用蔬菜，蔬菜对人的健康有种种好处——富含维生素、矿物质、粗纤维、热能低等。而如今的蔬菜潜藏着种种有害物质，除去农药等毒物，又多出了硝酸盐这个健康杀手，这样的蔬菜怎能咽得下。

人不吃蔬菜不行，硬着头皮食用高含量硝酸盐的蔬菜也不行。在吃菜和防硝酸盐之间，人们应做何种抉择以最大限度地保护自身健康呢？

1. 慎重选购　消费者应少购温室里长出的种种“反季节蔬菜”。这种菜营养低、口味差，硝酸盐含量特高，过多食

用会对人体健康造成严重影响，而应注意选购本地生长的蔬菜。一般来讲，对经长途贩运而来的蔬菜，所含的硝酸盐往往会成倍增多，要多食根茎和瓜果类蔬菜。绿叶蔬菜中的硝酸盐含量较根茎类（如芋头、藕）和瓜果类（如黄瓜、茄子等）蔬菜要高得多。

2. 减害处理　蔬菜中硝酸盐含量的高低很难从外观上把握。对不放心的蔬菜，在食用前应做一定的减害处理，如日晒、漂洗和浸泡等。这些方法是降低菜体内残留硝酸盐的有效方法。消费者不可顾忌蔬菜中维生素等营养素的损失。

3. 科学食用　吃菜要吃新鲜的。所购蔬菜不可长时间存放，尤其是在蔬菜淡季，不可一次性购回许多蔬菜慢慢享用。蔬菜经储藏一段时间后，硝酸盐将被还原成亚硝酸盐，含量可激增几十倍。多吃熟菜，含硝酸盐量高的蔬菜应少做凉拌或半生不熟地吃，蔬菜煮熟后，硝酸盐含量明显减少。现做现吃，蔬菜制成熟菜后应尽快吃完，不宜隔夜存放，以免硝酸盐量重复上升。另外，有研究认为，在食用含有硝酸盐食物的同时，多吃含维生素 C、维生素 E 的蔬菜和水果、麻油、花生油等食品，有一定的降解硝酸盐作用，洋葱、大蒜还有阻断人体内亚硝酸盐生成亚硝胺的作用。进食时充分咀嚼，唾液也能使亚硝胺丧失对人体细胞的致突变作用。

儿歌

从小就应该牢记，

少吃腊肉腌制品。

催生食品应回避，
硝酸盐是害人精。
洋葱大蒜经常吃，
充分嚼食护生命。

二十四、少吃油炸食品

三字经

油炸品，危害大。
须远离，靠自信。
多警惕，少生病。

油炸食品具有潜在的危害性，影响我们的健康。

首先，食物油炸，尤其是高温油炸后，一些对人体非常有用的，人体无法合成必须通过食物获取的营养元素被破坏。人们会因为缺乏这些必需的营养元素而抵抗力降低，甚至引起疾病。

其次，油炸食品的热能比较高，容易使人发胖。目前，中国的肥胖人数越来越多，肥胖不仅仅影响外观和行动，还跟很多疾病相关，如高血压、冠心病等心血管疾病。

再次，目前中国的很多油炸食品不合格。油反复高温加热会产生很多致癌物质，而一些生产者为了节约成本常常将油反复高温加热，甚至使用地沟油炸制食品。

现在，随着人们生活水平及文化层次的提高，越来越多的人开始关注饮食，关注自身健康，逐渐地远离诸如油炸食品之类的垃圾食品。但是也有很多人对油炸食品的危害性认识不够，加上自制力比较差（油炸食品可刺激味蕾，增加食欲），所以购买大量的各种各样的油炸食品。

学生备考期间更要少吃和不吃油煎、油炸的食品，这类食品很容易使人产生饱腹感，会影响其他食物摄入量；另一方面，这类食物不易消化，会加重消化道负担。此外，像薯片、瓜子、花生、核桃这些零食可适量食用，但不要过多。甜食、奶油类食品也要少吃。

油炸食品不是毒药，但是肯定不是非常健康的食物。身体就像机器，如果不关爱，随着时间的推移，毛病会越来越多，甚至不可收拾。关爱自身，很重要的一点就是要注意饮食。

原国家卫生部2005年9月1日公布了《食品中丙烯酰胺的危险性评估》报告，再次强调并提醒居民改变吃油炸和高脂肪食品为主的饮食习惯，减少因丙烯酰胺可能导致的健康危害。此前，美国加州方面也要求麦当劳、肯德基等9家快餐店必须用警告性标签标明其炸薯条、薯片中丙烯酰胺的含量。丙烯酰胺是一种有机化合物，纯品为透明结晶状固体。淀粉类食品在高温（>120℃）烹调下容易产生丙烯酰胺，而且随着加工温度的升高，其含量也越高。丙烯酰胺属中等毒类，对眼和皮肤有一定的刺激作用，可经皮肤、呼吸道和消化道吸收，并有部分在体内蓄积，主要影响神经系统，但急性中毒罕见。对职业接触人群的流行病学观察表明，长期低剂量摄入丙烯酰胺的人会出现嗜睡、情绪波动、记忆衰退、幻觉和震颤等症状，并且伴有出汗、肌肉无力等末梢神经病症。实验证实，丙烯酰胺含量高能使动物患生殖系统癌症。对人体的致癌性还有待长期的流行病学观察，但目前也不能排除丙烯酰胺对人体致癌的可能。我国卫生部门食品污染物监测网监测结果显示，高温加工的淀粉类食品（如油炸薯片和油炸薯条等）中丙烯酰胺含量较高，其中薯类油炸食品中丙烯酰胺平均含量高出谷类油炸食品 4 倍，我国居民食用油炸食品较多，暴露量较大，有潜在危害。

要尽可能避免连续长时间或高温烹饪淀粉类食品，改变油炸和高脂肪食品为主的饮食习惯。研究表明，淀粉含量不高的食品（如鱼），在高温加工处理时则不会产生较多的丙烯酰胺；同时，即使淀粉含量比较高但是没有经过高温加工的食品，如面条、米饭、粥等也没有发现丙烯酰胺。因此，人们在家庭烹饪过程中，宜少吃煎炸类的食品，避免煎、炸、烤、烘过程中温度过高、时间过长；提倡蒸、煮、煨、炖的烹饪方法等。同时，还要注意食品的多样化，养成平衡膳食的习惯，保证营养合理，多吃一些脂肪含量低、纤维含量高的谷物、水果和蔬菜，以尽可能地减少丙烯酰胺可能导致的健康危害。

儿歌

油炸食品危害大，
远离全靠自信心。
烹饪菜肴避高温，
蒸煮煨炖多样性。
重视饮食在少儿，
可以避免很多病。

二十五、不吃街头食品

三字经

摊点食，不要吃。
尘埃多，污染重。
避中毒，御疾病。

街头食品是指食品生产经营者在城乡街头或集贸市场及其他公共场所中生产经营的、直接入口的食品。常见的包括麻辣烫、羊肉串、毛鸡蛋、冰糖葫芦、海鲜大排档等。近年来，随着改革开放的不断深入和人民生活水平的不断提高，街头食品得到迅速发展。街头食品的兴隆给人民群众的生活带来了方便，但街头食品中的卫生问题也不可忽视。

吃过多的麻辣烫不仅会刺激口腔、食管与胃肠的黏膜、发生充血、水肿，而且还有可能诱发一些消化系统疾病，尤其是患有复发性口腔炎、慢性咽炎、溃疡病、慢性胰腺炎、胆囊炎，以及上腹部做过手术的人，都不宜吃“麻辣烫”。烧烤食品中存在大量有害物质。燃料燃烧、油脂、肉食品本身、发色剂和香味剂在烧烤时会产生多环芳烃、苯并芘、亚硝基胺等致癌物质，对人体的健康不利。特别是儿童，正处于生长发育时期，体内各个器官功能尚不完善，肝的解毒功能差，身体的抵抗力弱，更容易致病。大排档中出售的食品大部分是由店主自行生产加工的食物，且不说其中隐藏的食品卫生问题，单从饮食均衡和健康角度来看，晚餐一般应在入睡前 4 小时进餐为宜，而多数大排档的营业时间都在晚上

6点到12点，人们大多把大排档作为正餐之后的消夜，这不但不利于对食物的消化吸收，还容易加重肠胃的负担、影响睡眠质量。

车站、广场、街边、路边、露天作业的饮食摊点屡禁不止，到处可见支锅搭灶、烟熏火燎的场面。这些摊点大多数无防尘、防腐、防蝇设施，有些甚至随地乱倒污水，街边、路边灰尘又特别多，食品很容易受到污染，食品卫生安全根本得不到保障。

街头食品无冷藏设备，不能做到原料与成品冷藏贮存，三防（防蝇、防腐、防尘）设施不健全，加工场所无足够的水池，洗碗、洗手、洗菜常一池多用，工具或容器生熟不分，交叉污染严重。

街头饮食摊点大多无固定位置，无上下水和餐具消毒设施。有关调查数据显示，餐具不消毒的摊点占总数的64％，虽然用桶或盆洗刷餐具，从早到晚不换水不加消毒药，结果餐具越洗越脏，越洗污染越严重。

竹签等辅助用品重复利用现象较多。这一现象在麻辣烫、羊肉串等摊点较为常见。刚吃完“麻辣烫”的竹签上含有大量的细菌，如金黄色葡萄球菌可以引起细菌性食物中毒，许多人共同使用一锅汤汁、一盘调料，如果消毒措施不彻底，就会成为疾病的传播途径，造成交叉感染。

街头食品经营场所环境卫生差，饮食从业人员思想素质低，文化程度低，业务技能低，“三低”的现象十分突出。无证无照的经营户占据相当比例，操作时不穿戴工作服、衣帽，留有长发及胡须，加工及销售前不洗手。另外，留有长指甲、戴戒指、涂指甲油等现象也较为普遍。

据监管部门报道，街头食品的问题主要集中在采用化学性食品原料、消毒不合格、细菌滋生繁衍、病菌交叉传播导致的植物性和化学性食物中毒等方面，从监控数据看，街头食品也是肝炎、痢疾等传染性疾病传播的主要诱因。而且，街头食品大都没有卫生许可证，属于从严治理的对象。

儿歌

街头食品污染重，
少年儿童不要吃。
麻辣烫诱致生病，
影响学习害人命。
避免误食防中毒，
增强免疫抗疾病。

二十六、孩子勿滥吃补品

三字经

青少年，搭配食。
吸收好，成长灵。
没必要，吃补品。

所谓合理营养是指坚持平衡膳食，按科学比例摄取人体所需要的 7 类营养素，即蛋白质、脂肪、糖类、维生素、矿物质、水和纤维素。其原则是做到 4 个搭配，即粗细粮搭配、荤素菜搭配、甜咸食搭配、干稀饭搭配。如果缺乏某种营养素或膳食中配分比例失调，都可影响儿童的正常生长发育。

一般情况下，只要坚持平衡膳食，儿童是不会出现营养缺乏症的。因为配分比例合理的膳食各种营养素是丰富的、全面的。但有许多家长在对待儿童的营养问题上有误解，他们认为孩子用保健品、滋补品，如蜂乳、蜂王浆、花粉等，便可使他们获得更多的营养，有利于成长发育、健壮结实。实际上这样做有时适得其反，弄巧成拙。不合理的营养补充，无助于身体健康，不但影响正常生长发育，而且妨碍体内器官功能的平衡，招来疾病。

有人进行动物实验，给幼年大白鼠喂以人参蜂王浆，结果发现喂药组幼鼠卵泡提前成熟并开始排卵；睾丸的生精功能也有明显的提高。如果儿童经常服用含有蜂王浆、人参的补药，就会引起内分泌失调。女孩子乳房会发育，乳头变大，嗓音变粗，出现类似月经初潮的现象；男孩子则会长胡须、声音嘶哑，阴茎变粗容易勃起。上海第二医科大学附属医院门诊，对 16 名服用人参蜂王浆、蜂乳、花粉、人参粉等滋补品的儿童进行了检查。这些 4—19 岁的孩子，服用剂量和时间虽然不等，但结果却都极为相似，其中 13 例女孩有乳房增大，1 例女孩和 2 例男孩的青春发育期提前。

如今，人参、蜂王浆、花粉、珍珠粉等各色补品涌入了千家万户，并大量或长期给孩子服用，虽是爱子心切，但往往事与愿违，一部分孩子服用补药后出现了意想不到的后果：有的出现食欲缺乏、腹胀不适、腹泻或便秘；也有的发生鼻出血、咽干舌燥、喉咙痛；有的甚至出现肥胖、高血压及性早熟，影响了孩子的正常发育和身心健康，这些情况已在报刊上屡见报道。孩子处于机体和智力发育的旺盛时期，确实需要一定量的营养。在正常情况下，孩子体格发育正常，只要供给足够的热能和齐全的营养成分就行了，没有必要随意进补，更禁忌大补。有一部分孩子由于先天不足或后天疾病影响，以致身体虚弱，可适当进补，但也要注意对症。

冬令进补时，一些父母给孩子也买补品吃，认为既是补药，有益无害，童年“加料”，可使身体长得更壮实些。其实，这样的补法往往事与愿违。中医认为，进补是治疗虚弱病症的调治方法，补是对虚而言，不是一概可补。另外，补药也是药，是药就有偏重。即使能进补的人，也不是什么药都可以吃。首先要搞清属于“气虚”，还是“血虚”“阳虚”“阴虚”，然后，虚啥补啥，补而受益。儿童正处于发育旺盛阶段，犹如旭日东升，草木方萌，本来阳气就盛，无故服用参、归、茸等胶、膏类的补品，就极易上“火”，出现烦躁不安、鼻出血、大便秘结、食欲减退等症状。对儿童来说，利用冬季胃口较好，调配一日三餐，营养与体育锻炼，才是根本。即使体弱多病的儿童，也应及时请医师检查，找出原因，对症下药，才能奏效。

儿歌

少儿坚持四搭配，
平衡膳食入心灵。
吸收良好促成长，
切勿无故用补品。
营养锻炼两不误，
可防滥用免生病。

二十七、"四条腿论"不适用于少年儿童

三字经

少儿期，需求大。
畜鱼禽，都可吃。
食有度，须均衡。

"吃四条腿（肉类）的，不如吃两条腿（禽类）的；吃两条腿的，不如吃没有腿（鱼类）的"。也有"吃两条腿的，不如吃一条腿（菌类）"的说法。这句关于膳食营养的顺口溜，由于形象易懂，好听好记，在百姓中越来越广泛地流传并应用，有人把它戏称为营养"四条腿论"。这种说法有一定的科学道理，至少通俗地提醒人们要多吃鱼、多吃菌，少吃肉（主要指猪肉）。然而，这种"四条腿论"只适用于中老年人，不可用于儿童。

"四条腿论"本来是针对中老年人说的，因为中老年人的心脑血管系统已经定型并趋于衰退，四条腿的牛、羊、猪肉中含饱和脂肪酸多，容易形成动脉血管粥样硬化，堵塞血管，所以不适合中老年人食用。而禽、鱼类蛋白质高，脂肪低，肉的纤维短，容易消化。菌类则是植物蛋白质的丰富来源，对中老年人比较适宜。而少年儿童正处于生长发育期，需要全面均衡的营养。动物肉是膳食中优质蛋白质的主要来源，而且在动物蛋白中含有丰富的B族维生素、宏量元素、微量元素，这些都是孩子发育成长中不可缺少的。因此，他们则需要适量多吃一些"四条腿的"的食物。

儿童动物性脂肪不宜过多，但也不能过分限制，更何况植物性脂肪对于儿童来说是十分重要的，因此限制儿童吃脂肪类食物的做法是大大不可取的，这样会导致：①热能不足，脂肪产热能力较强，1 克脂肪产热 37.8 千焦。在平衡膳食中，每天需要脂肪提供的热能占总热能 30%左右。如果脂肪供应不足，会导致热能不足，机体被迫利用蛋白质分解来供应热能，使小儿生长发育受到影响。②体内脏器易受损，体内的脂肪多分布于皮下、腹腔、肌肉间隙及体内脏器的周围，起着填充间隙，保护内脏，缓冲外界撞击的作用。如缺乏脂肪，这种庇护作用就会不足，体内脏器就容易受损。③影响神经系统发育，磷脂是构成脑细胞、神经组织的重要物质。缺少则使神经系统发育受到阻碍，也会改变神经递质(如多巴胺)的含量，甚至影响智力。④脂溶性维生素吸收及利用障碍，脂溶性的维生素 A、维生素 D、维生素 E、维生素 K 不溶于水而溶于脂肪，随脂肪一同被人体吸收。如果缺乏脂肪，可引起脂溶性维生素缺乏症。缺乏维生素 A 可引起皮肤干燥，易感冒；缺乏维生素 D 则患佝偻病；缺乏维生素 E 则生殖系统发育差易患早老症；缺乏维生素 K 易引起出血。⑤脂肪中的不饱和脂肪酸对皮肤及微血管有保护作用，是构成人体各组织细胞的重要成分，缺乏不饱和脂肪酸将影响小儿的健康成长。

儿歌

少年儿童成长期，
畜鱼禽类都可吃。
食量有度须均衡，

营养全面最合适。
防止相关缺脂症，
补足脂类乃必须。

二十八、孩子勿吃损脑食物

三字经

白米面，白糖类。
损脑物，要少食。
浓咖啡，避免吃。

父母要使孩子的大脑发育良好，就需要供给合理的和充足的营养物质，如动物的奶、肉、蛋类。以牛奶、鸡蛋和动物的心、肝、脑等为首选品，牛奶含有丰富的蛋白质和人体必需的氨基酸和磷脂、铁等，鱼和动物的心、肝、脑等也含有丰富的蛋白质、钙、磷、维生素，对人的大脑发育有重要的意义。在粮食和硬壳食物中，大豆含有一定数量的蛋白质；玉米含有脂肪和钙、磷、铁等矿物质及谷氨酸，因此玉米具有促进脑细胞新陈代谢的作用，松子、大枣和核桃也应常常食用，它们同样含有很高的蛋白质、脂肪、糖、磷，能滋补大脑。

有哪些“损脑食品”应尽量少给孩子吃呢？下面列举一些生活中常见的“损脑食品”清单。

1. 白糖　是典型的酸性食品，如果饭前多吃含糖分高的食物，害处尤其显著。因为，糖分在体内过剩，使血糖上升，会感到腹满胀饱。长期大量食用白糖会引起肝功能障碍。因此，为了保护孩子的智力，尽量少让孩子吃白糖及用

白糖制作的糕点饮料等。研究表明，在酸性食物中，对婴幼儿身体健康危害最大的是糖类。如果孩子吃白糖过多，不仅容易发胖，而且糖汁留在牙缝里，容易造成龋齿。如果长期过量地食用白糖，易使孩子形成酸性体质和酸性脑，严重影响孩子的智力发展。

2. 精白米、面类　是生活中常食用的食品，颇受人们的欢迎，然而在制作的过程中，有益的成分已丧失殆尽，剩下的基本上只是糖类。而糖类在体内只能起到“燃料”的作用。因此，不是益脑食品，而是一种损脑食品。

3. 咖啡　是世界三大饮料（咖啡、可可、茶叶）之一。据科学分析，咖啡具有提神之功能：有人认为，咖啡是一种兴奋剂，有利于大脑清醒。其实不然，因咖啡含的咖啡因是一种生物碱，对人大脑有刺激作用，以致引起兴奋。在咖啡的作用的影响下，向大脑输送的血液会减少，如果父母给孩子过多地喝咖啡，就会严重影响孩子的智力发展。

4. 肉类　在生活中，不少父母为了使自己的孩子身体长得健康，天天给孩子多种肉类食品，几乎天天一日三餐都煮肉汤或者是煮肉粥给孩子吃。殊不知，过多地给孩子吃肉，对孩子的大脑发育很不利。据分析，人体如呈微碱性状态是最适宜的，如偏食肉类，则会使人的体液趋向酸性。如长年累月地积累酸性，便会导致大脑反应迟钝。研究表明，在孩子的膳食中，肉的成分偏高了，会严重地影响孩子的智力发展。

儿歌

儿童健脑食物多，
玉米松子仁核桃。

奶肉蛋类与心肝，
适量进食益智高。
精白米面少吃好，
偏食肉类反损脑。

二十九、少年儿童勿忽视补钙

三字经

激增期，要补钙。
鱼虾蛋，加牛奶。
晒太阳，促吸收。

人的第二个激增期是 9—18 岁，女性 11—13 岁，男性 12—14 岁，是骨骼快速生长和成型时期。这个时期补充钙，有效地达到高峰骨质的最佳状态，对人一生起至关重要的妙用。可是现在据调查，60%学生从来不喝牛奶、50%学生不能保证每天吃到鸡蛋，他们每天摄取的钙远远不能满足生理需求。钙对青少年的生长发育极为重要。那么，如何补充才科学合理呢？

1. 从饮食入手

(1)高钙饮食：这是预防缺钙的根本措施，也是一种既经济又安全的补钙方法。WHO 指定钙的预防用量为：每人每天 500 毫克，治疗用量为每人每天 1000 毫克。通常食物中的钙吸收率只有 30%。牛奶和豆制品是钙质的良好来源。含高钙的食物还有虾米皮、海带、紫菜、牡蛎、海藻、芝麻酱等，动物骨头汤含钙也很丰富，但需在烹调过程中加些醋，可促进钙的溶出，有利于钙的吸收。

(2)适量蛋白质：最好选用优质蛋白质，如蛋类、瘦肉、鱼、虾、鸡、豆制品等食物。但过量的蛋白质在体内代谢中会产生酸性物质，增加尿钙的排出量，导致体内钙的丢失增加。

(3)多食含维生素C丰富的食物：如新鲜的蔬菜和水果，能促进钙的吸收，对骨质基质形成有利。但需提醒注意的是：一些蔬菜(如菠菜、空心菜、茭白、冬笋等)含草酸较多，能与钙结合形成不溶解的草酸钙，影响和阻止机体对钙的吸收。因此，在食用这些蔬菜前，先用水煮一下，以去除蔬菜中的草酸。

(4)低磷饮食：当血磷增高时，血钙则减低，同时钙从肠道吸收作用也差。故而要少食高磷食物，如可乐等。

(5)低盐、低糖饮食：养成良好的生活方式和习惯，戒烟、限酒、少喝咖啡，以消除钙吸收过程中的障碍因素。

2. 加强运动　运动减少易使骨骼的钙质被移出，而导致骨量的丢失，引起骨质疏松。因此，中老年人要经常参加体育锻炼，如散步、游泳、打太极拳等，使骨骼的韧性增加，骨质增长，提高抗骨折的能力。

无论你摄入多少钙质，如果没有维生素D，小肠也无法对钙进行吸收。人类皮肤中含有7-脱氢胆固醇，只有通过紫外线的照射后，才能转化为维生素D_3。因此，中老年人多接受阳光照射，可促进维生素D_3的合成，从而增加钙从小肠的吸收。由于紫外线不能透过玻璃，衣服、尘埃、烟雾等都能阻碍紫外线的通过，因此，晒太阳要尽量使皮肤直接与阳光接触，不能隔着玻璃晒太阳，只有这样，才能收到良好的效果。

选择钙片时应多听医师意见。现在市场上的补钙片剂品种繁多，主要是碳酸钙、乳酸钙、葡萄糖酸钙等，其吸收率为30%～38%，口服钙的吸收要比静脉效果好，碳酸钙的最佳服用时间是饭后半小时，分次服比一次服好，这样可达到最好的吸收效果。钙在酸性环境中容易被吸收，胃酸含量高者吸收较好，胃酸含量低者可口服有机钙，如枸橼酸钙等。另外，补钙后不宜大量饮水，以免冲淡钙质。

儿歌

少年儿童激增期，
食疗补钙要牢记。
鱼虾蛋奶和海带，
经常吃点大有益。
皮肤经常晒太阳，
促进吸收身体强。

三十、不宜多吃罐头食品

三字经

罐头品，防腐剂。
锡锑铅，污染重。
要少食，心中记。

不论何种罐头，为达到色味俱佳及长期贮存的目的，都加了一定的防腐剂、香料、色素、人工调味剂等，这些人工合成物，对成人健康影响不大，但是对儿童来说，就不同了。由于儿童的发育从各方面来讲都还不太成熟，身体各组织对化学物质的反应及解毒功能都非常低。因此，食用的罐头太多，则会加重脏器的解毒排泄负担。当人体长时间处于超过处理这些物质的最大限度情况下，那么就可能影响身体的健康和发育，甚至还可能因某些化学物质的逐渐积蓄，而引起慢性中毒。罐头食品中的维生素等营养成分经过加热等处理及存放时间较长，也会有相当多的损失。同时罐头铁皮上的镀锡，接缝中的焊锡，其中含有锡、锑、铅，可能污染食品，对儿童影响很大。所以，儿童应以新鲜食品为主，罐头食品则应该少食或不食。

儿歌

罐头食品多防腐，
还加其他调味剂。
饮食调理要注意，
少儿解毒功能弱。
锡锑铅等污染重，
尽量少食心中记。

三十一、少吃糖葫芦

三字经

糖葫芦，含色素。

存隐患，要少吃。

若多食，患多动。

街头叫卖的冰糖葫芦，是孩子们最喜爱吃的食品之一，也是他们常吃的食品，因为它味道酸甜可口，色泽鲜艳，很能吸引小顾客。殊不知，多吃糖葫芦，会给孩子的健康带来隐患。

制作糖葫芦的色素，是从石油或从煤焦油中提炼的化工原料，用化学方法合成的食用染料，有一定的毒性。目前，我国只允许使用苋菜红、胭脂红、日落黄、柠檬黄、靛蓝5种合成色素。其使用量控制极严，一般每千克不得超过0.1克。

虽然科学证实，摄入上述5种允许使用的食用染料并不立即引起任何临床可见的反应，但是，它们却会消耗体内的解毒物质，干扰了体内一系列的代谢反应，使正常的生理变化发生改变。主要表现在机体亚细胞结构受到损害及干扰多种活性酶的正常功能，从而使糖类、脂肪、蛋白质、维生素和激素等的代谢过程受到影响，出现胃部不适、腹痛、腹胀、消化不良等症状。近年来，国内外有关专家发现，食用染料会干扰神经元之间依靠乙酰胆碱、5-羟色胺等“神经传递质”的作用从而影响神经冲动，引起儿童多动症。

因此，不要多吃像糖葫芦类的着色强的彩色食品。

儿歌

艳丽红亮糖葫芦，

少儿围着嘴里顾。

食用染料存隐患，
干扰代谢影响脑。
坚持少吃或不吃，
学习走上登峰路。

三十二、不宜早晨空腹喝牛奶

三字经

喝牛奶，忌空腹。
莫单一，要搭配。
混杂食，益脾胃。

牛奶确实是一种含有丰富蛋白质、脂肪等营养物质的食品，对儿童的生长发育有很大帮助，但不少父母让儿童早晨空腹喝牛奶，有的孩子仅喝牛奶就上学去了，这是不符合营养要求的、不科学的。牛奶中水分占较大比重，一瓶牛奶 230 毫升水分占 87%，固体物质占 13%，包括蛋白质、糖类、脂肪及矿物质、维生素等，总产热能为 666.5 千焦。一般说来，早餐应占一天总热能的 20%～30%。7 岁儿童一日需要总热能为 7560 千焦，早餐应获 1512～2258 千焦，而一瓶牛奶仅能提供 1/3 的热能；再者，7 岁儿童每日需蛋白质 60 克，早餐至少应提供 15～20 克，而一瓶牛奶仅提供 8.05 克。所以，早餐仅喝一瓶牛奶是不符合儿童营养要求的。

由于水在牛奶中占较大比重，空腹喝较多的牛奶，稀释了胃液，不利于食物的消化和吸收。另外，空腹时肠蠕动很快，牛奶很快在胃肠通过，存留时间很短，其营养成分往往来不及吸收，就匆忙进入大肠，徒走过场。所以，空腹喝牛奶是不符合营养卫生的。

理想的早餐，应是高蛋白、高热能的膳食，数量不少于全天食量的1/4。如果早餐要喝一瓶牛奶，可先吃米或面食50克，再加上一个鸡蛋和少许酱菜、豆腐干，然后再喝牛奶，使牛奶在胃中与其他食物混合，在胃中停留时间延长，有利于营养成分的消化吸收。这样对孩子的健康是十分有好处的。

儿歌

少儿清晨赶上学，
不宜空腹喝牛奶。
食品单一需补充，
营养不足反受害。
牛奶米面多营养，
搭配混食益脾胃。

三十三、不宜食用未煮熟的豆浆

三字经

喝豆浆，要煮透。
忌冲蛋，勿加糖。
少量食，莫过头。

豆浆含有丰富的蛋白质,其质量也好。豆浆的营养价值并不亚于鲜牛奶,而且铁的含量还优于鲜牛奶。但是,必须把豆浆烧煮透,否则就会引起中毒。一般在食后半小时至一小时发病,开始出现食管及胃有烧灼感,并伴有恶心、呕吐、腹胀、腹痛及头晕、头痛,少数患者有腹泻。严重的可引起全身虚弱、痉挛。引起中毒的原因是:生大豆常含有一种皂素,对消化器官的黏膜有强烈的刺激作用,可引起局部充血、肿胀及出血。此外,还可能含一种破坏红细胞的毒素。烧煮豆浆开始出现泡沫沸腾时,水温只达80～90℃,此时皂素等毒素均未被破坏。因此,豆浆初步沸腾应改用小火继续烧煮,必须煮到100℃继续数分钟,方能破坏毒素。

儿童喝豆浆应注意下列问题:①忌冲鸡蛋,因鸡蛋中的黏液性蛋白质容易和豆浆中的胰蛋白酶结合,在一起可产生一种不能被人体所吸收的物质而失去营养价值。②忌冲红糖,因为红糖里的有机酸能够和豆浆中的蛋白质结合,产生变性沉淀物,而白糖却没有这个问题。③忌不煮透,豆浆里含有胰蛋白酶抑制物,如果豆浆煮不透,人喝了会发生恶心、呕吐、腹泻等病症。④忌装保温瓶,豆浆中的皂苷能除掉保温瓶里的水垢,时间长了细菌繁殖,能使豆浆变质,对人体不利。⑤忌喝的量过大:一次喝豆浆过多容易引起胀满、腹泻等不适症状。

儿歌

要喝豆浆须煮透,
消解毒素免忧愁。

忌冲蛋花勿加糖，
过量食用胃难受。
经常摄食益身体，
血管强韧健如牛。

三十四、不宜多吃鱼松

三字经

吃鱼松，要警惕。
含氟高，诱发病。
青少年，不宜食。

鱼松由海鱼加工制成，富含蛋白质、钙、磷等营养物质，这些都是人体不可缺少的。然而，近来研究表明，鱼松中的氟化物含量高得惊人，遥遥领先于其他食品。如长期大量食用，就可能酿成不良后果。

氟也是人体必需的微量元素之一，人体每日需氟 1.0～1.5 毫克。一般情况下，每日可从饮食中摄取 2.5 毫克的氟，其中 65％来自饮水，35％来自食物。但人体摄入氟的安全阈值为每日 3.0～4.5 毫克，如超过此值，氟化物在体内蓄积，就可导致食物性氟中毒发生。一旦发生中毒，7 岁以上的儿童可出现氟斑牙，牙面粗糙无光泽，有白垩样的斑点或条纹，有的出现黄色、褐色、黑色等色素沉着。严重的，牙齿出现片状或大块缺损，甚至牙齿早脱；更严重的，会像成人一样出现氟骨病。

实验表明，人对鱼松中氟化物的吸收率为80.3%。以这样的吸收率计算，一个儿童一天食用10～20克的鱼松，他就会从鱼松里吸收氟化物8～16毫克，如再加上从饮水和其他食品中摄入的氟化物，那么一天摄入的氟化物就相当可观了。偶尔如此，无关紧要，天天如此，后果就严重了。这么多的氟化物长期大量进入人体，势必会在体内蓄积。

儿歌

鱼松含氟量极高，
食用补氟要警惕。
长期过量会蓄积，
严重可致氟骨病。
青少年中不提倡，
成长期吃要限量。

三十五、不要把维生素当补养品

三字经

维生素，生命素。
平时缺，自然补。
莫滥用，防中毒。

现在大多数人都知道，人体的生长发育需要维生素。其中以维生素A、维生素D为首需，B族的一些维生素在人体细胞内与蛋白质结合，可产生正常代谢所需要的酶。当人体缺乏维生素时，生长发育受到影响，新陈代谢也就不能进行了，随之会出现一系列的维生素缺乏症。这时补充相应的维生素和鱼肝油是必要的。但是长期大量服用维生素并没有好处，滥用维生素不仅是浪费，而且会使孩子产生毒性反应，甚至出现严重的中毒症状。例如，维生素 D 中毒时轻者或早期表现可有低热、烦躁、厌食、恶心、呕吐、腹泻、便秘、口渴无力等；重者或晚期可出现高热、多尿、少尿、嗜睡、昏迷、抽搐等症状；严重者还会因高钙血症和肾衰竭而致死。又如，如果给孩子每日服 5 万～10 万国际单位的鱼肝油，连用 6 个月就会发生中毒。

维生素 C 是防止坏血病的，同时也能促进铁的吸收，可防止感冒、冠心病、肝炎、癌症等。但是大量服用维生素 C 也有害处，能引起腹痛、腹泻、糖尿病和胃结石等，还可破坏维生素 B_{12}，导致巨细胞性贫血等。所以说，当孩子补充维生素时，一定要请医师诊治，遵医嘱，缺什么补什么，缺多少补多少，切不可随便购买维生素和鱼肝油给孩子服用，以免发生中毒，损害他们的健康。

儿歌

维生素是生命素，
取源自然最合度。
保持健康重日常，
平时缺少对症补。
过量服食会致病，
切莫滥用防中毒。

三十六、不宜多喝咖啡

三字经

浓咖啡，不宜喝。
长期饮，会上瘾。
食过量，可致病。

有的父母买速溶咖啡给儿童喝，殊不知，咖啡中的咖啡因对儿童身体发育是有很坏影响的。

咖啡中含有咖啡因、蛋白质、脂肪、纤维素、蔗糖等九种营养成分，咖啡因含量为0.8%～1.8%，某些速溶咖啡中咖啡因为4.8%。

咖啡因是一种类生物碱，它有提神、利尿、强心、助消化等作用。如摄入过量，则有许多毒性作用。成人一次服用1克，可产生躁动不安、呼吸加快、肌肉震颤、心动过速、期前收缩、失眠、眼花、耳鸣等症状。即使服1克以下，也会刺激胃黏膜，产生恶心、呕吐、眩晕、心慌等症状。婴幼儿对咖啡因更为敏感，饮用咖啡后易兴奋、发脾气、吵闹、失眠、记忆力降低。儿童对咖啡因还能上瘾，长大了就成了“瘾君子”。另外，咖啡中含有一种能和钙结合的生物碱，使用后使钙从大小便排出体外，所以小儿饮用后会发生血钙减少。咖啡因还可破坏维生素 B_1，长期饮用会引起维生素 B_1 减少症，轻者烦躁，食欲下降，记忆力减退，便秘；重者可发生多发性神经炎，心脏扩大，四肢水肿。所以婴幼儿不宜饮用咖啡。

儿歌

少儿咖啡不宜喝，
长期饮用会上瘾。
慢性中毒咖啡因，
服食过量可致病。
短暂兴奋是假象，
影响神经坏脑筋。

三十七、少吃话梅肉

三字经

话梅肉，极诱人。
添加剂，有毒性。
青少年，不宜食。

话梅肉，让很多人"爱不释口"，其实各种蜜饯类食品几乎是各种甜味剂的大集合！看看它的配料表就知道了：鲜杏肉，白砂糖，食盐，奶油，枸橼酸，甜菊糖苷，阿斯巴甜，甜蜜素，甘草糖，香兰素，乙基麦芽酚，山梨酸钾，糖精钠，安赛蜜，苯甲酸钠。

白砂糖自不必说。甜菊糖苷和甘草糖是天然植物中的甜味物质。阿斯巴甜是来自氨基酸的高效甜味剂，而甜蜜素、糖精钠和安赛蜜是货真价实的合成甜味剂，它们都没有什么营养价值。它们的甜度是蔗糖的几十倍到几百倍，只需加一点点就足够甜了。

这么多的甜味物质，自然会令人发腻。于是需要添加枸橼酸和食盐，用酸味和咸味帮助味道变得生动。香兰素和乙基麦芽酚都是增香用的添加剂，它们能让甜味变得香浓诱人。乙基麦芽酚本是面包香气中的成分，而香兰素原是香草中的成分，有奶油糖的香甜气息。一些产品之所以味道超群，奥秘之一正在于这两种东西，而且只需要加极少一丁点。

不应让孩子过多食用话梅之类的零食，因为他们解毒功能较弱，如果再加上饮料和其他食品中的类似添加剂，难免添加剂的总量过高，可能带来不良反应。

儿歌

爱不释口话梅肉，
添加剂中含毒性。
孩提解毒能力差，
莫名其妙喜欢它。
过量服食惹事端，
少年儿童不要沾。

三十八、吃饭不能狼吞虎咽

三字经

少儿时，需营养。
仔细嚼，缓慢咽。

身体好，乐无限。

生活中会发现不少同学（尤其是男生）吃饭速度相当快，狼吞虎咽、三下五除二，10分钟不到一顿饭就“解决”了。有的学生遇到自己爱吃的东西吃起来就没有节制。例如，吃鱼吃肉要大块才过瘾，吃起零食来没完没了。殊不知，这些习惯会给中小学生的身体带来危害。

“狼吞虎咽”就是指食物不经过细细咀嚼便一大口、一大口地吞下肚去，如同狼、虎等动物吃食一样快。如《水浒传》里的绿林好汉，他们吃食物就是大块吃肉，大碗喝酒，几十个鸡蛋像流星赶月似地吞下，便称得是狼吞虎咽了。这里面多少带有小说作者的夸张笔法。但在现实生活中，却有一些少年儿童，一碗饭三五下便吃完。吃一顿饭，四五分钟便结束战斗。长期这样狼吞虎咽，免不了要得胃病。

俗语说：“吃饭慢慢吞，赛过吃人参”。这是说吃东西应该细嚼慢咽，才有利于食物的消化吸收，才能提高食物的营养价值，能做到细嚼慢咽，比吃人参等滋补药还强呢！这也是“药补不如食补”的道理。

具体地说，反对狼吞虎咽，提倡细嚼慢咽有四大好处。

1. 提高食物的营养价值，以植物性食物为例，它的营养素存在于细胞内，但它的细胞壁不易破裂，且难以被消化液消化。所以，如果不把细胞壁嚼碎，细胞内的营养素就无法被人体消化吸收。有人对胡萝卜进行测定，发现狼吞虎咽吃下肚只能吸收所含胡萝卜素的1%～2%，改以细嚼慢咽吃下去，便可使胡萝卜素的吸收率增加到5%～9%，使食物的营养价值增加了好多倍。

2. 有利于食物的消化吸收，细嚼慢咽便于食物在口腔中被牙齿切碎和磨细，便于食物和唾液充分拌匀，进行第一步的消化。如果狼吞虎咽地吃东西，就会加重胃的负担，增加胃消化食物的工作量，容易得胃病。

3. 细嚼慢咽可使食物充分与舌乳头的味蕾接触，尝出食物的滋味，促使唾液分泌量的增加，唾液里的蛋白质进入胃内后，可与胃酸起反应，生成一种蛋白膜，对胃黏膜起保护作用，防止发生胃溃疡、十二指肠溃疡。此外，细嚼慢咽还可充分发挥唾液中溶菌酶杀灭细菌的作用，减少胃炎的发病率。

4. 细嚼慢咽有利于舌头在翻动食物时辨别食物的性质，把骨头、小石子、小钉子等混杂在食物中的东西清除出来。如果吃得太快，这些异物很容易被误吞下去，会擦伤咽部、食管和胃的黏膜，甚至发生生命危险。

吃饭时，要放慢速度，细嚼慢咽。要有充足的时间咀嚼。有人建议每次应咀嚼20～30次以后再咽下，每顿饭的时间不应少于20分钟。

儿歌

少年儿童需营养，
饮食得当天天长。
狼吞虎咽要改掉，
细嚼慢咽方法妙。
消化完全能吸收，
学习进步不用愁。

三十九、饭后勿跑

三字经

饭后跑，极有害。
轻微动，伴休息。
巧协调，大有益。

有的少年儿童在吃过饭后，立即进行剧烈运动，有的打球，有的跑步，有的捉迷藏等活动有损健康。会引起腹痛，影响消化，容易患胃肠道的各种疾病。

吃饭以后，胃里装满了食物，由于重力作用的关系，胃的位置就会降低许多，这时候如果又跑又跳，剧烈运动，就会使胃肠受到剧烈的振荡和牵拉，会立刻引起胃痛、腹痛。

吃饭以后，消化道开始了紧张的工作，但这些工作都必须依靠充分的血液供应才能完成。消化液的原料要依赖血液来供应，消化运动所需要的能量和氧气也要依赖血液来供给；最后还要靠血液来运输消化、吸收了的营养物质。如果饭后不休息，立即运动，会使血液不能很好地集中在消化系统，而集中于人体的骨骼和肌肉部分，并使大脑管理食物消化的部分受到抑制，所以消化过程和消化功能就要受到影响。长期如此，就会引起胃肠疾病。

饭后勿跑，勿剧烈运动，是有科学道理的。饭后 1 小时可轻微活动，饭后一个半小时才能参加剧烈运动。

儿歌

饭后跑步极有害，
追求健康按规律。
要想赢得好身体，
轻微活动伴休息。
脾胃功能护全身，
协调有序大有益。

四十、营养不宜过剩

三字经

摄养分，勿过剩。
脂肪多，会沉积。
时间久，染病症。

由于现在的独生子女越来越多，且随着人们生活水平的提高，市场食品供应丰富，许多孩子吃的食物数量和质量都是既多又好，这便带来了一个新的问题，即营养过剩而造成肥胖。据调查，城市中每 100 名儿童中就有 2 名是“小胖墩”。

食物的营养是通过它所含的有效营养成分——营养素来实现的，包括蛋白质、脂肪、糖类、维生素、矿物质、食物纤维和水。供应我们热能的营养素是蛋白质、脂肪和糖类。如果我们吃得太好太多，吃进去的食物的热能长期超过身体的需要，多余的热能就会转化为脂肪，存在体内便会使人发胖。肥胖的儿童，行动没有正常的儿童灵便，大多不爱活动，越是不爱动所消耗的热能就越少，体内存积的脂肪就越多，这种恶性循环，就使人越来越胖。

怎样判断自己是否肥胖呢？比较简单的方法就是和标准体重比较。成人的标准体重是用本人的身高（厘米）减去105，剩下的就是标准体重的千克数。在标准体重的上下10％以内，均为正常。超过标准体重20％以上者称为肥胖，超过10％者称为“过重”。儿童的合理体重（千克计）可以用“年龄×2＋8”这个公式来计算。有人调查，13岁以前的少年儿童，如体重超过20％，30岁以后，80％～90％会长成大胖子。儿童过胖会加重心脏的负担，活动一下就会心慌气粗，体内堆积的脂肪过多，还会沉积在动脉管壁上，为成年后诱发冠心病、高血压病，以及糖尿病、胆石症等埋下祸端。所以防止肥胖病，防止冠心病、高血压病等要从少年儿童时期抓起。

要防止肥胖，要减肥，必须要做到以下两点。

1. 节制饮食，防止营养过剩　应该控制主食，适当吃些粗杂粮；不吃零食及油腻食物，少吃或不吃甜食，适量进食含优质蛋白质的食物，如瘦肉、牛奶、蛋类、鱼虾、豆类和豆制品，多吃新鲜的水果蔬菜。

2. 加强锻炼　据资料研究，跑步、打球、游泳等体育锻炼所消耗的热能要比静坐时多5～20倍。所以要鼓励学生多参加活动，坚持体育锻炼，以消耗多余的脂肪，减轻体重，增强体质。

儿歌

摄食营养忌过剩，

超量积聚脂肪增。
形体骤变成胖墩，
许多疾病找上门。
控制饮食能减肥，
运动锻炼是根本。

四十一、少吃汤泡饭

三字经

汤泡饭，不宜吃。
囫囵吞，成病根。
要强身，早纠正。

有些少年儿童顿顿吃饭都要用菜汤或开水泡饭吃。天长日久，不少人得了胃肠病、营养不良症。

为什么不能吃菜汤或开水泡饭呢？因为汤泡饭往往使食物不经过咀嚼就滑下肚去，虽然吃饭的速度是加快了，但食物没有经过牙齿的磨碎消化，使能帮助消化的唾液淀粉酶更无法和食物充分混合，也就无法把食物中的淀粉变为麦芽糖，把这些没有经过初步消化的汤泡饭“囫囵吞枣”地滑下肚去，就会给胃肠道增加负担，影响食物的消化，妨碍营养的吸收。同时，菜汤及开水会冲淡胃液，降低消化能力。久而久之，怎么会不得胃肠疾病呢？

菜汤泡饭、开水泡饭是一种不良的饮食习惯，要赶快纠正。

怎样喝汤才适当呢？吃饭前可少量吃上几口汤，刺激胃液分泌，帮助消化。吃饭时，应先把吃在嘴里的饭菜嚼碎嚼烂，咽下后再喝。吃饭后可以适当喝点汤或开水。

儿歌

少儿不宜汤泡饭，
囫囵吞枣埋病根。
细嚼慢咽促消化，
纠正顽习能强身。
健美体形重平时，
顿顿把关稳准狠。

四十二、多吃蔬菜保平安

三字经

营养广，吃蔬菜。
助消化，真不赖。
保平安，稳心态。

有的少年儿童只喜欢吃肉类、禽蛋类食物，不爱吃蔬菜，这是一种很不好的饮食习惯。蔬菜是重要的副食品，它能供给人体所必需的胡萝卜素和多种维生素、植物纤维及钾、钠、钙、镁、铁等多种矿物质。缺少上述物质就会影响生长发育，损害身体健康。

首先会造成维生素缺乏症。蔬菜中，尤其是青菜、芹

菜、菠菜、韭菜等绿色蔬菜及胡萝卜、南瓜、甘薯等黄色蔬菜中含有维生素 B_1、维生素 B_2、维生素 C、维生素 A、维生素 D、维生素 E、维生素 K、维生素 P、烟酸等多种维生素，缺乏其中任何一种维生素都能引起维生素缺乏症，造成新陈代谢疾病。如缺少维生素 A 可出现夜盲症，眼干燥，皮肤粗糙，毛发稀疏干燥，生长发育迟缓。缺少维生素 B_1 可出现多发性神经炎，食欲减退及胃肠功能紊乱。缺少维生素 C 可出现精神萎靡，软弱无力，严重时还能出现齿龈及皮下等地方出血。维生素 D 缺乏可造成佝偻病或软骨病。烟酸缺乏可出现口炎、舌炎、两侧对称性皮炎及胃肠功能减退等。

其次，蔬菜中含有植物纤维，它能刺激胃肠蠕动，帮助食物消化，保持大便通畅，防止肛门直肠疾病的发生。吃蔬菜过少，或吃蔬菜时喜欢吐渣的少年儿童，极容易引起便秘。

此外，多吃蔬菜还有降低血液中胆固醇浓度、防止胆结石和一定的防癌作用。

俗语说："青菜萝卜保平安"是很有道理的，要求少年儿童多吃点蔬菜。

儿歌

少儿应爱吃蔬菜，
营养广泛真不赖。
可补钾钠钙镁铁，
另加多种维生素。
膳食纤维助消化，
平安人生买不来。

第 6 章

营养失调性疾病的防治

三字经

缺营养，久成病。
对症查，须防治。
善调理，在平时。

儿歌

少年儿童成长期，
忽视营养易失调。
过剩缺乏都致病，
防治对症重调理。
千变万化理头绪，
预防第一记心里。

一、什么是营养失调性疾病

三字经

缺营养，致病症。

多重视，对症治。

巧调理，呵护人。

营养失调性疾病在发展中国家以营养缺乏病为主。营养缺乏病对各器官的结构和功能可发生病理性改变，导致机体抵抗力下降而易感传染性疾病而发生各种并发症。营养失调性疾病在发达国家中，则多以营养过多症为主，也包括营养不平衡或营养因素为主要发病原因的其他疾病；营养过多也可并发代偿性疾病和其他系统疾病。

1. 营养缺乏病的病因　①营养素供给不足；②营养素摄取、消化、吸收障碍；③营养素丢失过多；④感染、肿瘤及其他消耗性疾病；⑤体力活动过多；⑥代谢障碍；⑦药物的影响。

2. 营养过多症的病因　①营养素供给过多；②长期活动不足；③代谢异常。

3. 营养不良症的主要表现　①蛋白质营养不良综合征：较少见，主要表现为淡漠、嗜睡、厌食，动作缓慢，面部及四肢皮肤干燥、角化过度、头发稀疏无光泽，低体温，低血压，低体重，水肿，心动过缓，肝大，消瘦，贫血等。②消瘦症：临床表现与蛋白质营养不良综合征相似，但较轻，无水肿，皮肤干燥，无皮炎、无肝大，可有轻度贫血。③继发性营养不良症：较为多见，轻症者仅表现为儿童生长发育障碍，成人体重减轻；重者表现为皮下脂肪减少，肌肉消瘦，皮肤干燥、松弛，毛发纤细、易折；血浆蛋白过低可引起水肿。此外，还有原发病本身的临床表现。

4. 营养不良症的治疗

(1)补液：纠正水、电解质平衡失常。

(2)营养治疗：开始总热能给予每天每千克实际体重125千焦，逐步增至167～209千焦；蛋白质每天每千克体重0.8克，渐增至1.5～2克；同时给予各种脂溶性和水溶性维生素；电解质和微量元素(如铁、锌等)亦应适当地均衡补充；重度贫血者，可少量多次输血；重度低蛋白血症可少量输注人血白蛋白；肌内注射蛋白质同化剂苯丙酸诺龙，每次25毫克，每周1～2次，有助于促进蛋白质合成代谢。

5. 其他　治疗并发症和原发病。

儿歌

营养失调致病症，
对症治疗可纠正。
少儿尤须多重视，
马虎引发后遗症。
一经发现巧调理，
悉心呵护几代人。

二、学生营养不良的根源

三字经

青少年，重营养。
好习惯，促吸收。
常检查，病源消。

我国抽样调查结果表明，城市中小学生膳食中热能已基本达到标准，但蛋白质供给偏低，优质蛋白质比例小，钙、锌、维生素A等微量营养元素供给明显不足。中国预防医学科学院等有关机构在一份报告中也指出，目前我国有2.7亿在校的中小学生存在着严重营养问题；5岁以下有20%的儿童身高不足，10%的儿童体重偏轻，并普遍存在贫血。另据资料，我国城乡男生有34%患轻度营养不良，33%为体重不足；城乡女生营养不良的情况更为严重。

而另一方面，营养过剩情况也在逐年上升。在城市和经济发达地区，因缺乏合理营养知识，膳食摄入不平衡，加上活动量不足，小学生肥胖发生率逐年升高，有的地方高达15.3%。有关部门对杭州市某城区10 000名7—12岁学生营养状况调查时也发现，超体重和明显肥胖儿由1994年的8.4%、6.39%分别上升至1999年的11.28%与8.14%。超体重及肥胖严重影响学生健康发育，为心血管病和糖尿病的早发埋下隐患，正成为新的公共卫生问题。同时小学生缺钙、缺铁性贫血，以及缺乏某些维生素和矿物质的问题也比较普遍，使部分学生处于免疫力低下和亚健康状态。

造成学生营养不良有多方面的原因。例如，经济问题，目前还有部分地区尚以吃饱为主，并不讲究营养；而在一些城市，中小学生及家长则缺乏营养知识，不能根据孩子的不同身体发育阶段自觉地平衡膳食，一日三餐膳食结构相当不合理。一些城市的调查表明，近10%的学生不吃早饭，有的大城市还有50%～70%的中小学生不能回家吃午饭。由于早餐吃不好，约有66%的学生上完第三节课后就有饥饿感或头晕疲乏。另一些学生则随心所欲，放开肚皮盲目吃高脂食品。

有人认为，儿童的营养不良是孩子吃不饱或吃不好引起的，但这些看法是片面的。营养不良的根源主要是由于饮食不当，没有摄入足够的养分，只补充了热能，而缺少必要的蛋白质和脂肪等营养品，以及娇生惯养使儿童过分地挑剔食物而造成挑食、偏食、厌食等情况引起；或是因为过分规定食量，进食的无规律性及个体发育的异常需要而引起。此外，在每一个阶段，都可能因各种消耗性疾病，尤其是消化系统的疾病，导致体内消化、吸收功能障碍，而出现营养不良。总而言之，营养不良的根源是多方面的，父母应找出其真正原因，有的放矢地进行纠正。

儿歌

青少年应重营养，
好习惯能促吸收。
过食可以致肥胖，
埋下许多隐匿症。
从小教育不再拖，
自觉把握病源消。

三、营养不良的防治

三字经

营养缺，设法补。
理念对，效果好。
守规则，疾病除。

中小学生时期，特别是在青春发育期，由于生长发育迅速等因素，如果机体缺乏蛋白质、脂肪、糖类、矿物质、维生素等供应，或者供给比例与机体的生理需要不平衡，就会十分敏感地反映出突增幅度减少，或突增年龄的推迟，出现脂肪消失，肌肉萎缩以至全身各系统的功能紊乱，抵抗力降低、生长发育停滞等营养不良症状。但这种营养不足条件引起的营养不良程度，取决于营养不足的持续时间、严重程度和当时中小学生的年龄等因素。

1. 营养不良的主要原因

(1)长期饮食不足，使热能供给受到一定限制。饮食调配不合理、缺少动物蛋白和大豆蛋白等优质蛋白质食物的供应。

(2)由于偏食习惯或多食糖果及零食造成进餐时缺乏食欲，食量减少。

(3)由于经常发生腹泻等原因，消化功能不好，不能充分吸收和利用所摄取的营养素。

(4)由于患有慢性消耗性疾病，如结核、扁桃体反复感染，肝炎等，营养素消耗量大，而食欲不佳，或病后不注意及时增加营养。

(5)由于节食，有些青年人特别是时尚女孩很希望自己身体苗条，为了迅速消瘦，而采用减食疗法，甚至造成精神性厌食症。

(6)由于缺乏体育锻炼或功课繁重，精神负担大等造成神经性的食欲缺乏，使营养素摄取量减少。

2. 营养不良分类　分为急性和慢性两类。急性营养不良，是由于在短时间内营养素的供给严重不足或体内消耗量增大，致使身体处于负氮平衡状态，如患痢疾、腹泻、急性扁桃体炎、急性肝炎等，能量消耗大，或因病后未及时补充各种营养素。因而首先使皮下脂肪减少，肌肉松弛无力并相继减少，体重明显下降。如果及时采取补给营养的措施，各项发育可以恢复到正常水平。慢性营养不良，是由于长期饮食数量不足或食物质量不好或患慢性消耗性疾病。首先表现出体重不增加，体重和身高发育低于正常水平，皮下脂肪层不丰满或明显减少。由于身体各部位脂肪的化学成分、血液的供给和氧化程度的不同，皮下脂肪层消减的顺序也不同。首先是在腹部，其次是胸、背、上肢及臀部，最后是额、颈及面颊。慢性营养不良者皮下脂肪几乎完全消失，皮肤干燥、苍白和松弛，肌肉发育不良，肌肉张力减弱，运动功能发育迟缓，情感淡漠，呆钝，睡眠出现抑郁状态和烦躁状态交替现象，经常便秘和食欲不佳，免疫力低下，有时伴有各种维生素缺乏症的多种多样表现。这是一种严重影响中小学生生长发育的病，必须引起重视，迅速改善营养状况，合理膳食，特别是在青春发育阶段更为重要。

3. *治疗*　营养不良是各种营养素缺乏的综合征，中小学生中常见于蛋白质、维生素或矿物质的缺乏。蛋白质缺乏时主要应给高蛋白膳食；高热、烧伤或大手术后，也应多补充蛋白质，以促进机体的恢复和消耗的补充。常用的有牛奶、鸡蛋、瘦肉等，豆类制品含植物蛋白较多，也应多吃。贫血患者，每日除基本膳食外，还应添加含铁和蛋白质较多的食物，如肝、菠菜、瘦肉等。此外，对营养不良的儿童，膳食中还应注意多吃含高热能、高糖类、高维生素的食物。例如，为保证有足够的糖分和热能，可在正餐之外，适当加些甜食。为补充维生素 C，则应多吃些水果。为补充 B 族维生素，也可适当加些粗粮。

儿歌

营养缺乏设法补，
理念对头效果好。
盲从减肥害自己，
平时不能瞎折腾。
科学饮食守规则，
自觉坚持疾病除。

四、缺铁性贫血的防治

三字经

人缺铁，会贫血。
动物肉，富含铁。
增维 C，促吸收。

缺铁性贫血是一种常见的营养缺乏病。最易发生缺铁性贫血的人群是出生 6 个月到 6 岁的儿童，青春期青少年也是发生率较高的人群，尤其是青春期的少女。此时少女生长发育快，肌肉组织细胞数量直线增加，血容量增大，初潮开始，所以铁的需要增大。因此，在中小学生时期的儿童、青少年特别要注意铁的供给。

目前缺铁性贫血也是危害中小学生健康的一项重要疾病。据近年来国内外资料报道，各国都存在缺铁性贫血现象。如美国5—8岁患缺铁性贫血的占5.5%，12—20岁占2.6%；日本在青年妇女中有20%～26%患缺铁性贫血。因此，必须加强防治工作。

缺铁性贫血是一个渐进的过程，开始时是体内贮存的铁减少，继而是制造红细胞的铁不足，最后才在临床上表现出血红蛋白浓度降低，血细胞比容下降。缺铁性贫血在早期临床症状不明显，发展缓慢，常常被忽略；有明显症状出现时往往已到中度贫血，这时易感疲劳、体力下降、食欲减退、精神萎靡、烦躁不安、头晕、耳鸣、眼花、记忆力下降等。儿童常可见呆滞、不活泼、思想不集中，生长发育缓慢，皮肤黏膜苍白，尤以口唇、指甲床、口腔黏膜、眼结膜明显。

缺铁性贫血产生的原因，一是膳食中供铁数量不足；二是机体对铁的吸收不良。在我国主要是膳食中铁的食物来源不理想，多数来自于植物性食物。干扰铁吸收的因素较多，铁的吸收率很低，有的蔬菜中的铁吸收率仅为1%～3%，最多也仅达到5%～6%。食物中的铁以血色素型的铁吸收利用率高，这类形式的铁与卟啉结合，形成卟啉铁，可以直接由肠黏膜上皮细胞吸收，不受植酸、草酸等抑制因素的影响。血色素型的铁主要存在于动物性食物中，如动物血、肝等。每100克猪肝约含铁22.6毫克，100克鸭肝中含铁50.1毫克，其他动物肝中的含量也很高，动物血中铁含量也较高。人奶和牛奶中铁含量都很低，所以婴儿在四五个月时要补充蛋黄、菜汁等以增加铁量。植物性食物中的铁为非血色素型铁，吸收率较差。含铁量高的食物主要是绿叶蔬菜，如白菜秧、油菜、雪里蕻、莴苣叶等含量都较高，每百克皆可达数毫克以上。另外有些蔬菜如菠菜、苋菜、蕹菜含铁量也较高。根据一些研究表明，如在吃蔬菜的同时吃些肉类可提高铁的吸收利用率，维生素 C 也有助于铁的吸收。

每日膳食铁的供给量，1－9 岁儿童 10 毫克，10－12 岁为 12 毫克，13－16 岁少年，男性为 15 毫克，女性为 20 毫克。防治缺铁性贫血，首先要提高食物中铁的吸收率，如增加肉类食品和抗坏血酸的摄入，减少磷酸盐和植酸盐的摄入，则可提高食物中铁的吸收率。同时多选择食用含铁量及其利用率较高的食物，一般认为，植物性食物的铁吸收率多在 10％以上，如大米 1％、小麦 5％、莴苣为 4％、玉米和黑豆为 3％；而动物性食物的铁吸收率较高，如鱼类为 11％，动物肌肉、肝可高达 22％，如食物中铁元素平均吸收率能达到 10％～20％时，就能满足生理的需要。一般情况下，膳食调配合理不致发生缺铁性贫血，如膳食不能达到纠正贫血状况时，也可采用铁剂治疗。

儿歌

鱼类食品可多吃，
番茄辣椒维 C 高。
菠菜护肝含铁质，
烹制得当是妙招。
肝肚可以常选食，
减少贫血有实效。

五、维生素 A 缺乏症的防治

三字经

夜盲症，缺维 A。
动物肝，可食疗。
深色菜，也有效。

维生素 A 缺乏症，是由于体内缺乏维生素 A 而引起的一种全身性疾病。本病主要表现为眼部症状，结膜干燥，进而角膜发生软化、穿孔，傍晚及暗光下视力减弱，临床上又称眼干燥症、角膜软化症和夜盲症。

维生素 A 缺乏主要影响人的视力，严重缺乏可出现“夜盲症”，如长期得不到治疗还会失明致盲。据估计，每年全世界约有 8 万儿童因维生素 A 缺乏引发夜盲，角膜病变者达 50 万例以上。发生夜盲的原因是视网膜中一种对光敏感的物质——视紫红质合成减少所致，因为合成视紫红质必须要有维生素 A 参加，维生素 A 供给不足就会影响视紫红质的合成，从而影响了视力。再加维生素 A 是维护表皮和黏膜健康的重要物质，在维生素 A 缺乏的情况下上皮细胞角化，角化的上皮细胞脱落将泪腺阻塞，于是产生眼干燥症，经细菌感染可致溃疡，随之失明。此外，维生素 A 缺乏还可以影响生殖和骨骼的发育；由于毛囊角化，皮肤变厚、干燥、毛囊硬化形成棘状物。维生素 A 缺乏症多见于低龄儿童，成年人也有发生。

目前已知有 10 种以上胡萝卜素类化合物可转化为维生

素A，其中主要有α-胡萝卜素、β-胡萝卜素、γ-胡萝卜素和隐黄素4种，以β-胡萝卜素的活性最高，故一般都以β-胡萝卜素为主。维生素A和β-胡萝卜素都溶于脂肪，化学性质比较稳定，热、酸、碱不易使其破坏，但易被氧化破坏，尤其在酸败的油中很易破坏。

我国在中小学生中虽然夜盲症并不多见，但维生素A的摄入量是普遍不足的。主要原因是长期以米糕、稀饭等糖类饮食为主或偏食不吃蔬菜造成维生素A摄入不足；或患有慢性腹泻、痢疾、慢性肝炎等，造成体内维生素A的吸收，储存发生障碍；或患有麻疹、结核病及其他慢性消耗病造成维生素A缺乏。

在我国居民膳食中维生素A的供给量往往不足，而且大部分来自β-胡萝卜素，生理活性较差，所以儿童、青少年应多摄入一些富含维生素A的动物性食物，如动物肝、鸡蛋等。每日膳食中由动物性食物供给的维生素A应占供给量的1/2，最少不应低于1/3。我国推荐的每日膳食中维生素A的供给量为800微克视黄醇当量，约相当2700国际单位。

对维生素A缺乏的防治，一方面可采取消除病因，调整饮食，纠正偏食，给予含维生素A及胡萝卜素较多的食物的方法。维生素A最好的食物来源是各种动物肝、鱼肝油、鱼卵、全奶、奶油、禽蛋等；胡萝卜素（主要是β-胡萝卜素）主要来自有色蔬菜，如油菜、冬寒菜、小白菜、菠菜、荠菜、胡萝卜、辣椒、南瓜、杧果和柿子等。另一方面可用浓鱼肝油进行治疗。每日服用维生素A 2.5万～5万国际单位，5天后每日给2.5万国际单位，待眼部症状消失后即可给预防剂量（每日2500～3000国际单位），皮肤角化见效慢一些，需治疗1～2个月。

大量服用维生素 A 可在体内蓄积引起急、慢性中毒，如每日服用 10 万～50 万国际单位即发生头痛、恶心、呕吐、烦躁、嗜睡等急性中毒；如每日服用 5 万国际单位，数月后即可发生慢性中毒，如厌食、烦躁、腹泻、发热、脱发、肝大、皮肤瘙痒、脱屑、肌肉僵硬等。因此，服用维生素 A 要注意剂量，防止中毒。

儿歌

缺维 A 者多色弱，
结膜干燥很苦恼。
影响视力多患儿，
对症食疗很有效。
平时杂食深色菜，
皮肤润泽心无忧。

六、维生素 B_2 缺乏症的防治

三字经

核黄素，极易缺。
肝肾心，另配豆。
巧烹饪，有成效。

维生素 B_2 又称核黄素，为黄色结晶，味苦，溶于水，遇碱则破坏，对光和氧也易分解。维生素 B_2 缺乏症又叫作核黄素缺乏症。从各地营养调查结果都表明，维生素 B_2 是最易缺乏的一种营养素。

维生素 B_2 在食物中多与磷酸和蛋白质等形成复合物。维生素 B_2 是机体中许多酶系统辅基的组成成分，对维生素正常的物质代谢和能量代谢有着重要作用，缺乏时则表现多种多样的缺乏症状。人体缺乏维生素 B_2 的临床表现有：①口角炎，口角乳白及裂开；②唇炎，下唇微肿、脱屑及色素沉着；③舌炎，舌中部出现红斑，舌尖部蕈状乳头和后部的轮廓乳头肥大，舌肿胀，呈青紫色，有皱折裂纹；④阴囊皮炎，阴囊两侧出现对称性红斑，呈淡红色，边缘清楚，覆盖灰色或褐色鳞屑或痂，亦可成为湿疹，有的形成黄豆大小的丘疹；⑤脂溢性皮炎，多见于鼻翼两侧；⑥眼部症状，睑缘炎、角膜血管增生、畏光与巩膜出血等。也有报道认为，维生素 B_2 缺乏与白内障的发生有关。此外，维生素 B_2 缺乏也会影响生长发育。

某市在五所重点中学住宿生中调查，发现有维生素 B_2 缺乏症的占 7.9%。引起维生素 B_2 缺乏的主要原因是膳食中缺少动物性食物和豆类、绿叶蔬菜，特别是缺少含维生素 B_2 较高的动物肝、肾、心等内脏和奶类食物，食物加工烹调方法不科学而使大量维生素 B_2 被破坏或损失也是原因之一；同时儿童少年由于生长发育迅速，机体需要量较大，也容易引起缺乏症。

对维生素 B_2 缺乏症的防治，如已经出现症状，可口服维生素 B_2 每次 5～10 毫克，每日 3 次；4～7 天后，症状消失即可停服或小剂量再维持几天。但最重要的是改善饮食，多吃含维生素 B_2 较多的食物，增加维生素 B_2 摄入量。亦可供给特殊营养食品来进行预防，即在课间加餐食物中强化维生素 B_2，一般在每千克面粉中强化 3～5 毫克维生素 B_2，每天吃这种面食制品 100～150 克，能获得 0.5 毫克左右的维

生素 B_2，即可达到预防缺乏症的剂量。但由于维生素 B_2 与维生素 B_1 之间在体内代谢中存在着相应关系，即当维生素 B_1 缺乏时，可影响到维生素 B_2 在机体内的正常利用，因此在强化维生素 B_2 的食物中最好也同时强化与维生素 B_2 同样剂量或偏高些剂量的维生素 B_1，这样不但有利于维生素 B_2 的利用，也可以预防维生素 B_1 缺乏症的发生。

在我国人民膳食中维生素 B_2 的供给不是很充足，往往达不到供给量规定的数量，维生素 B_2 缺乏的症状时有出现，但严重缺乏者少见，对维生素 B_2 缺乏症的预防以多选用富含维生素 B_2 的食物，改善食物结构，建立合理膳食为原则。

儿歌

维生素 B_2 极易缺，
日常补充不可少。
肝肾心补配大豆，
绿叶蔬菜经常食。
呵护少儿订措施，
合理膳食第一条。

七、维生素 C 缺乏症的防治

三字经

维 C 缺，显出血。
吃绿蔬，很有效。
枣藕羹，能补益。

1. 临床表现　维生素C缺乏症，又称为抗坏血酸缺乏症，或称为坏血病。本症主要表现是出血，全身可有出血点，皮下组织、肌肉关节等形成血肿或瘀斑，牙龈出血，刷牙时出血明显，尿中可出现红细胞。化验血浆，维生素C＜0.4毫克/100克（正常为0.5～1.4毫克/100克）。化验尿，维生素C＜20毫克/24小时尿（正常为20～40毫克/24小时尿）。

导致维生素C缺乏症的主要原因，是由于食物中缺乏维生素C。我国北方冬春绿色蔬菜少，摄入量不够；或由于烹调方法不当造成大量维生素C的损失；或由于偏食不吃蔬菜；或由于患有感染、腹泻、肺炎、结核、痢疾等疾病，使维生素C在体内吸收减少，而需要量增大，引起缺乏。

2. 防治维生素C缺乏症的主要措施

（1）多吃绿叶蔬菜，北方在冬、春季，也应设法能在温室中培植一些绿叶蔬菜，或多供应一些豆芽，以补充维生素C的不足。

（2）要注意改进烹调方法，减少损失。

（3）对患有消耗性疾病的要特别注意补充维生素C，治疗时可每次口服维生素C 100毫克，每日3次，服2～3周。

（4）大量服用维生素C并非有益无损，在某些情况下，也可给人体健康带来不利影响，如果血浆中的维生素含量一直处于饱和状态，则容易产生草酸盐尿，因而在泌尿系统有可能产生草酸盐结石。

（5）大量服用维生素（每日＞2000毫克）反而会降低白细胞的吞噬和抗病能力，使体内代谢率超过正常，也可造成高血糖症，一旦停服，容易出现缺乏症。因此，服用维生素C治疗也要注意用量。

儿歌

维C缺少显出血，
重症者称坏血病。
及时诊治可用药，
多吃绿蔬也有效。
少儿应多用食疗，
枣藕羹等能补益。

八、维生素D缺乏症的防治

三字经

佝偻病，缺维D。
肌抽搐，性急躁。
补足钙，晒太阳。

1. 临床表现　维生素D缺乏症，又称为佝偻病，是由于维生素D缺乏引起的，是以钙、磷代谢失常和骨骼生长障碍，甚至形成畸形为主要特征的一种儿童常见病。中小学生特别在青春发育期缺乏维生素D的主要表现是以局部肌肉抽搐为主，常见的如腓肠肌痉挛、手痉挛、口角肌肉抽动，表现神经型不太稳定，性情急躁等，这是由于维生素D缺乏，甲状旁腺代谢功能不足，引起血钙下降，神经肌肉兴奋性增高，而造成肌肉搐搦的关系。

2. 导致维生素D缺乏症的主要原因　①含维生素D的食物摄入少。②冬季户外活动少，晒太阳少。③胃肠道疾病，可能会影响对维生素D的吸收。

3. 防治维生素D缺乏的主要措施

(1)多摄入富含维生素D的食物，比如深海鱼、动物肝、奶类、蛋类食物；

(2)增加日光照射，使体内维生素D合成增多，中小学生每天户外活动至少2小时；

(3)在冬季寒冷的地方或者烟尘、云雾多的地方，凡利用日光有困难者，可在医师的指导下通过应用维生素D滴剂、维生素D片等药物补充。

(4)多摄入富含钙的食物，如牛奶、豆制品、芝麻酱、海产品等。若有低血钙、佝偻病和营养不足表现时需要在医师指导下补充钙剂。

(5)定期体检，可以达到早发现、早诊断、早治疗的目的。

儿歌

缺维D者多佝偻，
肌肉抽搐性急躁。
病症严重须救治，
日常补钙晒太阳。
冬季户外多活动，
合成维D有帮助。

九、钙缺乏症的防治

三字经

钙缺乏，大问题。

少儿期，重视补。

喝牛奶，吃虾皮。

钙是人体必需的矿物质，是建造人体骨骼和牙齿的主要材料，人体含钙约 1200 克，其中 99% 在骨骼和牙齿中。钙是容易缺乏的营养素之一，钙缺乏对人体健康有一定的损害。据我国膳食调查资料表明，各种人群钙的摄入量都达不到供给量的水平，一般仅达到供给量的 50%，所以钙的供给量是值得重视的问题。

儿童、少年正值生长发育的旺盛阶段，骨骼和牙齿不断增长和增大，其所需的钙量远远超过成年人。成年人一般每日钙的供给量为 800 毫克，儿童 10 岁以下每日膳食供给量为 800 毫克，10—12 岁为 1000 毫克，13—16 岁则为 1200 毫克。

钙的食物来源虽较多，但一般吸收率不高，这主要因钙的吸收受很多因素的影响，尤其是植物性食物来源的钙干扰吸收的因素更多，如粮谷中的植酸、蔬菜中的草酸都可和钙结合成不溶解的盐类而影响钙的吸收，还有脂肪消化不良的人，未被吸收的脂肪酸也可和钙形成不被吸收的钙皂而随粪便排出体外。但是食物中也存在一些促进钙吸收的因素，如维生素 D、乳糖、氨基酸等都可促进钙的吸收，所以中小学生的膳食应注意供给钙质含量高又易于吸收的食物。

奶及奶制品是含钙丰富的食物，每 100 毫升鲜奶中约含钙 100～150 毫克，而且奶含乳糖多还可促进钙的吸收；其他如豆类和大豆制品（豆腐、豆腐干、素鸡等）、虾皮、发菜、海带等含钙量也是很丰富，可以经常选用以补充钙之不足。

除食用富含钙的食物外，中小学生还应注意户外活动，多接触阳光，可促使皮下7-脱氢胆固醇转化为维生素 D_3，有利于钙的吸收。

儿歌

少儿缺钙大问题，
按需补足要注意。
喝牛奶吃豆虾皮，
助生骨齿长躯体。
皮肤经常晒太阳，
促成维 D_3 出神奇。

十、少年儿童缺锌不可忽视

三字经

人缺锌，劲全无。
坚果豆，肉鱼补。
海产品，可舒肤。

近年来，我国青少年儿童整体营养状况好转，但缺锌现象仍有出现。据有关部门对19个省、直辖市、自治区部分学龄儿童膳食锌的调查结果，60%的儿童每日摄入锌只有3～6毫克，仅是正常需求量10毫克的1/2左右，这是不能满足生理需要的。

锌是人体的重要微量元素，是体内上百种酶的组成成分或是激活剂，参与蛋白质和核酸的合成，能影响细胞分裂、生长或再生。青少年儿童缺锌，生长发育缓慢，身体矮小，智力也发育不良，免疫功能较差。

缺锌时有人食欲缺乏，味觉减退；有的喜欢吃那些不是食物的东西，称作异食癖，如爱吃泥土、煤渣、纸张、墙皮、石灰、肥皂等。

缺锌为什么会导致味觉减退呢？因为锌是人唾液中味觉素的成分，每个味觉素分子含有两个锌原子，缺锌就使味觉素合成减少；锌可为舌上的味蕾和口腔黏膜提供营养，所以缺锌时易发生原发性口腔炎；缺锌会使黏膜增生和角化不全，脱落的上皮细胞阻塞味蕾小孔，使味觉减退。青年面部痤疮也与缺锌有关系，服硫酸锌好转。

多吃一些含锌的食物可以预防锌缺乏。一般动物性食物含锌比较丰富，而植物性食物含锌就比较少。动物锌吸收率比植物锌高，如肉类锌吸收率高达 30%～40%，植物锌吸收率一般只有 10%～20%。各种水产品，不论是动物还是藻类像海带、紫菜中也有锌。豆类、坚果中含锌也较多。

一般口服 120 毫克锌，就可以达到治疗目的。口服锌也不可过多，过多时也会出现中毒症状，主要表现为呕吐。用作锌制剂的药品，有硫酸锌糖浆。因为硫酸锌伤胃，可以在吃饭时口服或饭后服，不要在饭前服。除硫酸锌外，还有氯化锌、醋酸锌、硫代碳酸锌、氧化锌等，可配成有专门用途的锌制剂。

据调查，我国各类人群都有缺锌现象，因为主食里含有6-磷酸肌醇，和锌结合成难溶解的复合物，较难吸收。因此，中小学生应当注意锌的补充。

儿歌

锌是人体激活剂，
缺乏全身无力气。
坚果豆类肉鱼补，
海带紫菜炖猪蹄。
食物增益可防病，
重在平时多注意。

十一、中小学生腹泻时的饮食安排

三字经

少儿生，常腹泻。
小檗碱，控制住。
不乱吃，听嘱咐。

中小学生腹泻时，直肠和乙状结肠肠壁会充血、水肿、发炎并有溃疡面，如果不注意饮食，就会加重病情。

痢疾患者宜吃稀、素、软的食物。急性期以流食为主，每 2～3 小时吃一次，如果汁、豆浆、米汤、藕粉等，含纤维素多的食物不应吃。如果腹泻次数过多，可适当喝些淡盐开水。当腹泻次数减少、粪便已无脓血时，可吃少渣的半流质食物，如稀粥、烂挂面等。恢复期大便已接近正常时，才可吃少油少渣的软食，但也不宜马上吃含纤维素过多的菜及刺激性大或难消化的食物。不过，适当吃些大蒜对防治肠炎及痢疾会有一定效果。

儿歌

中小学生常腹泻，
不洁食物会中毒。
小檗碱可控制住。
不再乱吃听嘱咐。
痢疾病人重调理，
米汤藕粉有帮助。

十二、少年儿童肥胖症的防治

三字经

肥胖症，别自卑。
弃滋腻，莫贪食。
多锻炼，能减肥。

少年儿童肥胖症已日益成为影响人类健康的一种全球性流行病。从表面上看，肥胖者虽然不至于很快死亡，但其潜在危害性及并发症所带来的后果非常严重。目前城市人口中前三位死因为恶性肿瘤、脑血管病及心血管病；而心脑血管疾病大多数是由肥胖所引起的并发症。

从营养角度看，中小学生都应当是营养平衡、适度，壮而不胖。壮和胖是两个不同的概念，壮是指的健康、没病、身体一切生理功能都是正常的。肥胖则是指的皮下脂肪聚积过多,全身脂肪组织与其他组织失去正常比例。肥胖是营养失调,并不是健康的标志。人体摄入的能量必须被消耗利用掉,才能保持能量代谢的平衡,身体才会健康。如果膳食结构不合理,特别是所吃的食物中糖类和脂肪比例过高,或是吃零食过多,再加上活动量小,摄入的能量就会超过身体的需要,超过的能量就会变成脂肪储存在体内。脂肪常堆积在胸腹部、臀部、肩部及大腿等处的皮下组织,这时,中小学生的体型就不均衡了,体态臃肿、行动笨拙、迟缓,连体育课都不能达标,像跑步、引体向上等动作都会不及格。肥胖学生本身也很苦恼。

肥胖对健康有许多危险因素,如肥胖的中小学生由于体重大,压力大,容易造成扁平足、膝内翻或承受重量部位的关节损伤。肥胖的中小学生血液中的免疫球蛋白等比正常孩子少,所以他们的免疫功能较差,容易受感染,如患呼吸道感染、疖肿、间擦疹等。因为胖学生的肝中大量堆积着脂质,能变成脂肪肝,使肝功能受到损害。肥胖的学生食欲旺盛,喜欢吃油腻食物,爱吃糖,吃的量也多,所以就容易诱发胰腺炎及糖尿病。经研究证明,肥胖学生血中的胆固醇和三酰甘油都比正常学生高。成年时所患动脉粥样硬化、高血压、糖尿病、肥胖症等和中小学生时期肥胖都有关系。目前,研究高血压的学者们也报道说儿童高血压患者中,有50%是肥胖儿。还认为,儿时的肥胖者,会有14%～74%的可能性到成年期也肥胖。胖的中小学生生长发育相对较快,青春发育期提前,如女孩月经初潮早,男孩长胡须早、长喉结、变音早等。

肥胖还会给中小学生造成心理障碍,常会受到同学们的取笑。由于行动笨拙，常不能跟正常学生一起跑跳，一起玩耍，长久了，就会产生自卑感或孤僻的性格。有时就导致精神和心理上的异常。对这样的现象，老师和家长要加以注意和开导。

治疗儿童肥胖目标为控制体脂增长在正常速率范围内，故首先从限制饮食、管理膳食开始，随时注意鼓励和协助指导。

饮食管理遵循一定原则，既能达到不妨碍生长发育又达到控制体重增长的目的。必须满足生长发育及基本营养所需，要循序渐进，不能使体重下降过快，开始只需限制体重增长过快，继而使其下降，至超过正常均值10%时，即无须严格限制饮食。主要控制脂肪，因其供能较高，一般占总能量的10%左右，动物性脂肪和植物性脂肪均应限制。蛋白质必须保证，供应不宜低于每日1～2克/千克体重，可占食物总量的30%，且优质蛋白质（动物性蛋白质）占1/2以上。主食仍以糖类为主，但限制甜食、零食。热能摄入必须减少，如10—14岁肥胖儿童一日限于5021千焦左右，极度肥胖者可按理想体重所需减去30%或更多。仍应满足肥胖儿童食欲，宜选体积大、热能少的食品，如蔬菜、水果类、果冻等，又可保证供给维生素、矿物质。培养良好饮食习惯，按合理饮食方案进食，不吃零食和甜饮料，少吃多餐，不暴饮暴食，应细嚼慢咽。晚餐量较少，睡前不进食等。按以上原则主要多给蔬菜、水果，以米饭、面食为主粮，加适量瘦肉、蛋、鱼、豆制品。

增加活动量及体育活动，逐渐增加体力活动时间和活动量，首先要引起小儿兴趣方能坚持下去。活动应多样化，或从中培养爱好。应避免激烈运动，以免使食欲加大。每日固定运动1小时，也应鼓励走路上学，肥胖较重者可根据个体最大氧消耗制定运动训练方案，每日坚持训练1～2小时，平时做家务劳动。

药物治疗一般不主张多用，可给苯丙胺，短疗程（6～8周），小剂量（2.5～5毫克），餐前30分钟口服，每日2次可降低食欲，可有紧张、失眠等不良反应。

中小学生自幼即应注意预防肥胖，从避免过食和增加运动着手。

出生前后注意：①孕期母亲尤其孕晚期应避免体重增长过多，以防止胎儿营养过多；②自出生前起就宣传母乳喂养：母乳喂养者较人工喂养者不易得肥胖病；③强调喂养过度的害处，按每个孩子自己的需要来喂，小儿啼哭并非都因饥饿引起；④婴儿4－5个月前不需加固体食物。婴儿期实施生长发育监测，及早发现体重增加过快、长胖趋势。指导母亲给予较稀的食品，不给或少给粥、米粉等糖类固体食物。

青春期要注意：①强调建立正常饮食制度及良好饮食习惯；②鼓励经常性体力活动，体格锻炼，如游泳、打球；③饮食指导，一日平均分几餐，一餐进食不宜过多，避免过多进食糖类食物，尤其糖果、饼干、甜饮料。有肥胖家族史或发现孩子体重已超重时，应取消餐间点心，饥饿时多吃蔬菜水果，勿食油炸及淀粉类甜食；④青春期容易长胖，预防特别重要。成人肥胖常起自青春期。饮食控制与多加运动同时并进；⑤有肥胖倾向者要进行定期体重监测，调整饮食。

增加经常性体力活动,养成运动的好习惯,如体操、跑步、快走、游泳、打球等坚持每日进行。

患有行动不便疾病,要注意预防肥胖,如有先天神经疾患,经常卧床者,肌萎缩、四肢不能活动者,脑瘫、智力低下、严重精神异常者,以及营养不良、慢性病等恢复期,长期用糖皮质激素者均应及早控制能量摄入过度,并参加力所能及的活动。

儿歌

少儿肥胖多自卑,
摒弃滋腻勿贪食。
加强运动多锻炼,
坚持去做能减肥。
餐饮各类豆制品,
重塑健壮美人生。

附录 A　中国居民膳食营养素参考摄入量

附表 A-1　中国儿童青少年膳食能量需要量(EER)

年龄(岁)/生理状况	男性 PAL						女性 PAL					
	轻（Ⅰ）		中（Ⅱ）		重（Ⅲ）		轻（Ⅰ）		中（Ⅱ）		重（Ⅲ）	
	MJ/d	kcal/d	MJ/d	kcal/d	MJ/d	kcal/d	MJ/d	kcal/d	MJ/d	kcal/d	MJ/d	kcal/d
0—	—	—	0.38[a]	90[b]	—	—	—	—	0.38[a]	90[b]	—	—
0.5—	—	—	0.33[a]	80[b]	—	—	—	—	0.33[a]	80[b]	—	—
1—	—	—	3.77	900	—	—	—	—	3.35	800	—	—
2—	—	—	4.60	1100	—	—	—	—	4.18	1000	—	—
3—	—	—	5.23	1250	—	—	—	—	5.02	1200	—	—
4—	—	—	5.44	1300	—	—	—	—	5.23	1250	—	—
5—	—	—	5.86	1400	—	—	—	—	5.44	1300	—	—
6—	5.86	1400	6.69	1600	7.53	1800	5.23	1250	6.07	1450	6.90	1650
7—	6.28	1500	7.11	1700	7.95	1900	5.65	1350	6.49	1550	7.32	1750

(续　表)

年龄(岁)/生理状况	男性 PAL						女性 PAL					
	轻(Ⅰ)		中(Ⅱ)		重(Ⅲ)		轻(Ⅰ)		中(Ⅱ)		重(Ⅲ)	
	MJ/d	kcal/d	MJ/d	kcal/d	MJ/d	kcal/d	MJ/d	kcal/d	MJ/d	kcal/d	MJ/d	kcal/d
8—	6.90	1650	7.74	1850	8.79	2100	6.07	1450	7.11	1700	7.95	1900
9—	7.32	1750	8.37	2000	9.41	2250	6.49	1550	7.53	1800	8.37	2000
10—	7.53	1800	8.58	2050	9.62	2300	6.90	1650	7.95	1900	9.00	2150
11—	8.58	2050	9.83	2350	10.88	2600	7.53	1800	8.58	2050	9.62	2300
14—	10.46	2500	11.92	2850	13.39	3200	8.37	2000	9.62	2300	10.67	2550
18—	9.41	2250	10.88	2600	12.55	3000	7.53	1800	8.79	2100	10.04	2400

注:“—”表示未制定。(EER 即估计能量需要量)

[a] 单位为:兆焦每日每千克体重[MJ/(kg·d)]。

[b] 单位为:千卡每日每千克体重[kcal/(kg·d)]。

附表 A-2　中国儿童青少年蛋白质参考摄入量

单位:克/日(g/d)

年龄(岁)/生理状况	男性		女性	
	EAR	RNI	EAR	RNI
0—	—	9[a]	—	9[a]
0.5—	15	20	15	20
1—	20	25	20	25
2—	20	25	20	25
3—	25	30	25	30
4—	25	30	25	30
5—	25	30	25	30
6—	25	35	25	35
7—	30	40	30	40
8—	30	40	30	40
9—	40	45	40	45
10—	40	50	40	50
11—	50	60	45	55
14—	60	75	50	60
18—	60	65	50	55

注:"—"表示未制定。[a] AI 值。

附录B 学生餐营养指南

中华人民共和国卫生行业标准（WS/T554—2017）

1 范围

本标准规定了6—17岁中小学生全天（即一日三餐）能量和营养素供给量、食物的种类和数量及配餐原则等。本标准适用于为中小学生供餐的学校食堂或供餐单位。

2 术语和定义

（1）学生餐：由学校食堂或供餐单位为在校学生提供的早餐、午餐或晚餐。

（2）带量食谱：以餐次为单位，用表格形式提供的含有食物名称、原料种类及数量、供餐时间和烹调方式的一组食物搭配组合的食谱。

3 学生餐营养标准

（1）全天能量和营养素供给量：不同年龄段学生的全天能量和营养素供给量见附表B-1。

附表 B-1 每人每天能量和营养素供给量

能量及营养素(单位)	6—8 岁		9—11 岁		12—14 岁		15—17 岁	
	男	女	男	女	男	女	男	女
能量 kcal(MJ)	1700 (7.11)	1550 (6.48)	2100 (8.78)	1900 (7.94)	2450 (10.24)	2100 (8.78)	2900 (12.12)	2350 (9.82)
蛋白质(g)	40	40	50	50	65	60	75	60
脂肪供能比(%E)	占总能量的 20%～30%							
糖类供能比(%E)	占总能量的 50%～65%							
钙(mg)	750		850		950		800	
铁(mg)	12		14		18		18	
锌(mg)	6.5		8.0		10.5	9.0	11.5	8.5
维生素 A(μg RAE)	450		550		720	630	820	630
维生素 B_1(mg)	0.9		1.1		1.4	1.2	1.6	1.3
维生素 B_2(mg)	0.9		1.1		1.4	1.2	1.6	1.3
维生素 C(mg)	60		75		95		100	
膳食纤维(g)	20		20		20		25	
注：能量供给量应达到标准值的 90%～110%，蛋白质应达到标准值的 80%～120%。								

（2）每人全天的食物种类及数量：一日三餐应提供谷薯类、新鲜蔬菜水果、鱼禽肉蛋类、奶类及大豆类等四类食物中的三类及以上，尤其是早餐。

不同年龄段学生的全天各类食物的供给量的标准见附表 B-2。

附表 B-2　每人每天食物种类及数量　　　　单位：克（g）

	食物种类	6—8 岁	9—11 岁	12—14 岁	15—17 岁
谷薯类	谷薯类	250～300	300～350	350～400	350～400
蔬菜水果类	蔬菜类	300～350	350～400	400～450	450～500
	水果类	150～200	200～250	250～300	300～350
鱼禽肉蛋类	畜禽肉类	30～40	40～50	50～60	60～70
	鱼虾类	30～40	40～50	50～60	50～60
	蛋类	50	50	75	75
奶、大豆类及坚果	奶及奶制品	200	200	250	250
	大豆类及其制品和坚果	30	35	40	50
植物油		25	25	30	30
盐		5	5	5	6

注 1：均为可食部分生重。注 2：谷薯类包括各种米、面、杂粮、杂豆及薯类等。注 3：大豆包括黄豆、青豆和黑豆，大豆制品以干黄豆计。

（3）三餐比例：早餐、午餐、晚餐提供的能量和营养素应分别占全天总量的25%～30%、35%～40%、30%～35%。

（4）每人每天早餐的食物种类和数量：不同年龄段学生每人每天早餐的食物种类和数量见附表B-3。

附表B-3　每人每天早餐的食物种类及数量　　单位：克（g）

	食物种类	6—8岁	9—11岁	12—14岁	15—17岁
谷薯类	谷薯类	75～90	90～105	105～120	105～120
蔬菜水果类	蔬菜类	90～105	105～120	120～135	130～150
	水果类	45～60	60～75	75～90	90～105
鱼禽肉蛋类	畜禽肉类	9～12	12～15	15～18	18～21
	鱼虾类	9～12	12～15	15～18	15～18
	蛋类	15	15	25	25
奶、大豆类及坚果	奶及奶制品	60	60	75	75
	大豆类及其制品和坚果	9	11	12	15
植物油		5	5	5	5
盐		1.5	1.5	1.5	2

（5）每人每天午餐、晚餐的食物种类和数量：不同年龄段学生每人每天午餐、晚餐的食物种类和数量，见附表 B-4。

附表 B-4　每人每天午餐、晚餐的食物种类及数量　　单位：克(g)

	食物种类	6—8 岁	9—11 岁	12—14 岁	15—17 岁
谷薯类	谷薯类	100～120	120～140	140～160	140～160
蔬菜水果类	蔬菜类	120～140	140～160	160～180	180～200
	水果类	60～80	80～100	100～120	120～140
鱼禽肉蛋类	畜禽肉类	12～16	16～20	20～24	24～28
	鱼虾类	12～16	16～20	20～24	20～24
	蛋类	20	20	30	30
奶、大豆类及坚果	奶及奶制品	80	80	100	100
	大豆类及其制品和坚果	30	35	40	50
植物油		10	10	10	15
盐		2	2	2	2.5

4 配餐原则

(1)品种多样

①食物互换：在满足中小学生生长发育所需能量和营养素需要的基础上，参考附录A进行食物互换，做到食物多样，适时调配，注重营养与口味相结合。

②谷薯类：包括米、面、杂粮和薯类等，可用杂粮或薯类部分替代米或面，避免长期提供一种主食。

③蔬菜水果类：每天提供三种以上新鲜蔬菜，一半以上为深绿色、红色、橙色、紫色等深色蔬菜，适量提供菌藻类。有条件的地区每天提供至少一种新鲜水果。

④鱼禽肉蛋类：禽肉与畜肉互换，鱼与虾、蟹等互换，各种蛋类互换。优先选择水产类或禽类；畜肉以瘦肉为主，少提供肥肉。每周提供1次动物肝，每人每次20～25克。蛋类可分一日三餐提供，也可集中于某一餐提供。

⑤奶类及大豆：平均每人每天提供200～300克(1袋/盒)牛奶或相当量的奶制品，如酸奶。每天提供各种大豆或大豆制品，如黄豆、豆腐、豆腐干、腐竹、豆腐脑等。奶及奶制品可分一日三餐提供，也可集中于某一餐提供。

(2)预防缺乏：参考附录B，经常提供下列矿物质和维生素含量丰富的食物。

——富含钙的食物：奶及奶制品、豆类、虾皮、海带、芝麻酱等。

——富含铁的食物：动物肝、瘦肉、动物血、木耳等；同时搭配富含维生素C的食物，如深绿色的新鲜蔬菜和水果。

——富含维生素A的食物：动物肝、海产品、蛋类、深色蔬菜和水果等。

如果日常食物提供的营养素不能满足学生生长发育的需求,可鼓励使用微量营养素强化食物,如强化面粉或大米、强化酱油或强化植物油等。

(3)控油限盐:学生餐要清淡,每人每天烹调油用量不超过 30 克;控制食盐摄入,包括酱油和其他食物的食盐在内,提供的食盐不超过每人每天 6 克。

(4)三餐时间:早餐宜安排在 6:30—8:30,午餐 11:30—13:30,晚餐 17:30—19:30 进行为宜。

(5)因地制宜:根据当地的食物品种、季节特点和饮食习惯等具体情况,结合中小学生营养健康状况和身体活动水平配餐。以周为单位,平均每天供应量达到标准的要求。参考附录 C,向学生和家长公布每天的带量食谱。

5　合理烹调

(1)蔬菜应先洗后切。烹调以蒸、炖、烩、炒为主;尽量减少煎、炸等可能产生有毒有害物质的烹调方式。烹调好的食品不应存放过久。

(2)不制售冷荤凉菜。

6　学生餐管理

学生餐相关从业人员应接受合理配餐和食品安全培训。在供餐学校及单位中开展形式多样的营养与健康知识宣传教育;并积极创造条件配备专职或兼职营养专业人员。

附录C　学龄儿童青少年超重与肥胖筛查

计算公式:体质指数(BMI)=体重[千克(kg)]÷身高[平方米(m^2)]

附表 C-1　6－18 岁学龄儿童青少年性别年龄别 BMI 筛查超重与肥胖界值

单位:千克/平方米(kg/m^2)

年龄(岁)	男生		女生	
	超重	肥胖	超重	肥胖
6.0—	16.4	17.7	16.2	17.5
6.5—	16.7	18.1	16.5	18.0
7.0—	17.0	18.7	16.8	18.5
7.5—	17.4	19.2	17.2	19.0
8.0—	17.8	19.7	17.6	19.4
8.5—	18.1	20.3	18.1	19.9
9.0—	18.5	20.8	18.5	20.4
9.5—	18.9	21.4	19.0	21.0
10.0—	19.2	21.9	19.5	21.5
10.5—	19.6	22.5	20.0	22.1

（续　表）

年龄（岁）	男生		女生	
	超重	肥胖	超重	肥胖
11.0—	19.9	23.0	20.5	22.7
11.5—	20.3	23.6	21.1	23.3
12.0—	20.7	24.1	21.5	23.9
12.5—	21.0	24.7	21.9	24.5
13.0—	21.4	25.2	22.2	25.0
13.5—	21.9	25.7	22.6	25.6
14.0—	22.3	26.1	22.8	25.9
14.5—	22.6	26.4	23.0	26.3
15.0—	22.9	26.6	23.2	26.6
15.5—	23.1	26.9	23.4	26.9
16.0—	23.3	27.1	23.6	27.1
16.5—	23.5	27.4	23.7	27.4
17.0—	23.7	27.6	23.8	27.6
17.5—	23.8	27.8	23.9	27.8
18.0—	24.0	28.0	24.0	28.0

附录 D　带量食谱举例

附表 D-1　一日三餐带量食谱举例

单位：克(g)

	菜名	配料	6—8 岁	9—11 岁	12—14 岁	15—17 岁
早餐	馒头	面粉	90	100	110	130
	牛奶	牛奶	200	200	250	250
	煮鸡蛋	鸡蛋	50	50	75	75
	炒白菜	白菜	100	110	130	140
	食用油	花生油	5	5	5	5
午餐	米饭	大米	110	130	140	160
	鱼香肉丝	猪瘦肉	40	50	60	65
		柿子椒	50	60	65	70
		胡萝卜	50	60	65	70
	醋熘豆芽	绿豆芽	70	70	80	80
	食用油	花生油	10	10	10	10

（续　表）

	菜名	配料	6—8 岁	9—11 岁	12—14 岁	15—17 岁
晚餐	花卷	面粉	100	120	130	150
	莴苣炒木耳	莴苣	60	70	80	90
		木耳	15	15	20	20
	红烧鲢鱼	鲢鱼	40	50	60	60
		豆腐	30	35	40	50
	二米粥	大米	10	10	12	12
		小米	10	10	12	12
	食用油	花生油	10	10	10	15

附录E 常见富含各种营养素的食物表

附表 E-1 常见优质蛋白质含量较高的食物及其含量 单位：克/100 克可食部

食物名称	含量	食物名称	含量	食物名称	含量
猪瘦肉	20.3	牛肉	19.9	鸡胸脯肉	19.4
羊肉	19.0	草鱼	16.6	鲤鱼	17.6
海虾	16.8	鸡蛋	13.3	牛奶	3.0
黄豆	35.0	豆腐(北)	12.2	豆腐(南)	6.2

附表 E-2 常见富含钾的食物及其含量 单位:毫克/100 克可食部

食物名称	钾	食物名称	钾
干竹荪（竹笙、竹参）	11 882	羽衣甘蓝	395
紫菜(干)	1796	竹笋	389
海苔	1774	海蟹(小)	370
小麦胚粉	1523	鱼丸	360

（续　表）

食物名称	钾	食物名称	钾
黄豆（大豆）	1503	海蜇头	331
黑豆（黑大豆）	1377	河虾	329
桂圆肉	1348	草鱼	312
墨鱼（干）（曼氏无针乌贼）	1261	蘑菇（鲜蘑）	312
榛子（干）	1244	菠菜（赤根菜）	311
芸豆（红）	1215	小米	284
干鱿鱼（中国台湾枪乌贼）	1131	彩椒	278
蚕豆	1117	娃娃菜	278
辣椒（红，尖，干）	1085	木瓜（番木瓜）	261
马铃薯粉	1075	黑米	256
干扇贝（干贝）	969	青萝卜	248
大麦茶	960	韭菜	247
无花果（干）	898	海带（江白菜）	246
火龙果（仙蜜果、红龙果）	891	藕（莲藕）	243

（续　表）

食物名称	钾	食物名称	钾
杂豆	800	玉米（鲜）	238
花生仁（炒）	674	薏米（薏仁米，苡米）	238
青稞	644	油菜	210
金针菜（黄花菜）	610	柠檬	209
腐竹	553	胡萝卜（黄）	193
虾米（海米，虾仁）	550	小西瓜（地雷瓜）	177
豆腐皮	536	橙	159
枣（干）	524	鸡蛋（均值）	154
毛豆（青豆，菜用大豆）	478	酸奶（均值）	150
栗子仁（熟）	468	豆腐干（均值）	140
干香菇（香蕈，冬菇）	464	馒头（标准粉）	129
葵花子（熟）	399	葡萄（均值）	104

注：以上数据来源于《食物成分表2002》和《食物成分表2004》。

附表 E-3 常见钙含量较高的食物及其含量 单位:毫克/100 克可食部

食物名称	含量	食物名称	含量	食物名称	含量
石螺	2458	酸奶	118	胡萝卜	32
虾皮	991	豆腐(南)	116	鲢鱼	31
发菜	875	油菜	108	标准粉	31
奶酪(干酪)	799	牛奶	104	猪脑	30
牛脑	583	豌豆	97	黄瓜	24
海带(干)	348	银鱼	82	橙	20
河虾	325	绿豆	81	梨	11
豆腐干	308	芹菜	80	玉米	10
花生仁(炒)	284	小豆	74	羊瘦肉	9
紫菜	264	枣	64	牛瘦肉	9
黑木耳	247	冬菇	55	鸡肉	9
蟹肉	231	鲤鱼	50	马铃薯	8
豆腐丝	204	鸡蛋	48	猪肝	6
黄豆	191	鹌鹑蛋	47	籼米	6

（续　表）

食物名称	含量	食物名称	含量	食物名称	含量
蚌肉	190	鲳鱼	46	猪瘦肉	6
豆腐花	175	大白菜	45	葡萄	5
海虾	146	黄鳝	42	豆浆	5
豆腐(北)	138	花生仁	39	苹果	4
蛤蜊	138	柑	35		

附表 E-4　常见铁含量较高的食物及其含量　　单位:毫克/100 克可食部

名称	含量	名称	含量
黑木耳(干)	97.4	奶疙瘩(奶酪干,干酸奶)	18.7
沙蓬子(沙米)	57.1	羊血	18.3
珠茶	40.4	藕粉	17.9
蛏子	33.6	腐竹	16.5
鸭血(白鸭)	30.5	糜子米(炒米)	14.3
南瓜粉	27.8	山羊肉(冻)	13.7

（续 表）

名称	含量	名称	含量
鸡血	25.0	鸡肝	12.0
豆腐干（小香干）	23.3	樱桃（野，白刺）	11.4
鸭肝	23.1	虾米（海米）	11.0
芝麻（黑）	22.7	马铃薯粉	10.7
猪肝	22.6	鸡蛋黄粉	10.6
鲍鱼（杂色鲍）	22.6	猪肾（腰子）	4.6
桂花藕粉	20.8	驴肉（瘦）	4.3
酸酪蛋	20.6	牛肉（肥瘦）	3.3
胡麻子	19.7	羊肉（肥瘦）	2.3
口蘑（白蘑）	19.4	鸡蛋	2.0
扁豆	19.2	猪肉	1.6

注：以上数据来自《中国食物成分表 2012 修订版》。

附表 E-5 常见锌含量较高食物及其含量 单位：毫克/100 克可食部

食物名称	含量	食物名称	含量	食物名称	含量
蛏干	13.63	西瓜子（炒）	6.76	红花	5.15
马肉	12.26	淡菜（干）	6.71	干贝	5.05
羊肚菌	12.11	鸡蛋黄粉	6.66	牛肝	5.01
扇贝（鲜）	11.69	蘑菇（干）	6.29	地衣（水浸）	5
泥蚶	11.59	琼脂	6.25	高良姜	4.99
赤贝	11.58	河蚌	6.23	海带（鲜）	4.93
鱿鱼（干）	11.24	蚕蛹	6.17	冬虫夏草	4.87
墨鱼（干）	10.02	芝麻（黑）	6.13	牛肉（肥瘦）	4.73
牡蛎（鲜）	9.39	砂仁	6.07	牛里脊肉	4.73
口蘑	9.04	羊肉（瘦）	6.06	眉豆	4.7
香菇（干）	8.57	葵花子（生）	6.03	牛脑	4.69
叉烧肉	8.5	榛蘑（干）	6	松子仁	4.61
柳松茸	8.38	小麦麸	5.98	螺	4.6
兔肉野	7.81	鸡蛋粉	5.95	牛肉前腿	4.5

（续 表）

食物名称	含量	食物名称	含量	食物名称	含量
香醋	7.79	葵花子(炒)	5.91	陈醋	4.38
香肠	7.61	甘草	5.88	大麦	4.36
牛肉干	7.26	榛子(干)	5.83	青蟹	4.34
南瓜子(炒)	7.12	白牛肝菌(干)	5.8	绿茶	4.34
酱牛肉	7.12	松子(炒)	5.49	腰果	4.3
奶酪	6.97	松蘑(干)	5.49	猪肉松	4.28
牛排	6.92	榆黄蘑(干)	5.26	辣椒(红尖干)	1.01

附表 E-6 常见硒含量较高的食物及其含量 单位:毫克/100 克可食部

名称	含量	名称	含量
猪肾	156.77	豆腐干(小香干)	23.6
牛肾	70.25	西瓜子(炒)	23.44
小麦胚粉	65.2	鹅	17.68
羊肾	58.9	牛乳粉(多维奶粉)	16.8

（续　表）

名称	含量	名称	含量
鸭肝	57.27	杏仁	15.65
松花鸡蛋	44.32	奶疙瘩（奶酪干，干酸奶）	14.68
鸡蛋粉（全蛋粉）	39.1	鸭	12.25
鸡肝	38.55	奶片	12.1
腰果	34	猪肉	11.97
羊肉（肥瘦）	32.2	鸡	11.75
扁豆	32	牛肉	6.45
鸡蛋黄粉	27.7	桑葚	5.65
鹅蛋	27.24	金针菜（黄花菜）	4.22
炒南瓜子（白瓜子）	27.03	菠萝蜜	4.17
鸡蛋黄	27.01	海带（江白菜）	3.54
鹅蛋黄	26	香菇（香蕈、冬菇）	2.58
松花鸭蛋	25.24	人参果	1.86

注：以上数据来自《中国食物成分表2012修订版》。

附表 E-7　常见维生素 A 含量较高的食物及其含量　单位:微克/100 克可食部

食物	维生素 A	β-胡萝卜素	视黄醇当量	食物	维生素 A	β-胡萝卜素	视黄醇当量
鱼肝油	25 526	—	25 526	青豆	—	790	132
羊肝	20 972	—	20 972	甘薯	—	750	125
牛肝	20 220	—	20 220	猪肉	114	—	114
鸡肝	10 414	—	10 414	苹果	—	600	100
猪肝	4972	—	4972	豆角	—	580	97
鸭蛋黄	1980	—	1980	牛肾	88	—	88
黄岩旱橘	—	5140	857	杏	—	450	75
胡萝卜	—	4010	668	蚕豆	—	300	50
菠菜	—	2920	487	青鱼	42	—	42
鸡蛋黄	438	—	438	白菜	—	250	42
荠菜	—	2590	432	海带	—	240	40
河蟹	389	—	389	鲜枣	—	240	40
鸡蛋	310	—	310	黄豆	—	220	37
蘑菇(干)	—	1640	273	带鱼	29	—	29

（续　表）

食物	维生素 A	β-胡萝卜素	视黄醇当量	食物	维生素 A	β-胡萝卜素	视黄醇当量
辣椒(尖)	—	1390	232	橙	—	160	27
紫菜	—	1370	228	鲤鱼	25	—	25
鸡肉	226	—	226	牛乳	24	—	24
河蚌	202	—	202	羊肉	22	—	22
芫荽	—	1160	193	腐乳	—	130	22
番茄	—	1149	192	小米	—	100	17
柑	—	890	148	黄瓜	—	90	15

附表 E-8　常见维生素 B_1 含量较高的食物及其含量　单位：毫克/100 克可食部

食物名称	含量	食物名称	含量	食物名称	含量
小麦胚粉	3.50	黑米	0.33	松子仁	0.19
葵花子仁	1.89	小米	0.33	香菇(干)(香蕈,冬菇)	0.19
高蛋白豆米粉(籼米)	1.10	芸豆	0.33	鸭蛋	0.17
榛子(干)	0.62	茶树菇(干)	0.32	小麦粉(富强粉,特一粉)	0.17

(续　表)

食物名称	含量	食物名称	含量	食物名称	含量
辣椒(红,尖,干)	0.53	豆腐皮	0.31	干木耳(黑木耳,云耳)	0.17
豌豆	0.49	荞麦	0.28	玉米(鲜)	0.16
绿豆面	0.45	玉米(白,干)	0.27	大麦茶	0.16
开心果(熟)	0.45	紫菜(干)	0.27	金针菇(智力菇)	0.15
大麦(元麦)	0.43	玉米面(黄)	0.26	毛豆(青豆,菜用大豆)	0.15
全脂加糖奶粉	0.42	绿豆	0.25	腐竹	0.13
黄豆(大豆)	0.41	杂豆	0.24	无花果(干)	0.13
松子(生)	0.41	南瓜子仁	0.23	荔枝	0.13
小麦	0.40	面条(均值)	0.22	鸡蛋(均值)	0.11
莜麦面	0.39	黑豆	0.20	稻米(均值)	0.11
蚕豆	0.37	木瓜(番木瓜)	0.20	马铃薯(蒸)	0.11
青稞	0.34	挂面(均值)	0.19	鱼片干	0.11
粳米(标三)	0.33	栗子(熟)	0.19		

注：以上数据来源于《食物成分表 2002》和《食物成分表 2004》。

附表 E-9 常见维生素 B_2 含量较高的食物及其含量　　单位:毫克/100 克可食部

食物名称	维生素 B_2	食物名称	维生素 B_2
元蘑(干)	10.75	芸豆(虎皮)	0.28
猪肝	2.08	鸡蛋(均值)	0.27
杏仁(大)	1.82	牛肉干	0.26
玉米片	1.53	娃娃菜	0.26
猪肾	1.14	葵花子(炒)	0.26
鸡肝	1.10	干银耳(白木耳)	0.25
蘑菇(干)	1.10	猪肉(腿)	0.24
紫菜(干)	1.02	豌豆尖	0.23
黄鳝(鳝鱼)	0.98	榛子(炒)	0.22
海苔	0.93	鸭肉(均值)	0.22
大麦茶	0.71	干扇贝(干贝)	0.21
桑葚(干)	0.61	金针菜(黄花菜)	0.21
火龙果(仙蜜果、红龙果)	0.58	黄豆(大豆)	0.20
杏仁	0.56	杂豆	0.20

（续　表）

食物名称	维生素 B_2	食物名称	维生素 B_2
金丝小枣	0.5	金针菇（智力菇）	0.19
扁豆	0.45	羽衣甘蓝	0.18
干木耳（黑木耳，云耳）	0.44	菠菜（脱水）	0.18
螺（均值）	0.40	槐花（洋槐花，豆槐花）	0.18
鱼片干	0.39	罗非鱼	0.17
桂圆肉	0.39	鲜栗子（板栗）	0.17
野苋菜（假苋菜）	0.36	干枣	0.16
乳鸽	0.36	干辣椒（红，尖）	0.16
蘑菇（鲜蘑）	0.35	荞麦	0.16
鸭蛋	0.35	荠菜（蓟菜，菱角菜）	0.15
黑豆	0.33	酸奶（均值）	0.15
杧果（大头）	0.32	海带（江白菜）	0.15

注：以上数据来源于《食物成分表2002》和《食物成分表2004》。

附表 E-10　常见维生素 B_6 含量较高的食物及其含量

单位：毫克/100 克可食部

食物名称	维生素 B_6	食物名称	维生素 B_6
圆酵母	3.00	豆麦混合物	0.67
啤酒酵母	2.50	熟糙米	0.62
米糠	2.50	全麦片粥	0.53
焙烤食品干酵母	2.00	黄香蕉(生)	0.51
金枪鱼	0.90	甜玉米(生)	0.47
脱脂大豆粉	0.72	金枪鱼罐头	0.43
低脂豆粉	0.68	硬粒小麦面粉	0.34
鲐鱼(烧煮)	0.68		

注：引自美国《食物与营养百科全书》选辑(4)营养素。

附表 E-11　常见维生素 C 含量较高的食物及其含量

单位：毫克/100 克可食部

名称	含量	名称	含量
刺梨（茨梨、木梨子）	2585	藕（莲藕）	44
酸枣	900	番木瓜	43
柿叶茶	866	荔枝	41
鲜枣	243	毛核桃	40
黑醋栗（黑加仑）	181	油菜	36
野苋菜（假苋菜）	153	蒜苗	35
辣椒（红，小）	144	橙	33
蜜枣（无核）	104	菠菜（赤根菜）	32
芥蓝（甘蓝菜、盖蓝菜）	76	大白菜	31
中华猕猴桃（毛叶猕猴桃）	62	芥菜	31
苦瓜	56	柑橘	28
红果（山里红、大山楂）	53	马铃薯（土豆、洋芋）	27
西蓝花	51	花茶	26

（续 表）

名称	含量	名称	含量
香菜(芫荽)	48	鲜栗子	24
草莓(洋莓、凤阳草莓)	47	猪肝	20
水萝卜(脆萝卜)	45	鸭肝	18
芦笋(石刁柏、龙须菜)	45	玉米	16
注：以上数据来自《中国食物成分表 2012 修订版》。			

附表 E-12 常见叶酸含量较高的食物及其含量

单位：微克/100 克可食部

食物名称	叶酸	食物名称	叶酸
酵母粉	1607.1	雪里蕻	82.6
红苋菜	419.8	营养豆奶	76.7
绿豆	393	芝麻	66.1
香菜	148.8	韭菜	61.2
腐竹	147.6	玉米	55.0
黄豆	130.2	柑橘	52.9

（续 表）

食物名称	叶酸	食物名称	叶酸
鸭蛋	125.4	干枣	48.7
紫菜	116.7	小米	48.7
茼蒿	114.3	虾米	42.5
鸡蛋	113.3	香菇	41.3
花生米	107.5	鲤鱼	36.4
核桃	102.6	大米	23.7
蒜苗	90.9	面包	22.5
莲子	88.4		

注：本数据源自《中国食物成分表2002》和《中国食物成分表2004》。